14만부가 판매된 영성지도 분야의 스테디셀러

거룩한 경청
― 영성지도의 기술로서 하나님의 음성을 듣는 법 ―

거룩한 경청

지은이 마가렛 귄터
옮긴이 신선명
펴낸날 2011년 2월 20일 초판 1쇄
           2025년 12월 20일 2쇄 발행
펴낸이 길청자
펴낸곳 아침영성지도연구원
등록일 1999년 1월 7일 (제7호)
총 판 선교횃불
           전화 02-2203-2739
           팩스 02-6455-2798

* 파본은 교환해 드립니다.

영성지도의 기술로서 하나님의 음성을 듣는 법

거룩한 경청

마가렛 귄터 지음, 신선명 옮김

치유와 돌봄이 있는 희망의 선교동산
아침영성지도연구원

HOLY LISTENING
The Art of Spiritual Direction

by Margaret Guenther
Published by Cowley Publications, 1992
All Rights Reserved

Translated by Shin Seon-Myung
Korean Translation Copyright © 2011
by *Achim Institute for Spiritual Direction*

이 책은 아침영성지도연구원이 *Cowley Publications*와
독점 계약하여 새롭게 펴낸 것으로,
신저작권법에 따라 한국 안에서 보호를 받는 책이므로
무단전재와 무단복제를 금합니다.

서 문

몇 년 전 한 수도사가 영성지도에 관한 내 강의를 듣고서 화를 낸 적이 있다 (하지만 그의 눈은 반짝반짝 빛나고 있었다). 물론 나 자신이나 강의 주제 때문에 화를 낸 것은 아니었다. 그가 화를 낸 건 영성지도의 현 추세 때문이었다. "제가 원하는 건 영성도 아니고 지도도 아니라고요!" 그것은 아주 중요한 지적이었다. 영성지도는 자칫 지나치게 "영적인" 것이 되기 쉽기 때문이다. 아무런 근거도 실체도 없는 그런 것 말이다. 또한 영성지도는 지나치게 지도적인 것이 되어버릴 수도 있다. 지나치게 분석적이거나 또는 영적인 위세를 부리면서, 초대하지도 않은 사람들의 삶에 파고들어 실질적인 손상을 입힐 수 있는 것이다. 우리는 타인의 삶 속에 뛰어들어 물장구치길 좋아한다. 다른 사람의 삶에 참견을 함으로써 자신을 확장시키는 것이다.

영성지도는 탈신화화가 필요하다. 이에 마가렛 귄터는 영성도 아니고 지도도 아닌 것에 관하여 현명하고도 통찰력이 뛰어난 책을 씀으로써, 바로 그 작업을 위한 대장정에 오른다. 그리고 마침내 영적인 용기와 불굴의 의지가 솟아나는 비범한 행동들에 관한 인간 경험의 보편적인 토대를 조명해 낸다.

어떤 점에서 보면, 영성지도의 기술은 우리의 삶에서 명백한 것들을 들춰내는 것, 그리고 우리의 일상적인 사건들은 곧 하나님께서 우리에게 도달하려고 동원하시는 도구라는 사실을 깨닫는 데 달려 있다. 몰리에르의 희곡에 등장하는 서민귀족은 모든 언어가 시나 산문으로 이루어져 있다는 사실을 발견하고서, 그 동안 자신도 모르는 사이에 자기 삶 전체를 산문으로 이야기해 왔다는 것을 깨닫고 무척이나 기뻐하였다. 우리 역시 마찬가지다. 우리는 영성생활을 계속해 오면서도 정작 그 사실을 모르고 있었다. 영성생활에는 분명 시가 존재한다. 하지만 우리는 대개 산문형식으로 살고 있다.

마가렛 귄터는 전통적으로 영혼의 산파라고 일컬어지는 은혜로운 인간 상호작용의 낯선 직무에 관하여 상당히 많은 것을 알고 있다. 또한 마가렛은 영성지도에 관한 저술이 자칫 위험할 수 있다는 사실도 잘 알고 있다. 영성지도에 관한 저술은 이제 종교 출판계에서 하나의 작은 산업이 되어 버렸다. 물론 그 자체는 괜찮은 일이다. 문제는 탐욕적이고 경쟁적이고 소비적인 사회에 만연해 있는 태도들의 영향을 받지 않기란 거의 불가능하다는 것이다. 이런 태도들은 심지어 영적인 것들에 도 영향을 미친다. 기도는 우리가 **해야** 할 일들 중 하나로 전락해 버린다. 영적인 경주에서 앞서 달리기 위해 배워야 할 한 가지 기술에 불과한 것이 되어 버린다. 어떤 이들에게는 영성지도자를 두는 것이 마치 자신만의 정신과의사나 개인 트레이너를 두는 것과도 같은 일이다. 영성지도자를 두는 것은 영적 지위를 부여해 주며, 다른 사람들보다 좀 더 나은 영적 능력을 약속해 준다. 영성지도자를 두는 것은 영혼의 도심을 벗어나, 편의시설도 많고 영혼의 컨트리클럽 회원권도 약속해 주는 교외지역으로 들어가는 것이나 마찬가지다. 영적 멘토를 둔다는 것은 우리를 영적으로 상향 이동시켜 준다.

소비사회의 충동과 탐욕이 영성생활에 미치는 또 하나의 악영향은 원칙적으로 무엇이든 **고칠 수 있다**는 가정이다. 하지만 진정한 영성지도는 인간의 삶에서 결코 고칠 수 없는 것이다. 영성지도는 시간을 초월하는 신비에 관한 것이다. 영성지도는 죽을 운명에 관한 것이며, 사랑에 관한 것이다. 그것은 결코 고칠 수 없는 것들에 관한 것이다. 마가렛 귄터는 절대로 고칠 수 없는 것에 관하여 잘 알고 있다.

결국 영성지도에 관한 논의는 매우 짜증나는 작업일 수도 있다. 그것은 본질적인 문제라기보다는, 우리가 "영적인" 분개에 관해 이야기할 때 — 더러는 고칠 수 없다는 망령에 대한 불안 때문에 — 종종 질투심과 죄책감까지 자극을 받기 때문이다. 만일 주변사람이 규율이 잘 잡힌 영성생활에 어느 정도 도달했음을 넌지시 비춘다면, 우리들 중 일부는 금방 의기소침해지고 말 것이다. 우리는 스스로를 다른 사람과 부당하게 비교하기도 하고, 자신의 약점들을 경건이라는 허식 아래 숨기기도 한다.

그렇다면 어떤 부류의 사람들이 오늘의 영성생활에 관하여 글을 써야 할까? 우선은 임상적인 삶의 경험에 토대를 두어야만 한다. 또 세속적이어야 하며, 엄청난 고통을 겪을 때조차도 영적인 계획의 재미있는 측면을 볼 수 있어야만 한다. 그리고 솜씨가 뛰어난 사람이어야 한다 — 모든 것, 심지어는 자신의 고통과 투쟁의 한가운데에서조차도 자아의 미로 같은 책략을 정확히 찾아낼 수 있을 만큼 꾀가 많아야 한다. 또한 주관적 판단 없이 평가할 수 있어야 하고, 속임수를 분별할 수 있는 능력이 있어서 모든 사람이 하나님으로부터 받은 생득권, 즉

영광과 기쁨의 비전을 망치는 일이 없도록 미리 낌새를 챌 수 있어야 한다. 마가렛 귄터는 바로 그런 작가다. 게다가 그녀는 페미니스트다. 다시 말해, 여성의 관점에서 글을 쓰는 작가다. 그 동안 눈길을 주지 않고 제쳐두었던, 귀 기울이지 않고 무시해왔던 것들을 잘 알고 있는 사람이다.

"여성의 관점"이 필요하다는 사실에 대한 열광적인 논의는 굉장히 많다. 최근 한 작가는 대학원 시절 늘 "여성의 시각"을 요구 받았던 것에 대해 이야기하였다. "여성의 입장에서 말하자면, 난 저녁식사로 미트로프를 먹고 싶어." 이런 말이 친구들 사이에 흔한 농담이 되었다고 한다. 그런데 그 동안 훨씬 더 많은 무시를 받아왔던 여성적 관점 하나가 이제는 관심의 대상이 되고 있다. 마가렛은 경청과 기다림, 동참에 관한 글을 많이 쓴다 — 이것들은 모두 여성성과 관련이 있는 속성들이다. 마가렛은 전통적으로 거의 완벽하게 여성하고만 결합된 이미지들 — 집안일과 집청소 같은 상징들 — 을 아무 두려움 없이 사용한다. 하지만 그러면서도 가부장적인 태도와 입장은 사정없이 공격한다. 또 만일 그것이 단순한 부정과 평범한 교회적 넌센스의 문제에 해당될 경우에는, 비판적인 자세와 포괄적인 태도를 동시에 취한다.

영성지도는 임신과 출산이라는 여성적 심상에 매우 민감하다. 하나님은 위대한 산파시다. 그러니 산파가 영성지도에서 가장 중요한 상징인 것도 전혀 이상한 일이 아니다. 마가렛 귄터는 남성도 여성만큼이나 그 일을 잘해 낼 수 있다고 주장한다. 우리는 은혜로운 환대의 환경 속에서 서로의 탄생을 돕는다. 그리고 때로는 서로에게 부모의 역할도 해준다. 어느 자폐아는 부모님이 왜 존재하느냐는 질문에 이렇게 대답했다고 한다. "부모님은 당신의 행복을 빌지요." 이것이 바로 우리가 서로를 위해 해줄 수 있는 일이다.

하지만 산파라는 상징을 통해서 알게 되는 것은 여성성의 발견 외에도 더 있다. 그것은 바로 영혼들을 따르게 만드는 노인(연장자)의 역할 발견이다. 할머니와 할아버지들은 영혼 구성에서 중요한 부분을 차지할 수 있다. 마가렛은 너무 멀어서 찾아가기도 힘든 오두막과 판잣집에서 아기의 탄생을 돕는 애팔래치아 산맥의 노파 ― 현명하고 기략이 뛰어나고 경험이 많은 할머니 ― 의 이미지를 떠올린다. 우리에게는 영적인 할머니 또는 할아버지가 필요하다. 외딴 영혼의 장소에서 끈기 있게 기다리다가, 다른 사람들 안에 조용히 새로운 것들을 탄생시켜 주는 사람이 필요한 것이다.

남성과 여성은 공통된 죄를 지니고 있다. 동시에 그들은 자신의 성별과 매우 밀접하게 관련된 죄도 지니고 있다. 전통적인 죄는 교만이며, 그것은 지금도 여전히 팽배해 있다. 하지만 마가렛 귄터에 따르면, 특히 여성에게 달라붙어 있는 죄는 자기비하라고 한다. 남성의 교만과 여성의 자기비하는 (반드시 그 성별에만 국한되는 것은 아니지만) 현재 유별나게 적대적인 두 성을 서로 연결시켜 준다. 어쩌면 그렇기 때문에 남성과 여성이 둘 다 초월적인 존재들만이 지지할 수 있는 고상하고도 몹시 이상적인 행동 기준을 요청하는 것인지도 모른다. 현대의 세속적인 도덕 기준은, 적어도 용서의 약속만은 끝까지 붙잡았던 옛날의 종교 기준에 비해 매우 가혹한 편이다. 우리는 대개가 도덕 그 자체의 본질에 관하여 근본적인 실수를 저지른다. 우리 모두는 실질적인 노력 없이도 얼마든지 따를 수 있는 개선 가능한 세계의 실행 가능한 규칙 구조를 원한다. 우리는 도덕을 포함하여, 사물이 작용하는 것을 좋아한다. 그래서 우리는 규칙을 바꿈으로써 도덕적으로 안전한 위치를 차지하려고 애쓴다. 새로운 규칙은 정치적으로 옳지 않은 것들이나 또는 인간관계가 비하될 정도로 비논리적인 것들을 벌하기 위한 방책이다.

이 책은 또 하나의 관점을 되살리기 위해 상당히 애쓴다. 그 관점을 가장 잘 설명해 주는 것은, 공산주의로부터 전향한 어느 가톨릭 신자가 무신론자인 옛 동료를 만나 이야기한 내용이다. "우리 두 사람의 차이점은, 나는 절대적인 책임과 무조건적인 용서를 믿지만, 당신은 아무런 책임도, 용서도, 전혀 믿지 않는다는 것이지요." 인간의 삶은 우리 행동에 대한 책임을 기꺼이 인정하지 않고 살만한 것이 못된다. 하지만 용서의 가능성이 없다면 짐이 너무 무거워지고 말 것이다. 우리 가운데 좀 더 돌봄이 있는 인간적인 세계를 희망하는 사람들은, 인간관계의 폭풍우 속에서도 길을 찾을 수 있도록, 용서(인간의 용서와 하나님의 용서)를 인정하는 것이 좋을 것이다. 우리의 갈망에 관한 질문들을 어떻게 구성할지 알고, 또 기꺼이 서로를 용서하기만 한다면, 우리는 대부분의 고통을 피할 수가 있다. 최고의 영성지도는 바로 이런 일을 하는 것이다.

그러므로 영성지도자는 두 가지 임무를 띠고 있다. 절대적인 책임의 요구와 무조건적인 용서의 약속을 둘 다 붙잡아야만 하는 것이다. 우리가 서로의 출산을 도와야 하는 것은 바로 그런 요구와 약속에서 비롯된 일이다. 마가렛 귄터는 어떤 사람으로 성장한다는 것이 과연 무엇을 의미하는지 잘 안다. 거기에는 기다림과 고요함, 그리고 소망이 존재한다. 그녀는 이렇게 말한다. "의심스러운 마음이 생길 때마다 나는 하나님께서 일하고 계신다고, 즉 그 사람이 임신을 한 상태라고 생각합니다."
그녀가 『조산술 개론』을 언급하는 것이 도움이 된다는 사실을 알아낸 것처럼, 독자들도 이 책이 인간 실존의 평범함 속에서 우리 안에, 그리고 우리 가운데 역사하시는 하나님의 놀라우신 손길을 인정하도록 만들어 주는 매우 귀중한 매뉴얼이라는 사실을 알게 될 것이다. 최고의 의미에서, 마가렛 귄터의 책은 현존하는 영성지도 필독서 가운데 가장 탁월한 책이다. 이 책은 영성지도자만 읽을 책이 아니다. 그야말로 영성지도를 뛰어넘는 그 너머의 책이다. 그녀의 책은 세속적이면서도 지혜롭고, 정다우면서도 감상적이지 않으며, 실천적이면서도 관상적이다. 바라건대, 우리 가운데 더 많은 이들이 기꺼이 출산의 기술 속에서 다른 사람과의 환대를 추구하였으면 좋겠다.

앨런 존스
샌프란시스코, 그레이스교회

들어가는 말
거룩한 경청

 이 책은 아마추어가 아마추어들을 위해 쓴 책이다. "아마추어"라는 단어는 현대에 와서 그 가치가 평가 절하되어, 진지하게 받아들일 수 없는 사람, 만족스럽지 못한 사람, 특히 훌륭한 전문가 대신에 이용되는 서투른 (대체로 값이 싼) 사람이라는 어감을 내포하게 되었다.
 하지만 아마추어는 사랑하는 사람이다. 섬기는 기술을 사랑하는 사람, 자신을 신뢰하는 사람들을 사랑하고 그들을 위해 기도하는 사람, 영성지도라고 일컬어지는 이 낯선 직무에서 진정한 지도자가 되시는 성령님을 사랑하는 사람이다. 아마추어는 개업을 한다거나 업종별 전화번호부에 광고를 싣는 것을 무척 불안해한다. 대신에 다른 사람들이 자기 재능을 알아줄 때까지 그저 기다린다. 남들이 이 직무에 대한 자신의 사명을 아주 우연히 발견하게 되기까지 그냥 기다린다. 4세기 이집트 사막의 영성지도자 마카리우스는 "나 자신은 아직 수도사가 되지 못했지만, 그 동안 수많은 수도사들을 찾아다녔다"고 주장하였다. 그처럼 아마추어 — 사랑하는 사람 — 영성지도자 역시 이렇게 말할 수 있을 것이다. "내가 누구냐고요? 나 자신은 아직 영성지도자가 되지 못했지만, 그 동안 수많은 영성지도자들을 찾아다녔습니다."[1]

그것은 교구 행정의 실제적인 문제들이나 설교문 작성 또는 교육에 끼어들어 종종 틈새에서 사용되는 아주 낯선 직무다. 때로는 그 단어를 입에 올리는 것조차 꺼려진다. 바로 그 단어 — 영성지도 — 는 경우에 따라 불쾌할 수도 있고 매력적일 수도 있다. 부들부들 떨면서 **미제레레**를 낭송하고 있는 영혼에게 깨진 유리조각 위에 무릎을 꿇으라고 강요하는 성직자 스뱅갈리의 이미지를 떠올리게 하기 때문이다.

지배와 복종은 영성지도와 아무런 관련이 없다. 영성지도는 "거룩한 경청", 곁에서 신경을 써주는 것과 관련이 있다. 경청에 관해 생각할 때마다 나는 원목 시절에 만났던 G여사를 떠올리게 된다. 그녀는 『이상한 나라의 앨리스』에 등장하는 붉은 여왕처럼 무섭게 생긴 여자였는데, 심각한 병을 앓고 있었고, 끊임없이 뭔가를 요구함으로써 간호사들을 괴롭혔다. 어느 날 나는 그녀의 안경을 꺼내주고, 틀니를 찾아주고, 텔레비전을 조정해 주고, 베네치안 블라인드를 손질해 주고, 물병에 새 물을 떠다준 다음, 베개를 불룩하게 만들어 주었다. 그리고 이제는 G여사에게 급히 필요한 게 없으리라고 확신했다. 그런데 G여사는 가까이 오라고 손짓을 하더니, 이렇게 말했다. "한 가지 더요. 여기서 나가게 해줘요!" 나는 그녀가 건강해지기를 바라는 만큼, 그런 특별한 요구를 들어주는 것은 내 권한 밖의 일이라고 거절했다. G여사는 실망감과 반감이 서린 얼굴로 나를 바라보며 이렇게 물었다. "그러면 선생님은 그저 돌아다니면서 사람들 얘기를 들어줄 뿐이라는 말인가요?" "유감스럽지만 사실이에요." 이렇게 대답하는 나 자신이 무척이나 초라하고 거짓된 사람처럼 느껴졌다. 그 순간 붉은 여왕의 얼굴에 서서히 미소가 피어올랐다. "하지만 그것도 효과가 있는 것 같네요."

이제 나는 더 이상 많이 돌아다니지 않는다. 하지만 여전히 귀는 기울이고 있다. 그리고 종종 G여사를 떠올린다. 그녀는 아마도 영성지도에 관하여 한 번도 들어본 적이 없었을 것이다. 하지만 확실히 "그것도 효과가 있다"는 사실을 인정하였다.

역설적으로, 우리가 이 직무를 정의내리기 위해 애쓰고 있는 동안에도 욕구와 굶주림은 여전히 존재한다. 꾸르실료는 "영성지도"라는 말을 다시금 통용시켰다. 하지만 대부분의 평신도들과 대다수의 성직자들은, 20세기 후반의 교회에서 그것이 갖고 있는 중요성을 신뢰하지 않으며 몹시 거북해한다. 우리는 굶주리고 있지만 무엇에 대해 굶주리고 있는지를 잘 모른다. 지역교구는 우리를 잘 돌보고 있다. 말씀과 성사로 우리를 잘 양육하고 있다. 마치 병원 측이 G여사를 먹여주고, 간호해 주고, 치료해 준다고 확신했던 것처럼 말이다. 하지만 우리는 그것 말고도 더 많은 것을 원한다. 우리는 만져주길 원하며, 하나님의 자녀로서 알려지길 원한다. 우리는 너무나도 자주 중요한 것을 놓쳐 버린다. 마치 G여사처럼 외부 환경의 조정을 통해서 모든 것을 다 고칠 수 있다고 가정하면서 말이다. 하지만 정말로 우리가 굶주려 있는 것은 전체와 하나님이다.

영성지도자는 상황을 바로잡고 싶은 유혹에 빠질 수 있다. 내가 틀니와 안경, 텔레비전과 블라인드 같은 세부사항들에 정신을 빼앗겼던 것처럼 말이다. 그런 유혹을 물리치기 위해서는 존 어빙이 소설에서 언급했던 영적 원칙, 사람들을 도울 때에는 거칠게 다뤄야 한다는 원칙을 염두에 두는 것이 좋다.

1600년도 더 전에 안토니우스 대제 역시 비슷한 생각을 갖고 있었다. 그는 다음과 같은 영성지도자 파프누티우스의 말을 인용하였다. "나는 강둑에 있던 한 남자가 무릎까지 진흙 속에 파묻혀 있는 것을 보았다. 몇몇 남자들이 그에게 도움의 손길을 뻗으려고 다가갔다. 하지만 그들은 오히려 그를 목까지 파묻히도록 밀쳐 버렸다." 안토니우스는 파프누티우스의 말에 전적으로 찬성하였다. "여기에 진짜 남자가 한 명 있다. 영혼들을 돌보고 구할 수 있는 진짜 남자가."[2] 하지만 우리는 영성지도자로서 무슨 일을 하든지, 결코 사람들을 거칠게 다루지도 않을 것이고, 진흙 속으로 밀쳐 버리지도 않을 것이다.

물론 굶주림은 존재한다. 우리들 가운데 일부는 ― 평신도나 성직자나 ― 자신이 응답해 주어야 한다는 사실을 발견한다. 사람들은 계속해서 "누군가와 대화를 나누기 위해" 약속을 정한다. 그들의 목소리에는 긴박함이 묻어 있다. 그러나 우리는 종종 놀라게 된다. 진짜로 약속한 날짜에 찾아오는 사람은 한 명도 없다는 사실, 어쩌면 일주일이나 이주일 정도 기다려야 한다는 사실에 놀란다. 그리고 막상 도착했을 때에도 우리가 문을 닫고 전화기를 끄고 나면, 그들은 미안해하면서 이렇게 말한다. "내가 왜 여기에 왔는지 나도 잘 모르겠네요." "내가 뭘 원하는지 나도 잘 모르겠어요." 그들은 물론 하나님을 원한다. 하지만 그렇다고 말하지 못한다. 그들은 하나님과 자신의 관계를 알고 싶어 한다. 하지만 그것도 말로 표현하지 못한다. 그들은 영성지도를 원한다. 하지만 그것 역시 말 못할 때가 많다.

영성지도는 심리치료도 아니고, 값싼 대용품도 아니다. 비록 그 수련법들이 조화를 이루고, 종종 그 소재들이 공유되기는 하지만 말이다. 영성지도는 목회상담도 아니고, 상호간의 깊은 우정도 아니다. 영성지도는 당연히 계급적이다. 그것은 영성지도자가 피지도자보다 좀 더 "훌륭"하거나 "거룩"하기 때문이 아니라, 이 계약의 관계 속에서 영성지도자가 자신을 제쳐 놓고 맞은 편 의자에 앉은 사람에게만 온 관심을 집중시키기로 약속했기 때문이다. 이 얼마나 사심 없고 사랑이 담긴 관심의 선물인가!

  이 책에서 나는 영성지도가 이해하기 어려운 주제라고 생각하는 현대인들을 위해 영성지도가 취할 수 있는 형태를 설명하려 애쓸 것이다. 내가 말하고자 하는 대상은 초심자들, 평신도나 성직자들, 공식적인 신학 훈련을 받은 사람이나 받지 않은 사람들, 자신이 이 직무에 매혹되었음을 깨달은 사람들이다. 아마도 그들은 여태껏 자신도 알아채지 못했던 재능이 있음을 느끼게 될 것이다. 어쩌면 그들은 영성지도가 "일반인"에게 유용한 직무인지, 아니면 특별히 거룩한 사람들을 위해서 마련된 직무인지 궁금해 할지도 모른다. 나는 어두운 코너가 환하게 밝혀지고 여러 가지 문제들이 해결될 수 있기를 간절히 바란다.

  나는 아마추어이기 때문에 나 자신의 관점에서 쓸 수밖에 없다. 무엇보다도 여성의 관점에서 말이다. 30년이 넘게 결혼생활을 해온 여성, 자녀를 낳고 기른 여성의 관점에서 쓸 수밖에 없다. 영성지도에 관한 최근의 참고서적들은 대개가 남성들이 쓴 것이다 — 앨런 존스, 머튼 켈시, 틸든 에드워즈, 윌리엄 배리, 윌리엄 코널리, 케네스 리치, 마틴 쏠튼의 이름이 즉각 떠오를 정도다. 하지만 에드워즈는 여성들이 이 직무에 대해 특별한 재능을 지닌 것 같다고 주장한 바 있다.

> 나는 기록에 남아 있는 것보다 더 많은 숫자의 위대한 여성 영성지도자들이 존재할지도 모른다는 의혹을 품고 있다. 하지만 그들은 가시적인 리더십의 지위를 차지한 남성들의 규범적인 지배 아래 모호한 상태로 남아 있었다……내 개인적 경험에 따르면, 영적 동료로서의 잠재적 재능을 남성보다 더 많이 지닌 여성들이 상당히 많다.[3]

게다가, 종교공동체의 일원으로서 그 주제에 관해 전혀 다른 생활경험과 시각을 가지고 '글을 쓰는' 여성들이 많이 있다. 그 동안 여성, 아내, 어머니로서 살아온 삶은 내 직무에 특별한 형태를 부여해 주었다.

나는 또한 교사의 관점에서 글을 쓴다. 학생들의 정신과 생활에 평생을 바친 교사로서 말이다. 나는 늘 어느 정도는 교사의 소명이 거룩하다는 사실을 깨닫고 있었다. 해를 거듭할수록 그 관계는 점점 더 뚜렷해졌다. 교육은 곧 직무이며, 대부분의 직무는 — 특히 영성지도의 직무는 — 교육이라는 관계가 말이다.

마지막으로, 나는 성공회 성직자로서 글을 쓴다. 처음 성직 안수를 받고자 했을 당시, 나는 내 직무가 죽어가는 사람들, 대체로 병원이나 양로원이나 호스피스의 제도적 직무 안에서 죽어가는 사람들과 관련된 것이라고 확신했다. 그러니만큼, 다시금 교육의 장에서 나를 발견한다는 것 자체가 처음에는 아이러니한 신적 유머처럼 느껴졌다. 하지만 곰곰이 생각해 보니 지극히 옳은 일이다. 나는 지금 정말로 죽어가는 사람들과 함께 일하고 있다. 우리 모두는 결국 죽어가고 있으니까. 사람들이 선한 죽음을 위해 준비하도록 돕는 것이야말로 성직자의 직무인 것이다.

  누군가에게 영성지도자가 되어 달라고 부탁하는 것은 굉장히 큰 신뢰의 표현이다. 그래서 나의 즉각적인 반응은 늘 이런 식이다. "내가 과연 이 일을 할 수 있을까? 이 사람은 왜 나를 신뢰할만한 사람이라고 생각하게 되었을까?"

  이 책에서 나는 그 어떤 신뢰도 저버리지 않고 나의 비밀서약을 지키기를 바란다. 하지만 이 일은 내 사무실에 나랑 마주앉았던 실존 인물들, 그 동안 내가 인도한 피정과 경건의 날들 동안에 상담을 요청했던 실존 인물들이 없이는 결코 불가능했을 것이다. 그들 덕분에 나는 영성지도란 어떨 수 있고 또 어때야만 한다는 글을 쓰지 않고, 한 사람의 직무가 정말로 어떤 것인가를 쓰고 있다. 따라서 내가 이야기한 것들은 모두가 **진실**이지만, **반드시 사실에 입각한** 것은 아니다. 이름은 모두 가명을 사용했으며, 상황도 조금씩 바꿨고, 몇 가지를 합성하기도 했다. 이 책은 "일상적인" 영성지도 상황에 관한 책이므로 흔히 있는 일들이 많이 들어 있다. 물론 각 사람마다 영성지도를 추구하는 모습이 독특하긴 하지만, 비슷한 동기와 문제와 관심이 자주 되풀이된다. 그래도 이런 **공통점** 때문에 따분한 것은 결코 아니다. 그것은 인간 조건의 일부이며, 우리를 함께 묶어 주고 또 우리가 위대한 영성작가들에게 친근감을 느낄 수 있도록 해주는 것이다.

  나는 피지도자들, 내 형제자매이기도 한 영적 자녀들, 나그네 동료들, 그리고 내 친구들에게 깊은 감사를 드린다. 또 나는 여러분 모두에게도 감사를 드린다. 여성과 남성, 동성애자와 이성애자, 일시적인 구도자와 확고한 신학자, 청년과 노인들 모두에게 감사를 드린다. 이 책에서 여러분 자신의 이야기가 거론되고 있다고 느껴진다면 정말 그런 것일 수도 있다. 경우에 따라서 이야기가 아주 특별해지고 자료가 세밀해질 경우에는 미리 그분들의 허락을 받기도 했다. 또 어떤 경우에는 여러분의 이야기를 이음새가 안 보이게, 주의를 기울여 하나의 이야기로 짜 넣기도 했다 — 부디 내가 그랬기를 바란다.

주

1. Benedicta Ward, *The Desert Christian: The Sayings of the Desert Fathers* (New York: Macmillan, 1975), 125쪽.

2. 위의 책, 7쪽.

3. Tilden Edwards, *Spiritual Friend: Reclaiming the Gift of Spiritual Direction* (New York: Paulist, 1980), 67쪽.

차 례

앨런 존스의 서문 · 5

들어가는 말: 거룩한 경청 · 13

1. 나그네를 환대하기 · 23

2. 좋은 교사 · 75

3. 영혼의 산파 · 137

4. 여성과 영성지도 · 179

나가는 말 · 225

1
나그네를 환대하기

아브라함이 고개를 들고 보니, 웬 사람 셋이 자기의 맞은쪽에 서 있었다. 그는 그들을 보자, 장막 어귀에서 달려 나가서, 그들을 맞이하며, 땅에 엎드려서 절을 하였다. 아브라함이 말하였다. "손님들께서 저를 좋게 보시면, 이 종의 곁을 그냥 지나가지 마시기 바랍니다. 물을 좀 가져오라고 해서, 발을 씻으시고, 이 나무 아래에서 쉬시기 바랍니다. 손님들께서 잡수실 것을, 제가 조금 가져오겠습니다. 이렇게 이 종에게로 오셨으니, 좀 잡수시고, 기분이 상쾌해진 다음에, 길을 떠나시기 바랍니다." 그들이 대답하였다. "좋습니다. 정 그렇게 하라고 하시면, 사양하지 않겠습니다." 아브라함이 장막 안으로 뛰어 들어가서, 사라에게 말하였다. "빨리 고운 밀가루 세 스아를 가지고 와서, 반죽을 하여 빵을 좀 구우시오." 아브라함이 집짐승 떼가 있는 데로 달려가서, 기름진 좋은 송아지 한 마리를 끌어다가, 하인에게 주니, 하인이 재빨리 그것을 잡아서 요리하였다. 아브라함이 엉긴 젖과 우유와 하인이 만든 송아지 요리를 나그네들 앞에 차려 놓았다. 그들이 나무 아래에서 먹는 동안에, 아브라함은 서서, 시중을 들었다.

창세기 18장 2~8절

나그네 대접하기를 게을리 하지 마십시오. 어떤 이들은 나그네를 대접하다가, 자기도 모르는 사이에 천사들을 대접하였습니다.

히브리서 13장 2절

우리에게 오는 나그네들은 모두 그리스도처럼 영접합시다. 그러면 그들이 이렇게 말할 것입니다. "나는 나그네로 왔는데, 당신이 나를 영접하였습니다."

성 베네딕투스의 법령(제53장)

나의 아침은 언제나 작고 검은 약속기록장을 들여다보는 것으로 시작된다. 보통 내 약속기록장에는 이름과 전화번호가 가득 차 있으며, 그걸 보면 그날 하루의 모습을 예측할 수가 있다. 하지만 때로는 낯선 이름이 눈에 띠기도 한다. 아마도 영성지도의 가능성을 타진하기 위해 처음으로 방문하려는 사람의 이름일 것이다. 하지만 그것조차도 늘 확실한 것은 아니다. 그 사람이 나를 어떻게 알게 되었는지 전혀 모를 때도 있다 — 어쩌면 교구 목사에게서 들었거나, 친구의 친구에게서 우연히 들었거나, 풍문에 주워들었거나, 아니면 뉴욕 전화번호부에서 찾아낸 것일 수도 있다. 전화를 통해서 약속을 미리 정했음에도 불구하고 우리는 전혀 모르는 사이다. 얼굴이나 이야기가 전혀 없는 그냥 이름에 불과한 것이다.

나는 그 낯선 사람을 환대해 주어야 한다. 살짝 들떠 있는 동시에 불안해하고 있을 그 잠재고객을 환대해 주어야 한다.

나는 자의식이 강한 사람이 되어야 한다. 그는 자기보다 나이가 많든지 적든지, 키가 더 크든지 작든지, 어쨌든 영성지도자처럼 보이는 사람을 기대하고 있을 것이다. 그 낯선 사람이 왔는데 만일 내 친구나 동료가 책이나 사진을 가지고 사무실에 들르면, 그 사람을 기다리게 해야 할까? 그 낯선 사람은 어떤 사람일까? 그 사람이 내게 원하는 것은 과연 무엇일까? 그는 재미있을까, 지루할까, 도전적일까, 아니면 — 어쨌거나 여긴 뉴욕이니까 — 혼란스러울까? 이런 생각들이 늘 일정한 순서대로 내 머릿속에 떠오르는 것은 아니다. 하지만 잠재적 피지도자가 처음 모습을 나타낼 때에는 이런 생각들이 빙빙 맴돈다. 고개를 들고 보니 웬 사람 셋이 자기의 맞은쪽에 서 있었다던 아브라함에게서 나는 동질감을 느낀다. 그의 손님들처럼 내 손님 역시 길을 가다 잠시 멈춘 사람이다. 나는 과연 진심으로 하던 일을 멈추고 그 손님을 초청하여, 발을 씻겨줄 테니 나무 아래 쉬었다 가라고 하고 싶은 걸까? 지리적으로 볼 때, 내 손님이 거쳐 온 길은 그리 인상적이지 못하다 — 주택 지구에서 지하철을 타고 나와, 뉴저지에서 통근 기차를 탄 다음, 신학교 쪽으로 5분만 걸어오면 된다. 내 사무실 문 앞에 도착했을 때 그 사람은 전혀 텁수룩하지도 않고 먼지를 뒤집어쓴 상태도 아닐 것이다. 그러니 내가 발을 씻어준다고 하더라도 거부할 것이 뻔하다. 하지만 영적으로 보면, 그는 아주 먼 길을 왔으며, 집에서 너무도 먼 곳에 와있는 상태다.

우리 모두와 마찬가지로, 영성지도자를 찾고 있는 그 사람 역시 길 떠난 나그네다. 에덴동산에서 쫓겨난 후로 우리는 계속해서 떠돌아다녔다. 간신히 도착했다고 자기를 속이려 애쓰고 있지만, 그래도 우리는 순회 중인 우리 주님의 발자국을 따

1. 나그네를 환대하기 ● 25

르고 있다. 우리는 늘 길 위에 있으며, 우리의 얼굴은 단호히 또는 주저하면서 예루살렘을 향하고 있다. 이동은 우리의 생활 방식이다. 자신의 출생지로부터 10마일 내지는 100마일 이내에 살고 있는 사람이 얼마나 될까? 우리들 가운데 자신이 죽게 될 장소를 알고 있는 사람이 얼마나 될까? 육체적으로 볼 때 우리의 삶은 하나의 여정이다. 영적으로도 우리는 늘 **길 위에** 있다. 그러면서도 계속해서 **고향**에 돌아가기를 갈망한다. 우리는 나그네다. 지치고 향수병에 걸린 상태다.

나그네들은 환대가 없이 살아남을 수 없다. 이것이 삶의 진리다. 제아무리 현명한 계획을 세우고 풍부한 물자를 지니고 있을지라도, 여정이 너무 길어질 경우에는, 휴식을 취하고 다시금 기운을 차릴 수 있도록 누군가가 임시로 집을 제공해 주어야 할 것이다. 집주인의 보살핌을 받아야 할 때가 올 것이다. 그래서 아브라함도 천사 손님들이 발의 먼지를 씻어내도록 물을 떠오고, 그들에게 허기를 달랠 만한 빵과 고기를 대접했던 것이다. 이 말을 하다 보니, 맥도널드의 황금 아치와 홀리데이 인의 낯익은 로고가 머릿속에 떠오른다. 그들은 모호한 원기회복과 상쾌한 주위 환경을 약속한다. (가장 놀라운 게 실은 전혀 놀랍지 않다는 말이 있다. 하지만 영적인 여정에서는 정반대의 말이 성립될 수도 있다!) 아무리 자급자족할 수 있는 사람이라 할지라도 이 환대의 욕구에서 도망칠 수는 없다. 수수한 레저 카나, 화려한 이동주택이나, 둘 다 다시 길을 떠나기 전에는 국립공원 측에서 쓰레기를 버릴 수 있도록 사려 깊게 지정해놓은 장소를 반드시 거쳐야만 한다.

사막이나 신개척지의 거친 환경에서는 위로보다도 환대가 더 많은 것들을 제공해준다. 환대는 육체적 생존을 확신시켜 주기도 한다. 영적으로도, 우리는 혼자서 사막을 통과하거나 신개척지를 지나갈 수가 없다. 반드시 낯선 이들의 친절에 의존해야 한다. 하지만 우리가 의지해야 할 낯선 이들은 사실 낯선 사람들이 아니다. 그리스도 안에서 형제자매인 사람들이다. 그들은 우리가 길을 계속 갈 수 있도록 도와주는 집주인이며 환대를 베푸는 자, 그리고 우리의 영적 친구이며 지도자다.

"주인"(host)은 아주 많은 의미를 내포하고 있는 단어다. 그리고 그 의미들 전부가 영성지도에 관한 논의에서 편안하게 받아들일 수 있는 것은 아니다. 토크쇼에도 주인이 있다 — 하지만 자니 카슨이나 데이비드 레터맨을 성서적인 의미에서 환대를 베푸는 자라고 생각하는 사람은 아무도 없을 것이다. 예전에는 객실 승무원도 여주인이라고 부르곤 했다. 승객들이 움직이지 않도록 안전벨트를 잘 매었는지 확인한 다음, 음료와 기내식이 들어 있는 플라스틱 용기를 나누어 주는 젊고 아름다운 여성들 말이다. 그야말로 냉정하고 메마른 방식의 환대다!

아마도 영어권에 속한 사람들은 "주인host"이라는 단어를 평가 절하해왔을 것이다. 물론 이 단어에는 독일어 Gastgeber — 손님에게 베푸는 사람, 대접하는 사람 — 와 Gastfreundschaft — 손님의 친구인 주인이 손님에게 베푸는 특별한 우정 — 가 지니고 있는 신선함과 직접성이 부족하다. 영성지도자는 손님에게 베푸는 사람, 우정을 베푸는 사람이다. 영성지도자는 가장 진정한 의미, 가장 심오한 의미의 주인이다. 하늘나라 잔치의 주인이 베푸는 엄청난 환대를 반영해 주는 사람이다.

준비하기

만찬을 베풀어 보았거나 주말 손님을 맞아본 사람이라면, 환대가 얼마나 힘든 일인가를 잘 알 것이다. 일부러 노력한 것처럼 보이지 않아야 하기 때문에 훨씬 더 힘들다. 아브라함은 환대를 아주 손쉽게 했다. 손님들에게 과장된 인사를 한 다음, 자기가 가진 최고의 것들을 대접했다. 그의 좋은 송아지를 잡아서 요리했고, 사라는 장막 안에서 분주히 빵을 구웠다. 하지만 오늘 우리는 대부분의 경우, 특히 영성지도를 환대의 직무로서 실천하고 있는 사람들의 경우, 실질적인(즉 따분하고 힘든) 일을 다른 사람들에게 넘기는 것은 그리 쉬운 일이 아니다. 좋은 집주인이 되기 위한 첫걸음은 바로 준비를 하는 것, 분주한 손길을 멈추고 손님에게 친절히 인사할 수 있도록 준비를 갖추는 것이다.

손님은 유익한 훈련을 제공해 준다. 홀로 남겨질 경우, 우리는 혼란과 불결함 속을 끝없이 헤맬 수도 있다. 언젠가는 우리 집의 상태에 대해 뭔가 조치를 취하리라 마음먹지만, 지금 당장은 괜찮다고 생각하면서 말이다. 심지어 우리는 방치된 쓰레기를 사랑하게 될 수도 있다. 그것을 소중히 여기거나, 아니면 적어도 그것을 당연시하게 되는 것이다. 하지만 귀한 손님이 오게 되면 우리는 쓰레기를 내다버리고, 그 장소의 본래 목적을 되찾게 된다. 단정하게 정리되고 깨끗한 환영의 장소로 말이다. 영성지도자의 경우도 이와 마찬가지다. 영성지도자의 첫 번째 임무는 집 청소, 곧 우리 자신의 내적 질서를 창조하는 것이다. 우리는 자기 자신을 잘 알아야 한다. 어두운 구석과 숨 막히는 장소 — 먼지가 쌓이고 곰팡이가 끼기 시작한 장소까지도 잘 알아야 한다. 잡동사니를 벽장에 마구 밀어 넣고 문을 닫아 버린다거나, 먼지가 보이지 않도록 블라인드를 내리고 조명을 어둡게 하는 것만으로는 결코 충분하지 않다. 비록 집과 영혼을 돌보느라 진땀을 흘리고 있는 사람을 유혹하기 쉬운 속임수이긴 하지만 말이다. 우리는 집을 청소해야만 한다. 그런 다음에는 사람들에게 들어와 쉬면서 기운을 차리라고 초대할 만한 장소를 갖출 수 있도록 집을 깨끗하게 관리해야 한다.

집안 청소는 말 그대로 지루하고도 단순한 일이다. 북북 문질러 닦고 윤을 내는 일은 눈에 띄는 결과를 가져오기 때문에, 사람들이 보고 칭찬을 해준다. 하지만 영적인 청소는 좀 더 미묘해서, 혼자 힘으로는 도저히 할 수가 없다. 영성지도자의 안내가 없어도 얼마든지 이 임무를 수행할 수 있다고 감히 말하는 사람들은 자기기만이라는 위험한 길에 들어선 것이나 마찬가지다. 나중에 처리하면 된다면서 쓰레기 더미를 외딴 벽장에 마구 쑤셔 넣는다거나 지하실 계단 밑에 밀어 넣는 것과 영적으로 똑같은 것이다.

그러므로 모든 영성지도자의 첫걸음은, 도움을 받아가면서, 자신을 의식할 수 있게 되는 것이다. 영적인 차원에서 집의 질서가 유지되어야 한다. 적어도 그곳에 피해 있는 사람들에게 위험한 환경이 아니라 유익한 환경을 제공할 정도는 되어야 한다.

나는 나 자신의 영성지도자를 신뢰함으로써, 기꺼이 나만의 안전한 장소를 떠나 다른 사람의 환대를 구해야 하며, 도움을 요청하고 안내를 받아야 한다. 나는 기꺼이 부족한, 취약한, 지친 나그네가 되어야 한다. 뿐만 아니라 너그러운 집주인도 되어야 한다. 사막의 영성지도자 제임스가 말한 대로, 집주인이 되는 게 차라리 더 쉽다. 그는 이렇게 말했다. "환대를 하는 것보다는 받는 것이 더 낫다."[1] 영성지도자를 모시고 있으면, 그 동안 내가 간과해 왔던 구석진 곳들을 알아채고, 집을 깨끗하고 단정하게 정돈하도록 도와줄 수 있다.

영성지도자는 스스로를 적절하고 건강한 상태로 유지하기 위해 온갖 도움을 다 받아야만 한다.(아무도 완벽한 사람을 기대하지는 않는다!) 자기 자신의 영성지도자 외에도, 우리 모두는 가장 깊숙한 걱정거리들을 터놓고 얘기할 수 있는, 우리를 사랑하기 때문에 진실을 얘기하기를 전혀 두려워하지 않을, 그런 영적인 친구가 필요하다. 영성지도자들의 비공식 수호성인인 리보의 앨레드는 12세기에 다음과 같이 기록하였다.

> 불행하게도 함께 즐거워해 줄만한 사람이 아무도 없다면, 자기 앞길에 골칫거리들이 닥쳤을 때 마음의 짐을 나누어 져줄만한 사람이 아무도 없다면, 유별나게 숭고한 것들이나 계몽적인 영감을 함께 나눌 만한 사람이 아무도 없다면, 그 사람은 짐승이나 다름없다고 할 수 있을 것이다......친구가 한 명도 없는, 완벽한 외톨이인 것이다.

> 그러나 여러분이 또 하나의 자아에게 말하는 것처럼 감히 동등한 입장에서 얘기할 수 있는 대상, 여러분이 영성생활에서 이룬 발전을 전혀 부끄러워하지 않고 밝힐 수 있는 대상, 여러분의 마음 속 온갖 비밀들을 믿고 터놓을 수 있는 대상, 여러분의 계획을 몽땅 다 털어놓을 수 있는 대상을 갖고 있다면, 그 얼마나 행복하고 안전하고 기쁜 일인가![2]

내 친구 자넷을 처음 만났을 때만 하더라도 나는 앨레드에 관하여 한 번도 들어본 적이 없었다. 하지만 나중에는 그녀를 앨레드가 말한 바로 그 대상으로 인식하게 되었다. 그녀는 영국인이고, 음악가이며, 중세문화연구가다. 또한 그녀는 민감한 평신도 신학자이기도 하다. 그녀는 내가 스스로에게 줄 수 없는 것을 준다. 19세기 후반 러시아의 현란한 피아노 음악에 대한 나의 맹목적인 사랑을 타박한 것 말고는, 늘 나를 있는 그대로 인정하고 사랑해 준다. 나는 그녀의 예민한 마음과 타협하지 않는 정직성을 높이 평가한다. 그리고 둘이서 제대로 분석해 본 적은 한 번도 없지만, 나는 우리의 우정이 그녀에게도 똑같이 소중한 것이라는 걸 안다. 우리는 너무 멀리 떨어져 있어서 일 년에 한 번 정도밖에는 못 만난다. 하지만 만날 때마다 우리는 고향에 돌아온 것 같은 완전한 평안을 누린다. 우리의 대화는 지루할 틈이 없다. 종교적인 자세를 취할 만한 여지도 전혀 없다. 우리는 함께 기도하는 일이 거의 없다. 그래도 우리의 대화는 늘 하나님에 관한 내용이다. 우리는 "또 하나의 자아에게 말하는 것처럼 동등한 입장에서 이야기한다."

우리 자신을 위해 할 수 있는 일들도 있다. 그런 일들은 우리가 언제나 손님을 접대할 수 있도록 준비를 갖추게 해준다. 나는 개인적인 일기가 자의식에 큰 도움이 된다는 사실을 잘 안다. 일기를 꾸준히 쓰기 위한 방법과 훈련법은 아주 많은데, 어떤 것들은 너무나 대단해서, 가장 열심인 사람들을 빼고는 오히려 다들 용기를 잃고 만다. 나에게는 "필요할 때마다 기록하는" 자유 형식의 시스템이 더 효과적이다. 페이지를 마음대로 뺐다 끼웠다 할 수 있는 바인더에 일기를 묶어 놓으면, 타자기나 워드프로세서로 칠 수도 있고, 내 이야기의 일부가 된

편지나 시나 기사 등을 첨부할 수도 있다. 또 그렇게 하면 언제 어디서라도 일기를 쓸 수 있으며, 집에 가져가서 바인더에 철해 놓기만 하면 된다. 나는 아무에게도 내 일기를 보여주지 않으리라 작정했다(만일 읽는다 하더라도, 내가 죽은 다음에야 비로소 가능할 것이다). 그렇게 하니까 모든 것을 솔직히 기록할 수가 있었다. 일기를 쓸 때는 자기가 원하는 만큼 얼마든지 반복해도 좋다. 일기는 천사들과 씨름하고 악마들과 투쟁하는 장소인 것이다.

피정의 시간 역시 건전한 관심을 유지하는 데 도움이 된다. 피정은 결코 휴가 같은 것이 아니다. 피정은 의도적인 금욕생활을 의미한다. 철저하게 단순화된 환경은 내면의 혼란을 막아 준다. 가장 종교적인 집에서는 "해야 할 일"이 하나도 없다 — 게임도, 오락도, 커다란 소음도, 텔레비전도, 분주함도 없다. 그 대신 침묵과, 간소한 음식과, 적절한 공간과, 기도공동체에게 둘러싸이는 안전감이 존재한다. 우리들 가운데, 분주한 스케줄의 덫에 걸렸다거나, CEO 하나님 — 선의를 지니긴 했지만 효율적이지는 못한 — 의 행정적 보조자인 우리가 사실은 세상을 유지하는 장본인이라고 하는 위험하고 사악한 망상에 빠진 사람이 있다면, 아주 짧은 기간의 피정도 강력한 교정책이 될 수 있을 것이다. 속도를 늦출 때 비로소 우리는 자신을 들여다보고, 초라하고 가련한 자신의 개념에도 미소를 지을 수 있게 된다. 우리의 겸손을 되찾을 수 있게 된다. 적어도 아주 잠깐 동안은, 사물들의 질서 속에서 우리의 진정한 자리를 기억해 낼 수 있게 된다.

영성지도자, 고해신부, 영적인 친구, 그리고 영성수련 — 이 모두가 우리의 집을 질서 있게 유지하기 위한 매우 **영적인** 방법들이다! 하지만 이보다 더 일상적인, 전체성에 도움을 줄 수 있는 창조세계의 능력을 우리는 자칫 간과하기가 쉽다. 아기와 동물을 친구로 둔 사람들은 복이 있다. 그렇게 작은 피조물들은 육체화된 순수를 통해서 우리를 계속 미소 짓게 해주기 때문이다. 심미적인 것들에서 하나님의 손길을 발견하는 이들은 복이 있다. 음악과 문학과 미술은 우리가 늘 기쁘고 균형 잡힌 삶을 살게 해주기 때문이다. 또한 선하고 힘든 일을 즐기는 이들은 복이 있다. 나무를 톱질하거나, 잔디를 깎거나, **아주** 더러운 마룻바닥을 북북 문지르거나, 빵 한 덩이를 반죽하는 것만큼 우리가 자신의 육체적 능력을 기뻐하게 하거나 우리를 지상 가까이 끌어내려 주는 것도 없다. 지나치게 "영적인" 영성 지도자는 오히려 상대를 무섭게 만들 뿐이다.

우리 공간을 나눠주기

우리가 환대를 할 때는 무슨 일이 생길까? 우리는 안전과 피난처를 제공해 주는 장소로 누군가를 초대한 다음, 자신의 욕구는 잠시 제쳐놓는다. 마치 모든 것이 손님의 편안함과 원기 회복에 집중되는 것 같다. 적어도 잠시 동안은, 우아한 스페인어 표현처럼, "내 집이 바로 너의 집이다." 청소와 음식과 휴식을 위해 만반의 준비를 갖춘다. 환대는 웃음과 눈물을 동시에 동반하는 이야기를 나누는 시간이며, 그런 후에 손님은 다시금 길을 떠난다. 아마도 여정의 다음 단계를 위한 여분의 식량이나 지도를 갖고서 말이다.

가장 간단한 의미의 환대는 물리적 공간과 영적 공간의 선물이다. 그리고 주의 깊은 경청의 선물처럼, 환대는 가볍게 받아들이지 않는 것이다. 나는 출근할 때마다 매일 이것을 절실히 느낀다. 나는 뉴욕에 살고 있다. 이곳은 인구 밀도가 스트레스에 기여하고, 심지어는 심각한 수준의 폭력에도 기여하는 곳이며, 약간의 심리적 사생활을 보장해 주는, 눈에 보이지 않는 경계선을 금방 알아챌 수 있는 곳이다. 그래서 사람들은 지하철에서도 눈을 마주치는 걸 피하고, 북적이는 인도를 따라 기운차게 움직이며, 다른 보행자들과 몇 밀리미터밖에 안 떨어져 있으면서도 사실은 아무와도 **접촉하지** 않는 것이다. 공간은 소중히 여겨지고, 조심스럽게 지켜진다.

하지만 영성지도자인 우리는 기쁜 마음으로 자기 공간을 나눠준다. 연구실이나 사무실 같은 외적 장소도, 하나님을 만날 수 있는 내적 장소도 기꺼이 나눠준다. 붐비는 거리의 뉴요커들과 달리, 우리는 자기 영역을 아낌없이 공유하는 일에 두려움을 느끼지 않으며, 다른 사람과 친밀감을 느끼는 것도 전혀 두려워하지 않는다. 우리는 자기가 지닌 최고의 것들을 나누어 준다.

물리적 장소도 영적 장소만큼이나 중요하다. 나는 영성지도를 위해 사람들을 만날 때, 결코 우리 집에서는 약속을 잡지 않는다. 역할과 페르소나에 혼동이 오기 때문이다. 아무리 가족과 애완동물을 집안 외진 곳에 따로 몰아넣는다 할지라도, 일상생활의 거추장스러운 방해물들이 끼어들기가 쉽고, 공간이 너무 개인적인 느낌이 들 경우에는 우리의 약속이 마치 다정한 잡담 형식으로 바뀌어버릴 위험이 존재하기 때문이다. 그렇다고 피지도자의 집에서 만나는 것은 훨씬 더 문제가 많다. 질병이나 나이나 결점 때문에 우리를 찾아오기가 힘든 사람들을 제외하면 말이다. 식당 같은 대부분의 공공장소들 역시 문제가 있다 — 웨이터가 그 날의 특별요리를 열거하길 기다리면서, 도대체 어떻게 의미 있는 대화를 조용히 나눌 수가 있겠는가? 공원의 벤치는 화창한 날씨라면 괜찮은 장소다. 텅 빈 교회 역시 주중에는 좋은 장소가 될 수 있다. 그렇지만 그런 곳들보다 더 나은 장소는 바로 상쾌하고 잘 정돈된 조용한 방, 개인적이지만 지나치게 사적이지는 않은 방이다. 그래서 나는 영성지도자로서의 업무를 대부분 내 사무실에서 보는 편이다. 그곳은 19세기 초반에 지어진, 널찍하고 햇살이 잘 비치는 방이다. (더 평온했던 시절에는 이곳이 신학교 간호사의 집으로 제공되었다는 말을 들었다. 내가 보기에 그런 연관성은 아주 잘 어울리고 또 위안도 되는 것 같다. 피지도자를 만나기 전에 나는 책상 위에 너저분하게 어질러져 있던 것들을 단정히 정리하려고 애쓴다. 그리고 워드프로세서는 방해가 안 되게 한쪽 구석으로 밀쳐놓는다. 그러니까 "직무" 공간을 "거룩한" 공간으로 변화시키기 위한 최소한의 몸짓인 것이다.

처음 이 사무실을 소유하게 되었을 때, 나는 러그 때문에 이 방의 "대화 공간"을 계획하지 못하고 주춤거렸다. 의자는 그런대로 괜찮았다. 꽤 편안했고, 보기에도 그리 나쁘지 않았다. 하지만 러그라니! 한때는 멋있었겠지만 이제는 어울리지 않는 붉은 색 격자무늬, 눈에 띠게 닳아 헤진 부분과 너덜너덜한 가장자리. 난 그 러그를 보면서, 예산이 허락되는 대로 당장 러그부터 갈아야겠다고 다짐했다. 하지만 지금은 그 러그가 나의 환대의 가장 중요한 부분이 되었다. 한 회기가 시작될 때마다 나는 늘 침묵 가운데 마음 속 깊은 곳에서 들려오는 앨레드의 말을 듣게 된다. "당신과 나, 우리 두 사람이 여기 있습니다.

이제 그리스도께서 제삼자가 되어 우리와 함께 해주시기를 바랍니다." 확실히는 모르겠지만, 언제부터인가 그 붉은 색 격자 무늬 러그가 한가운데 깔려 있는 장소가 가장 거룩하게 여겨지게 되었다. 이제는 아무리 예산이 남아돌아도 그 러그를 버릴 수가 없게 되었다. 지난주에는 다른 도시에서 온 어느 피지도자가 이런 말을 했다. "그거 아세요? 기차를 타고 오는 내내 선생님 러그를 봤답니다!"

영성지도를 위한 장소는 최대한 환영해줄 수 있는 곳이어야 한다. 성화상, 화분이나 꽃, 부드러운 조명, 쾌적한 실내온도, 그리고 조용한 분위기가 모두 도움이 된다. 하지만 그보다 더 중요한 것은 안전한 장소, 그러니까 방해를 전혀 받지 않을만한 성소여야 한다는 것이다. 심지어는 문을 두드리는 소리조차도 단순한 방해로 그치지 않는다. 그것은 차라리 폭력에 가깝다. 나는 일을 시작하기 전에 늘 전화를 꺼놓는다. 그리고 문 밖에 "방해하지 마시오!" 팻말을 걸어놓는다. 그런 다음 우리는 함께 기도하거나, 말없이 앉아 있거나, 울거나, 이야기를 나눈다. 우리는 잠시(60분) 동안은 방해하는 사람이나 혼란거리가 전혀 없으리라는 사실을 잘 안다. 비록 시간은 한정되어 있지만 (나는 특별한 상황이 아닌 한, 이 한정된 시간을 반드시 지켜야 한다고 믿는다) 역설적이게도 우리는 세상의 모든 시간을 쥐고 있는 듯한 느낌을 받는다. 이처럼 주의 깊게 준비된 안전한 장소에서 영성지도자는 오로지 손님의 행복에만 전적으로 몰두하고 주의를 기울일 수 있다.

피지도자에게 결코 서두르는 듯한 느낌을 주어서는 안 된다. 나는 대부분의 사람들이 아주 혼란스러운 상태에서 내 사무실에 도착한다는 사실을 잘 안다. 어쩌면 버스가 너무 느렸을 수도 있고, 어쩌면 주차 장소를 찾지 못해 불안했을 수도 있다. 또 어쩌면 이 만남이 — 어느 정도는 — 하나님과의 대화 약속처럼 여겨져서 어떤 식으로 대화를 시작해야 하나 불안했을 수도 있다. 토마스와의 첫 만남이 불안했던 것도 확실히 이런 이유에서였다. 내과의사인 토마스는 도심지 의과대학 부속병원의 3년차 레지던트다. 근무시간은 길고, 일은 고되다. 그는 늘 극심한 통증에 시달리는 사람들에게 둘러싸여 있다. 환자들 중 다수가 죽음을 앞둔 상태다. 그래서인지 그의 관심은 점점 더 하나님께로 쏠리게 되었다. 주일에 교회 예배에 참석하는 것만으로는 충분치가 않았다. 그러던 차에, 우리 두 사람을 동시에 잘 아는 한 친구가 그에게 내 얘기를 들려주었다. 하지만 그 친구는 너무 열정적인 나머지, 자기도 모르는 새에 우리 둘 다에게 해가 되는 일을 저지르고 말았다. 일반적인 영성지도와 나의 특별한 재능에 대해 너무 과장된 그림을 그려준 것이다. 토마스가 내 사무실에 도착했을 때, 그는 강력하게 추천 받은 구루에 대해 굉장히 경계를 하고 있었으며, 하나님에 관한 얘기를 솔직히 털어 놓는 것이 과연 좋은 생각인가를 심각하게 고민하고 있었다. 그리하여 물리적으로나 영적으로나 나의 공간이 그를 진심으로 환영하고 있다는 느낌을 받기 전까지, 그는 여러 회기에 걸쳐 주의 깊게 점검을 하였고, 나 역시 순서를 정하기까지 여러 회기가 걸렸다.

때로는 영성지도자 쪽에서 무의식중에 서두르는 모습이나 혼란스러운 마음을 내비칠 수도 있다. 그래서 나는 상담과 상담 사이에 적어도 몇 분씩은 간격을 둠으로써 마음을 가라앉힐 수 있도록 노력하는 편이다. 하지만 언제나 내 뜻대로 되는 것은 아니다. 때로는 신학생이 소명 문제로 씨름하기 위해 나를 찾아오기도 하고, 또 때로는 근친상간의 피해자가, 강간자인 이 땅의 아버지에 대한 기억이 자기 마음속에 남아 있는 한 도저히 하늘에 계신 우리 아버지께 기도할 수가 없노라고 하소연하기 위해 찾아오기도 한다. 또한 나는 강의 요강을 준비해야 하고, 또 사무실 분위기도 바꿔 놓아야 하므로, 시간이 부족할 때가 많다. 물리적인 공간이 제아무리 환대해 주더라도, 내가 진정한 환대를 제공하기 위해서는 마음의 준비를 미리 해야만 한다.

침묵으로 시작하기

침묵으로 시작하는 것은 큰 도움이 된다. 그렇게 하면 적어도 피지도자와 함께 하는 시간만큼은, 회의나 다정한 잡담의 시간이 아니라 기도의 시간으로 이끌 수가 있다. 침묵의 길이는 경우에 따라 달라진다. 함께 작업하기 시작한 지 얼마 안 된 초기 단계에서는, 고요함이 너무 오래 지속될 경우 피지도자의 마음이 동요될 가능성이 있다. 에밀리와 나는 일전에 한 시간 동안을 완벽한 침묵 가운데 함께 앉아 있었던 적이 있다. 우리는 이미 서로에게 편안해질 만큼 충분히 오랫동안 함께 작업해온 사이였고, 그 날은 가족과 일이 주는 압박감 때문에 그녀가 완전히 지쳐버린 상태였다. 나는 그녀에게 준비가 되면 먼저 침묵을 깨라고 얘기했다. 몇 분이 지나자 침묵은 점점 더 깊어갔고, 매우 침착하면서도 생생해졌다. 나는 그녀와 함께 있었지만, 결코 그녀를 위해 무엇을 "하려고" 서두르지 않았다. 그 시간이 끝나자 우리는 서로 평화를 교환했다. 앨레드가 말한 "제삼자"가 정말로 우리 가운데 계셨음을 잘 알고 있었던 것이다.

하지만 너무 갑작스럽게 이런 침묵으로 돌입해서는 안 된다. 나는 얼마동안 만나지 못했던 피지도자와 함께 작업을 시작할 때에는, 먼저 1~2분 동안 분위기를 따라잡는 데 시간을 할애하는 편이다. 예를 들면, 차나 커피를 한 잔 마시는 것이다. 그럴 경우 침묵이 경계선을 확실히 그어 주며, 우리가 무엇을 해야 할지 명확하게 알려준다. 나는 이 처음 몇 분간의 침묵 시간에는 되도록 피지도자에게 관심을 보이지 않으려고 애쓴다. 그 대신 내 마음을 정돈하려고 노력한다. 자세를 똑바로 하고, 두 손을 벌린 다음, 천천히 편안하게 숨을 쉬는 것도 도움이 된다. 그런 상태에서 기도를 한다. 때로는 예수기도 — "주 예수 그리스도, 하나님의 아들이시여, 죄인인 저에게 자비를 베풀어 주옵소서" — 를 암송하기도 하고, 또 때로는 짧고 유치한 간구의 기도를 드리기도 한다. "하나님, 제가 집중할 수 있도록 도와주세요!" "하나님, 제가 입을 다물고 있도록 도와주세요!" "하나님, 제 자신을 구석에 밀어놓을 수 있도록 도와주세요!" "하나님, 제가 당신의 자녀인 이 사람에게 전적으로 몰두할 수 있게 해주세요!"

내과의사는 그저 환자와 악수를 나누는 것만으로도 포괄적이고 정확한 진단을 내릴 수 있다는 글을 언젠가 읽은 적이 있다. 내가 피지도자와 침묵을 공유하는 것도 어떻게 보면 그런 진단을 위한 도구라고 할 수 있다. 우리는 임상의학자가 아니지만, 침묵의 시간은 우리에게 아주 많은 것들을 알려준다. 눈을 감고 마음을 모아 기도할 때, 우리는 두려움과 불안, 피로, 분노, 희망, 갈망을 — 인간 감정의 온갖 스펙트럼을 — 포착

할 수가 있다.

때로는, 에밀리에게 한 것처럼, 피지도자 쪽이 준비되면 침묵을 마치자고 요청하기도 한다. 기도하자고 말하면 사람들이 당황하기 때문에, 나는 이 요청을 일반적인 용어로 돌려 말한다. "몇 분간 함께 조용히 앉아 있지요. 그런 후에 준비되면 언제든지 시작하세요." 나는 이 말을 충분히 큰 목소리로 아주 명확하게 전달할 수 있는 방법을 터득했다. 만일 둘 중 한 사람이 기본원칙에 대해 확신을 갖고 있지 않다면, 기도의 침묵은 아예 생각할 필요도 없다. "적절한 말"을 꺼내지 못할까봐 불안해하거나 두려움을 느끼는 사람들의 경우, 먼저 대화를 시작해야 한다는 책임은 부담을 줄 수도 있다. 그런 경우에는 내 쪽에서 먼저 기도로 침묵을 깨뜨린다. 어떤 때는 거룩송("거룩하신 하나님, 거룩하시고 강하신 분, 거룩하신 불멸의 하나님, 우리에게 자비를 베풀어 주옵소서")을 암송하기도 하고, 또 어떤 때는 간단하게 "주 예수님, 오시옵소서"나 "성령님, 오시옵소서"나 그저 "아멘"만 소리내기도 한다.

나는 이제 마음속에 떠오르는 소소한 기도를 신뢰할 줄 알게 되었다. 함께 침묵 속으로 들어가거나 침묵에서 빠져나오는 적당한 방법이 따로 정해져 있다는 생각은 이미 오래 전에 버렸다. 이제는 내 머릿속에 무엇이 떠오를지 궁금해 하던 것을 완전히 멈췄다. 얼마 전에 나는 한 독일인의 식사기도를 듣고 내심 깜짝 놀랐다. 그것은 아주 어렸을 때 배웠던 축도였다. 그 당시 우리는 식탁에 앉아 있지도 않았기 때문에 무척이나 부적절한 것처럼 보여서, 나는 거기에 반대했다. 하지만 피할 수 없었기에, 나는 침묵을 깨고 이렇게 기도했다. "오소서, 주 예수여, 우리의 손님이 되셔서, 주께서 우리에게 주신 모든 것을 축복하옵소서." 깊이 생각해보고 나서야 비로소 나는 그것이 거의 완벽한 환대의 기도였음을, 영성지도의 중심에 놓인 집주인과 손님의 신비로운 반전에 관한 기도였음을 깨달았다.

안전한 장소

피지도자에게 제공되는 공간과 시간이 안전한 것은, 물론 방해가 전혀 없기 때문이기도 하지만, 비판이나 폭로의 두려움 없이 **어떤 것이라도** 이야기할 수 있기 때문이기도 하다. 영성지도 시간의 비밀은 고해실의 비밀만큼이나 신성한 것이며, 또 그래야만 한다. 그 시간에 함께 이야기한 내용은 그 어떤 것도 다른 사람들과 결코 논의하지 않을 것이라는 점을 아예 첫 예비모임 때부터 확실히 해놓는 것이 중요하다. 이런 비밀엄수의 약속은, 우리들 중 대부분이 몇 가지씩 역할을 담당하고 있는 신학교 같은 작은 공동체 안에서 미묘한, 심지어는 우습기까지 한 상황을 연출해 낼 수가 있다. 내 경우 가장 안전한 길은 "전혀 해롭지 않은" 세부사항에 관해서조차도 건망증을 키우는 것이었다. 그리하여 지금은 내가 어디에서 처음으로 직업이나, 임신이나, 위기나, 승리에 관한 소식들을 들었는지를 기억하기가 어렵다. 교구나 신학교보다 좀 더 광범위한 상황에서도, 영성지도 공동체는 놀라울 만큼 작다. 그러므로 **모두가** 서로 알고 있다고 생각하는 것이 현명하다.

똑같은 이유로 나는 어떤 종류의 서면 기록도 남기지 않으려고 노력한다. 물론 나는 고 마틴 쏠튼처럼 고명한 지도자들을 포함하여 일부 지도자들이, 어떤 형태의 기록을 남겨 놓고 그것이 관련 문제들을 위한 조언과 경과 메모라고 주장한다는 것을 잘 안다.3 하지만 내 생각에, 이것은 영성지도가 심리치료와 구별되어야 할 방법들 가운데 하나다. 우리는 물론 분별력이 있는 눈을 지녀야 한다. 하지만 우리는 임상적인 의미에서 진단 전문 의사가 아니다. 영적 손님들을 증상과 깊이만으로 분류할 경우, 자칫하면 우리의 영적 손님들을 과소평가할 수 있다. 내 맞은편에 앉아 있는 사람은 늘 신비 그 자체다. 나는 그 사람을 분류하지 않으려고 노력한다.

사람들의 비밀 — 삶 속의 비밀, 좀 더 특별히는 그들 영혼의 비밀 — 은 소중하다. 우리는 대개가 성에 관해 쉽게 이야기하는 시대, 그러면서도 죽음에 대해서 이야기하는 것은 좀 불편한 시대, 그리고 하나님과의 관계에 대해서 얘기하는 것은 지독히도 어려운 시대에 살고 있다. 따라서 사람들에게 어떻게 기도하느냐고 묻는 것은 **굉장히** 친밀한 질문을 던지는 것이다. 나는 일전에 붐비는 서점에서 있었던 일을 아직도 기억한다. 젊은 성직자 친구인 제임스가 열정적인 목소리로 불쑥 이런 말을 꺼냈을 때의 일을. "있잖아요, 마가렛, 한 번도 제게 어떻게 기도하는지를 안 가르쳐 주셨는데요, 도대체 뭐라고 기도하세요?" 나는 이 때 어떤 **기시감**이 들었다. 예전에 슈퍼마켓에서 계산을 하고 있는데, 우리 아이가 낭랑한 목소리로 "그런데 아기들은 처음에 어떻게 **안으로** 들어가는 거예요?" 라고 물었던 때로 되돌아가는 느낌이었다. 그 옛날 계산대에서 우리 아이에게 얘기했던 것처럼, 제임스에게도 급히 대답했다. "밖으로 나가면 얘기해 줄게요."

기도에 관한 대화를 나눌 때 나는 대체로 신중하게 접근한다. 일단은 피지도자의 일상적인 리듬에 관한 질문으로 시작한다 — 혼자서 조용히 있을 수 있는 시간이 있는가? 특별히 "안전하고" 하나님과 가깝게 느껴지는 장소가 있는가? 약간의 자기개방도 도움이 될 수 있다. 캐롤은 기도에 관해 이야기하는 걸 주저했는데, 그것은 "충분히" 기도하거나 "올바르게" 기도하는 것에 대해서 너무나 걱정이 많고 죄스럽게 생각하기 때문이었다. 그래서 어느 날 나는 다음과 같은 조언을 해주었다. 성무 일과를 외우는 것은 어떻게 보면 기계적이고 무미건조한 일처럼 여겨지지만, 그래도 내 경우에는, 알람시계가 울리기 전 아침의 고요 속에서 드리는 기도가 가장 진실한 것 같다고, 그 때야말로 하나님이 가장 가깝게 여겨진다고. 그러자 캐롤이 이렇게 말했다. "나는 코네티컷 유료고속도로에서 기도를 드려요. 통행료 징수소를 마치 묵주 알처럼 표지로 이용하지요." 일상적인 통근 시간이 전부 기도 시간이었건만, 그녀는 이제껏 그 시간이 별로 "중요하지" 않다고 여겼고, 그 시간에 뭔가 더 "특별한" 일을 해야 한다고 느꼈으며, 그녀의 낡은 도요타는 결코 거룩한 장소가 될 수 없다고 생각했던 것이다.

어떤 상황에서 기도에 관해 이야기하는 게 어려운 것 외에도, 사람들은 사실이든 상상이든, 죄와 수치심을 잔뜩 짊어지고 우리를 찾아온다. 중독에서 회복 중인 사람은 우리와 함께 있을 때 안전하다고 느낄 수 있어야 한다. 성폭행에서 살아남은 사람은 아무리 상세히 얘기해도 우리가 충격을 입거나 혐오감을 느끼지 않으리라는 사실을 확신할 수 있어야 한다. 참회자는 우리가 듣기만 할 뿐이지 비판하지는 않는다는 사실, 우리는 죄와 수치심이 배배 꼬인 타래를 풀 준비가 되어 있다는 사실을 알아야 한다. 이러한 전적인 인정은 결코 우리가 죄를 가볍게 여긴다거나, 파괴적이거나 해로운 행동의 결과를 속인다는 뜻이 아니다. "아, 그런 건 신경 쓰지 마세요."라든가 "뭘 했다고요??!!" 같은 말은 영혼의 비밀을 털어놓은 사람에게 절대로 해서는 안 될 사악하고도 무책임한 반응이다. 하나님의 사랑과 자비를 확신하는 지도자는, 피지도자가 그걸 믿지 않는다 할지라도, 그 어떤 비밀이야기라도 차분하게 받아들일 수 있다. 애정 어린 마음으로 받아들임으로써, 영성지도자는 하나님의 사랑을 모방하고 반영할 수가 있다. 자신의 가치를 포기해 버린 피지도자가 그토록 갈망했던 바로 그 사랑을 말이다.

선한 집주인은 손님에게 모든 일에는 다 때가 있다는 생각을 심어 준다. 비록 둘 다 시간이 소중한 상품이라는 사실을 잘 알고 있을지라도 말이다. 만일 내가 '모든 것'을 제쳐 놓을 수 없다면 환대에 실패하고 말 것이다. 일상적인 사무는 비교적 쉽게 물리칠 수가 있다. 하지만 내 자신의 분노나 공포, 피로처럼 좀 더 심오한 불안을 가라앉히기란 그리 쉬운 일이 아니다 — 이것들은 모두 내 맞은편에 앉아 있는 사람과 무관한 것들이다. 최선을 다해 일을 하려면 우선 그것들부터 치워 놓아야 한다. 적어도 다음 한 시간 동안은 말이다. 이 시간 동안 환대라는 선물은 나 자신의 선물이다. 그리 많지는 않을지라도, 내가 가진 전부인 것이다.

이야기 나누는 걸 좋아하고 또 사람들과 어울리는 걸 좋아하는 사람으로서, 내가 영성지도를 통해 얻은 가장 힘겨운 교훈은, 때로는 적을수록 좋을 수도 있다는 사실이었다. 억제되지 않은 공감은 우리가 다른 사람의 경험을 전유하게 만든다. 굳이 언어가 아니더라도 몸짓이나 얼굴 표정을 통해서 말이다. 나는 다음의 두 가지 방법을 써서 나 자신을 지도한다(그 방법들이 언제나 성공적인 것은 아니다). 첫째, 나는 예수기도를 나만의 "타이머" 기도로 사용한다. 스스로가 왠지 정서적으로나 영적으로 허둥대는 것처럼 여겨질 때, 나는 이렇게 혼잣말을 한다. "예수기도를 열 번 드리기 전에는 아무 말도 하지 말 것!" 또는 인내심이 다 닳아서 아무런 성과도 없을 것처럼 보일 때, 나는 스스로에게 이렇게 약속한다. "예수기도를 다섯 번 드린 다음 휘파람을 불 것!" 그 간단하고 오래된 기도가 나를 어리석음과 해로움으로부터 얼마나 여러 번 돌이키게 해주었는지 이루 말할 수 없을 정도다. 둘째, 나는 내 손에 집중한다. 그랜틀리 딕 리드는, 자연분만에 관한 매우 독창적인 저서에서, 긴장을 푼 얼굴의 중요성을 강조했다. 만일 산모가 얼굴 근육을 풀 수만 있다면 전체적으로 긴장을 풀 수가 있다는 것이다. 우리가 자기 얼굴을 볼 수는 없다. 하지만 손은 다르다. 두 손을 펴서 무릎에 대고 있다거나, 의자 팔걸이에 편안히 걸치고 있는 동안은 스스로도 느긋한 기분이 들기 때문에, 상대방에게 한가로운 느낌을 전달할 수가 있다.

환대는 시작과 끝이 있어야 한다. 손님들이 만일 우리와 함께 살려고 온다면 더 이상 손님이 아니다. 영성지도자로서 내가 책임져야 할 것은 시간의 경과를 지켜보고 있다가 적절한 순간에 상담을 종결하는 것이다. 한 시간이면 충분하다. 한 시간이 지나면 대화가 반복되거나 지루해질 가능성이 있다. (단, 상당히 먼 곳에서 찾아오는 피지도자들과, 자주 만날 수 없는 피지도자들은 예외다.) 방문객 의자 뒤쪽에 작은 알람시계를 튀지 않게 놓아두면 아주 큰 도움이 된다. 굳이 손목시계를 보지 않더라도 그 시계를 보고서 시간의 경과를 체크할 수 있기 때문이다. 시간이 종료되기 약 10분 전에 나는 이렇게 예고한다. "이제 몇 분 후에 마쳐야 해요." 이 말은 거의 언제나 예리한 초점으로 이끌어준다. 그 회기의 가장 중요한 소재가 이 시점에서 소개될 수 있도록 만들어준다. 때로는 이렇게 "명시"를 하면서도 시간을 연장하고 싶은 유혹이 느껴지기도 한다. 하지만 나는 그 유혹에 지지 않으려고 노력한다. 피지도자는 우리가 함께 하는 시간을 소중하게 여길 필요가 있으며, 주어진 시간을 최대한 잘 활용해야 한다. 그래서 나는 보통 이런 식으로 말한다. "그것도 의미가 있는 것 같네요. 그럼 다음 시간에는 그것부터 시작해 보지요."

이야기에 귀 기울이기

만일 영성지도가 환대라면, 그러니까 쉴만한 장소를 제공하고 깨끗이 정돈하는 것이라면, 무엇이 가치 있는 자료고 무엇이 가치 없는 자료인가 하는 영성지도자의 평가는 빗나가기가 쉽다. 때로는 (이동주택 공원의 이미지를 빌자면) 버려야 할 쓰레기가 아주 많거나, (제노아의 성녀 카타리나의 관용구를 빌자면) 문질러 없애야 할 녹이 여러 층 있다. 이것은 인내와 개방을 필요로 한다. 이야기를 나누려면 느긋하고 또 느긋해야 한다. 듣는 사람은 기꺼이 이야기를 펼칠 수 있게 해주어야 하며, 반복되는 것 같은 부분이 있는지 민감하게 살펴야 한다 — 그것들이 원 안으로 천천히 움직이고 있는가, 아니면 그저 소용돌이치고 있는가? 쓰레기통 속에 보석이 숨어 있지는 않은가? 말하는 사람이 듣는 사람의 신뢰도를 점검하고 있는가, 아니면 스스로 주인공의 역할을 부인하고 자신이 아닌 다른 곳에 관심을 쏟고 있는가? 밀드레드가 자기 남편의 소명적 위기에 관해서만 말하고 싶어 하는 것도 바로 그런 이유에서다. 그녀는 남편을 도우려면 어떻게 해야 하는지에 대해서만 이야기하려고 한다. 제인 역시 자기가 친동생처럼 대하고 있는 교구 목사에 대해서만 이야기하길 원한다. 어떻게 하면 그를 고압적인 교구 위원들로부터 보호해 줄 수 있을까? 어떻게 하면 그가 책임을 위임하는 방법을 터득하도록 도와줄 수 있을까?

이야기도 결국은 대화에 속한다. 때로는 듣는 사람-영성지도자가 능동적으로 이야기 형성을 도와주어야 한다. 그래서 나는 밀드레드에게 이렇게 말한다. "지금은 데이빗이 아니라 밀드레드 당신을 위한 시간이에요. 당신은 어때요?" 그리고 나는 그녀의 반응을 예측하고 있어야 한다. "나는 그에게 최선인 것만 하고 싶어요. 그를 돕고 싶다고요." 그녀는 저항한다. 나는 그녀가 계속 이런 식으로 자신의 내적 탐험을 회피하도록 내버려 둘 수가 없다. 하지만 나는 인내심을 잃어서도 안 된다. 그녀는 자진해서 자기 자신에게 집중해야 한다. 내가 싫어할까봐 두려워서가 아니라, 자기 자신의 가치를 스스로 깨달아서, 또는 자기 '자신'의 이야기 속에 있는 그 어떤 것도, 아무리 수치스럽게 여겨지는 것이라 할지라도, 여기에서는 얼마든지 말할 수 있다는 사실을 깨달아서 그래야만 한다. 제인의 경우는 좀 더 쉽다. 자녀들이 다들 둥지를 떠난 지금, 사람을 돌보길 좋아하는 친절한 그녀에게, 이제는 자신의 교구 목사도 스스로를 잘 돌볼 수 있다는 사실, 그리고 지금 여기는 제인 자신을 돌볼 시간과 장소라는 사실을 부드럽게 상기시켜 주기만 하면 된다.

적어도 관계를 시작하는 단계에서는 이야기가 별로 중요하지 않은 것처럼 여겨질 수도 있다. 심지어는 (밀드레드의 경우처럼) 단호하게 주의를 딴 데로 돌리기까지 한다. 너무나도 당연한 일이다. 지금은 시험해보는 시간이기 때문이다. 토니는 직장에서 겪는 어려움에 관해 길게 이야기한다. 사무실 정책의 압박이 그의 기도생활을 엉터리로 만들고 있다. 그가 말하는 것은 모두 "사실"이지만, 나는 우리가 문제의 핵심 근처에도 가지 못하고 있다는 사실을 잘 안다. 비록 조금씩 더 가까이 소용돌이치고 있기는 하지만 말이다. 얼마 전에 그가 이런 말을 했다. "선생님은 믿을 수 있는 분 같네요. 언젠가는 더 많은 것들을 얘기하고 싶어요." 나는 이 "많은 것들"이 무엇인지 전혀 모른다. 그리고 그것들에 대해 특별히 호기심을 느끼지도 않는다. 그저 집주인으로서 나는 그의 사생활을 존중하기에, 그냥 이렇게 말할 뿐이다. "언제든지 원하면 얘기하세요. 언제가 적당한지는 스스로 알게 될 거예요." 우리는 신뢰를 쌓을 수 있어야 한다. 나는 신뢰가 층을 형성한다는 것을 깨달았다. 우리가 절망적으로 진부한 내용에 빠져 있거나 궁지에 몰려 있다고 느낄 때, 바로 그 때 갑작스럽게 새로운 개방이 시작된다. 또는 우리가 "도착했다"고 여기는 바로 그 순간에, 새롭고 더 심오한 단계로 이동한다.

피지도자가 이렇게 주의를 딴 데로 돌리는 태도를 버려도 안전하다고 느낄 수 있을 만큼 신뢰가 쌓였을 때, 비로소 청소 작업이 시작된다. 여기에서 영성지도자가 수행해야 할 임무는 먼지와 혼돈, 죄와 수치심을 분별하는 것이다. 우리는 대체로 선의를 지니고 있지만, 뒤죽박죽 어질러지고, 지나치게 많은 자극을 받으며, 한꺼번에 여러 방향으로 끌려간다. 때때로 나는 지금보다 더 단순했던 시절에는 영혼을 돌보는 게 더 쉽지 않았을까 생각해 본다. 요즘에는 좋은 것들에 완전히 압도된 채로 영성지도자를 찾아오는 사람들도 더러 있기 때문이다: 도전적인 활동이나, 실질적인 자선활동이나, 자신이 읽을 수 있는 양보다 더 많은 책들이나, 자신이 흡수할 수 있는 것보다 더 많은 문화적 이벤트나, 자신이 처리할 수 있는 것보다 더 많은 정보나, 자신이 따라갈 수 있는 것보다 더 많은 자기 수양의 길. 그들은 마치 지나치게 탐닉하는 아이들처럼, 좋은 것들에 푹 빠져 있다. 또한 그들은 "필요한 게 한 가지 있어요"라는 말을 무척이나 듣고 싶어 하면서도 동시에 두려워한다. 그들이 찾아오는 이유는 바로 그 한 가지가 필요하기 때문이다. 그것이 무엇인지는 분명히 말할 수 없으면서 말이다. 그들은 뒤죽박죽 쌓여 있는 잡동사니를 깨끗이 치워 버릴 수 있도록 도와주기를 바란다. 아니면 적어도 그것이 거추장스러운 방해물이 아니라 유용한 영적 가구가 될 수 있도록 정돈하는 걸 도와주기를 바란다.

질문하기

이럴 때 영성지도자는 적절한 질문을 던짐으로써 도움을 줄 수 있어야 한다. 문제의 핵심을 찌르는 간단하고도 직접적인 질문은 영성 전통의 일부다. 예수님은 신랄한 질문으로 마음을 산만하게 하는 것들을 치워버리는 방법을 사용하셨다. 바디매오라는 눈 먼 거지에게 예수님은 이렇게 물으셨다. "내가 너에게 무엇을 하여 주기를 바라느냐?" 또 세례요한의 제자들이 예수님에게 끌리면서도 신중한 태도로 살금살금 따라오자, 예수님은 이렇게 질문하셨다. "너희는 무엇을 찾고 있느냐?" 그리고 수많은 사람들을 먹일 음식이 부족해서 절망하는 제자들에게는 이렇게 물으셨다. "너희에게 빵이 얼마나 있느냐? 가서 알아보아라." 네 복음서는 영성지도자들이 잡동사니를 깨끗이 치우고 피지도자가 하나님을 향한 열망을 분명히 말할 수 있도록 도울 만한 질문들을 충분히 제공해 준다.

예수님이 바디매오에게 하신 질문은 명료성과 우선순위를 정하는 데 있어서 아주 귀중한 도움을 제공해 준다. 하지만 영성지도자 쪽에서 그런 질문을 던질 경우, 저항에 부딪힐 수가 있다. 여성의 경우는 특히나 더하다. 여성은 어려서부터 (적어도 공개적으로는!) 자기를 위해 아무 것도 원하지 않도록, 자신의 욕구는 제쳐놓고 타인을 위해 봉사하고 돌보도록 사회화되기 때문이다. 이제는 상냥하면서도 집요하게 질문할 때가 되었다. "내가 영성지도자로서 당신을 위해 무엇을 해주길 바라나요? 그리고 그리스도께서 당신을 위해 무엇을 해주시기를 원하나요?" 그 대답을 듣는 것은 마치 양파 껍질을 벗기는 작업과도 같다. 일단은 피지도자에게 뭔가를 원하는 것이 지극히 "올바른" 일이며, "아바"라고 부를 수 있도록 우리를 초대해 주시는 하나님은 우리가 (어린애처럼 유치하게, 또는) 어린애처럼 순진하게 행동하기를 기대하고 계신다는 점을 설득시켜야만 한다.

착함의 희생양인 피지도자는, 그런 착함이 아무리 비싼 대가를 치르고 고통스럽게 얻은 것이라 할지라도, 가장 중요한 미덕들 가운데 하나가 결코 아니라는 사실을 명심해야 한다. 내가 집요함의 성서적 선례를 가르쳐주면, 그들은 깜짝 놀랄 때가 많다. 성서에 있는 간구의 기도들을 들여다보면, 심지어는 귀찮을 정도로 집요한 대목이 많이 나온다. 성서를 잘 안다고 주장하는 사람들도 가나안 여인에 대해서는 잊어 버리는 경우가 많다. 예수님은 무뚝뚝한 태도로 그 여인의 간청을 묵살해 버리려고 하셨다. 하지만 그 여인은 예수님께 도움을 청하는 일을 쉽게 포기하지 않았다.

> 그러나 그 여자는 와서, 예수께 무릎을 꿇고 "주님, 나를 도와주십시오" 하고 간청하였다. 예수께서 대답하시기를 "아이들이 먹을 빵을 집어서, 개들에게 던져 주는 것은 옳지 않다" 하시니, 그 여자가 말하였다. "주님, 그렇습니다. 그러나 개들도 주인의 상에서 떨어지는 부스러기는 얻어먹습니다." 그제서야 예수께서 그 여자에게 말씀하셨다. "여자야, 참으로 네 믿음이 크다. 네 소원대로 될 것이다." 바로 그 때에 그 여자의 딸이 나았다(마태복음 15장 25~28절).

위의 본문은, 자고로 기도는 망설이듯이 정중하게 해야 한다고 믿는 사람들에게는 그야말로 충격적인 이야기일 것이다. 누가복음에 기록된 비유들은 훨씬 더 충격적이다. 거기에는 잘못된 기도 자세를 부추기는 것 같은, 심지어는 불쾌할 정도로 집요한 기도 행위를 부추기는 것 같은 이야기들이 실려 있다. 하나님의 인내심이 어디까지인지, 그 한계점까지 시험하기를 두려워하는 피지도자들은, 어느 불의한 재판관과 집요한 과부에 관한 이야기에서, 누가의 풍자적이고도 과장된 말을 통해 도움을 받을 수 있다. 자기 딸이 치유를 받을 때까지 예수님을 결코 떠나지 않으려 했던 버림받은 가나안 여인과 마찬가지로, 이 과부도 쉽사리 재판관을 놓아 주지 않는다. 그리고 마침내 재판관이 항복하게 된다.

그 재판관은 한동안 들어주려고 하지 않다가, 얼마 뒤에 이렇게 혼자 말하였다. '내가 정말 하나님을 두려워하지 않고, 사람도 존중하지 않지만, 이 과부가 나를 이렇게 귀찮게 하니, 그의 권리를 찾아 주어야 하겠다. 그렇게 하지 않으면, 그가 자꾸만 찾아와서 나를 못 견디게 할 것이다'(누가복음 18장 4~5절).

자기가 진정 원하는 것이나 고통스럽게 여기는 것을 말할 수 있게 되는 것은, 영적인 질서를 확립하기 위한 중요한 발걸음이다. 사람들은 많은 것을 원하고 갈망하는 편이지만 — 골치 아픈 과부와는 달리 — 하나님을 "귀찮게" 할까봐 두려워하고 있으며, 사실 하나님은 귀찮게 하라고 우리를 초대하고 계신다는 사실을 전혀 모른다! 더욱이 그들은 자신의 우선권도 확신치 못하는 상황에서 우리를 찾아온다. 그들은 우리 문화의 물질적, 정서적 과잉 속에서 많은 것들을 사랑하고 원하도록 자극 받아왔다. 그들은 자신의 무질서한 사랑 때문에 혼란스러운 상태에서 우리를 찾아온다. 두꺼운 층들을 제거하고 자신이 정말로 원하는 것 — 하나님 — 을 분명하게 밝혀야 할 필요성을 전혀 모르거나 또는 자각하지 못한 상태로 말이다. 어떤 의미에서, 영성지도는 두 가지의 큰 계명에 대한, 장기간에 걸친 토론이다.

예수께서 그에게 말씀하셨다. "'네 마음을 다하고 네 목숨을 다하고, 네 뜻을 다하여, 주 너의 하나님을 사랑하여라' 하셨으니, 이것이 가장 중요하고, 으뜸가는 계명이다. 둘째 계명도 이것과 같은데 '네 이웃을 네 몸 같이 사랑하여라' 한 것이다.

이 두 계명에 모든 율법과 예언자들의 본뜻이 달려 있다"(마태복음 22장 37~40절).

모든 층들을 제거하고 나면, 결국엔 하나님이야말로 피지도자가 진정 원하는 것으로 남을 것이다. 그 층들을 몇 가지만 예로 들자면, 합법적이고 칭찬할 만한 욕구들 — 신체와 정신의 건강, 의미 있는 일, 건전하고 안정된 관계 — 뿐만 아니라 경건한 열망의 탈을 쓴, 조금 덜 훌륭한 사랑과 욕구 — 조종하고 통제하고 싶은 욕구, 책임 있는 약속의 회피, 교만과 자기혐오의 촉매반응에 근거한 영적 태도 등도 있다.

쓰레기 버리기

몇 십 년 전 스위스에서 학교를 다닐 적에는 목욕을 한다는 게 그리 쉬운 일이 아니었다. 목욕을 하려면 물을 데워야 했고, 때로는 집주인이 연료비를 추가로 청구하기도 했다. 내가 살던 집은 그런 게 무료였지만, 욕조를 데울 수가 없었고, 그것도 문밖 지하실에 설치되어 있었다. 따라서 온수가 무제한으로 공급되는 현대식 아파트에 사는 친구들을 방문할 때마다, 그들이 나를 가장 즐겁게 해줄 수 있는 방법은 보나마나 뻔했다 — 그들은 일찌감치 잠자리에 들면서, 내가 욕조에 누워 물장구를 칠 수 있게 해주었다. 이제 나는 그들에게 졌던 환대의 빚을 갚는 걸 좋아한다. 뉴욕에서 내가 가장 좋아하는 숙박객은 바로 배낭여행을 하는 젊은이들이다. 그들은 호스텔이나 합숙소에서 제공하는 최소한의 편의에 익숙해져 있다. 나는 진심을 담아 그들에게 식사를 대접한 다음 일찍 잠자리에 든다. 그들이 뜨끈한 물로 샤워를 하고 세탁기를 사용할 수 있도록 말이다.

질서는 결코 정돈과 동의어가 아니다. 사람들은 자신이 가치가 없는 존재라는 느낌과 사랑 받지 못한다는 느낌, 압도적인 수치심, 그리고 자신의 죄로 인해 무거운 마음을 갖고서 영성지도자를 찾아온다. 이 얼마나 뒤죽박죽인가! 그들의 이야기를 들을 때, 영성지도자가 해야 할 일은 꼬인 실타래를 친절하게 풀어주는 것이다. 절대로 피지도자의 고통이나 행동에 대한 책임을 과소평가해서는 안 된다 — 그런 다음에는 쓰레기를 처리해야 한다: 다시금 중독에 빠진 것에 대한 수치심, 근친상간의 생존자들을 끊임없이 따라다니며 괴롭히는 불결한 느낌, 낙태에 관한 고통스러운 기억, 회복이 불가능할 정도로 완전히 깨져버린 관계의 고통, 불법침입자는 완전히 잊어버린 불법침해의 괴로움. 쓰레기통 안에는 보물이 숨겨져 있을 수도 있다. 그리고 쓰레기통은 아무리 혐오스럽고 악취가 풍긴다 할지라도, 거의 늘 성장을 위한 비옥한 환경을 조성해 준다.

무거운 죄를 짊어지고 영성지도자를 찾아오는 사람들은 청소와 치유를 필요로 한다. 노위치의 줄리안은 부정한 영혼을 이제 막 걸음마를 시작한 고집 센 아이에 비유한다. 성인으로 자라나려면 자유롭게 뛰어다니면서 자신의 좁은 세상을 탐험해야 하지만, 어쩔 수 없이 넘어져 옷이 찢어지고 다치거나 지저분해지는 아이 말이다. 이것은 죄인에 대한 상투적이고도 매력적인 묘사다. 처벌하시는 하나님이 아니라 사랑이 많으신 어머니 그리스도께 — 줄리안이 말하는 것처럼 — 울부짖는 죄인에 관한 묘사다. 사랑이 넘치는 어머니는 아장아장 걷는 아이를 일으켜 세워서, 깨끗이 씻어주고 달래준 다음 꼭 끌어 안아준다. 우리는 손님의 이야기를 듣는 동안, 그들이 마치 20세기의 줄리안이라도 되는 것처럼 말하는 것을 반복해서 듣게 된다. "친절하신 어머니, 은혜로우신 어머니, 사랑이 많으신 어머니, 저에게 자비를 베풀어 주옵소서. 저는 스스로 불결해져서, 어머니와 같을 수가 없습니다. 어머니의 은총과 도우심이 없이는 결코 깨끗해질 수가 없습니다."4

나는 영성지도와 화해예식이 서로 겹치는 것에 감명을 받았다. 둘 다 솔직하게 이야기하는 것, 죄와 결점을 털어놓는 것, 피지도자가 자신을 명확히 파악하는 것이 반드시 필요하다. 사막의 성 안토니우스는 악마를 인정하고 밝히는 것이 얼마나 중요한가를 알고 있었다. 내 할머니는 항생제 이전 시대를 살면서, 시골의 여성 선조들로부터 전수 받은 민간요법을 실천하셨다. 할머니는 깨끗하게 청소하는 것, 그 다음으로는 빛과 공기에 노출시키는 것이 치료를 앞당긴다는 사실을 알고 계셨다. 우리는 평신도든 성직자든, 영성지도자로서 빛과 공기를 제공하는 사람이다. 우리는 고백을 듣는다. 상처 받고 상처 입힌 이야기를 듣고, 마음속의 초라함과 냉담함에 관한 이야기, 그리고 무수히 많은 사소한 살인에 관한 이야기를 듣는다. 우리의 피지도자들 중 일부는, 우리가 만일 공식적인 화해예식으로 회기를 시작하자고 초대할 경우, 완전히 움츠러들고 말 것이다. 하지만 우리가 그들의 부담을 잘 알고 있다는 사실을 전달하고, 그래도 한 번 말해보라고 상냥하게 권유한다면, 분명히 안도감을 느낄 것이다. 화해예식을 편하게 생각하는 사람들의 경우에는, 영성지도를 고백을 위한 준비 과정으로 이용할 수도 있다. 또 영성지도자가 고해신부와 같은 사람일 경우에는, 정기적인 성만찬예식을 관계 속에 끼워 넣어도 좋을 것이다.

볼프람 폰 에셴바흐의 『파르치팔』은 그런 종류의 환대에 관한 하나의 비유다. 한 어리석은 기사가 여러 해 동안 원정 여행을 하였다. 그러면서 가는 곳마다 자기도 모르게 상처와 파멸을 남겼다. 그는 어머니가 외로움과 상심으로 죽게 만들었고, (자기도 모르는) 사촌을 살해한 다음 시체를 약탈하였으며, 어느 기혼녀에게는 타락과 괴로움을 안겨주었다. 성욕과는 전혀 상관이 없는 그의 서투른 포옹을 그녀의 남편이 이해하지 못했기 때문이었다. 가장 심각한 것은, 그가 사회적 관습 때문에 진정한 연민을 방해했다는 것이다. 그는 성배지기 왕의 극심한 고통을 보고서도, 기사다운 행동에 관한 오해 때문에, 다음과 같은 구원의 질문을 던지지 못했다: "무엇이 잘못되었습니까? 어디가 아프십니까?"

성금요일, 기회 또는 은총이 그를 트레프리첸트라는 은둔자에게로 데려간다. 그들 사이에 벌어지는 일은, 특히 속죄와 치유의 측면에서, 환대의 본보기이며 영성지도의 모범이라고 할 수 있다. 노인은 이 젊은이가 분노와 죄책감의 짐을 지고 있다는 사실, 자기-이해가 전혀 없다는 사실, 그리고 신체적으로뿐만 아니라 영적으로도 길이 없는 황무지에서 방황하고 있다는 사실을 잘 알고 있었다. 하지만 훌륭한 영성지도자처럼, 그는 인내심이 많다 — 파르치팔이 말에게 먹이를 먹이고 마구간에 집어넣도록 도와준 다음, 약한 불로 몸을 녹이고 간단한 음식을 나누어 먹자고 청한다.

결국 파르치팔은 그에게 자기 이야기를 털어놓는다 — 아니, 차라리 고백한다고 봐야겠다. 그의 이야기는 하나님을 멀리 떠나 아주 오랫동안 방황해온 것이기 때문이다. 트레프리첸트는 진지하게 듣고만 있다. 어떤 이야기도 과소평가하거나 묵살하지 않는다. 그리고는 마침내 파르치팔에게 이렇게 말한다. 일종의 화해선언인 셈이다. "자네 죄를 모두 나에게 주게. 하나님이 보시기에 나는 자네의 속죄에 대한 보증인이라네." 게르만 숲의 차가운 동굴 속에 앉아 있는 그는, 이집트 사막의 금욕적인 교부, 영성지도자 롯의 북부 모방자다. 영성지도자 롯은 괴로워하는 참회자에게 이렇게 말했다. "그것을 나에게 고백하시오. 그러면 내가 짊어지고 가겠소."5

이것은 아마도 영성지도 관계의 풍부한 상호성을 압축적으로 보여주는 환대의 궁극적 행위일 것이다. 영성지도자 베사리온과 마찬가지로, 영성지도자는 자기 역시 죄인이라는 사실을 잘 안다. "죄를 지은 한 형제가 사제에 의해 교회 밖으로 추방되었다. 그러자 영성지도자 베사리온이 일어나 그에게로 가더니 이렇게 말했다. '나 역시 죄인입니다.'"6 영성지도자와 피지도자는 인간의 영광과 죄악 안에서 하나가 된다. 둘 다 한 가족의 일원인 셈이다.

은둔자 테오판이 주장한 것처럼, "마음 속 마음"에 동정적으로 귀를 기울일 경우 우리는 타인의 죄를 자기 자신에게 지우지 않을 수가 없다. 나도 경청의 날을 보내고 나면 자주 몸이 무겁고 피곤하며, 까다로운 복통과 두통을 앓는 편이다. 그것으로 인해 나는 자신의 신체적 반응을 이해할 수 있게 되었다. 소설가이자 신학자이기도 한 찰스 윌리엄스와 그의 "대체", "대리 사랑" 이론을 떠올리게 된 것이다. 그는 갈라디아서에 있는 바울의 훈계를 아주 진지하게 받아들였다: "여러분은 서로 남의 짐을 져 주십시오. 이런 방법으로 그리스도의 법을 성취하십시오." 다음과 같은 글을 썼을 때, 그는 어쩌면 염려스러운 영성지도자들을 염두에 두고 있었는지도 모른다.

사도바울의 권고는 '그리스도의 법을 성취하는' 행위, 즉 대리 행위에 대한 권고다. 타인의 슬픔이나 두려움이나 걱정을 떠맡는 것이 바로 그것이다. 그리고 실행한 것보다 더 많은 칭찬을 받는 것이 바로 그것이다……

주는 사람은 자기 짐을 나눠주었다는 사실, 이제 타인이 그 짐을 지고 갈 것이라는 사실, 자기 몫은 그것을 믿고 평안을 얻는 것이라는 사실을 명심해야 한다……그리고 받는 사람은 자신을 — 마음과 감정과 느낌을 — 그 짐에 맞추려고 노력해야 한다. 그 짐을 알고, 상상하고, 받아들여야 한다 — 그리고 때로는 하나님의 은총의 신속함과 짐의 가벼움으로 인해 당황하지 말아야 한다.[7]

나는 아직도 이 계약에서 내가 수행해야 할 의무를 배우고 있는 중이다. 어쩌면 서서히 잊어가고 있는지도 모른다. 하지만 나는 윌리엄스가 말하는 것처럼 그렇게 쉬운 일이라고는 생각하지 않는다. 만일 내가 어느 정도의 무게를 느끼지 못한다면, 어떻게 그 짐을 떠맡았다고 확신할 수 있겠는가? 다음과 같은 결과를 기원하면서 타인의 이야기를 듣는 것은 비열하고 영적으로도 정직하지 못한 행동이다 — "이 이야기가 나에게 영향을 미치게 해야지. 아주 깊숙이. 하지만 너무 오랫동안 그러지는 못하게 해야지." 다른 한편으로, 나는 짐을 받아들일 때, 그것을 내 것으로 저장하고 간직하는 것이 아니라, 즉시 지나가게 만든다. 윌리엄스가 말한 것처럼, "십자가를 지는 것은, 십자가에 못 박히는 것에 비하면 가벼운 일이다."8

우리 문화에서는, 타인의 고통에 둔감한 것이 마치 전문가의 증표인 것처럼 여겨지는 경우가 많다. 때로는 이것이 좋을 수도 있다. 나도 외과의사가 눈물이 글썽글썽해서 흐릿한 눈으로 수술하는 건 원치 않으니까! 하지만 어떻게 보면 도가 지나친 것 같다. 치유자들이 자기 자신의 상처와 더불어, 타인의 고통의 실재까지 부인해 버리는 것이다. 영성지도자는 전문가가 아니라, 그리스도의 사랑을 전하길 열망하는 아마추어다. 따라서 우리는 죄와 고통을 떠맡아야 한다. 거드름피우며 자기를 알리기 위해서가 아니라, 그런 짐을 떠맡는 것은 환대에 따르는 위험 중 하나이기 때문이다.

그렇다고 우리가 그 짐을 떠맡고서 늘 무거운 고통과 죄의 짐을 지고 다닐 필요는 없다. 기도 — 우리 자신과 피지도자를 위한 기도 — 를 통해서 얼마든지 그 짐을 내려놓을 수가 있기 때문이다. 우리가 그 일을 시작하기 전에도 하나님이 잘 대처해 주셨고, 우리가 흙으로 되돌아간 다음에도 계속해서 잘 처리해주실 것이라는 사실을 명심하면서, 그 짐을 거룩한 망각 속으로 벗어던져 버리면 된다. 우리는 새로운 활력과 자기 회복을 위한 온갖 방법을 동원함으로써 그 짐을 벗어던질 수 있다. 하지만 무엇보다도 중요한 것은, **우리 스스로가 그 짐의 영향을 받아야 한다**는 것이다. 트레프리첸트의 환대는 결코 값싼 것이 아니었다. 비록 잠자리도 안 좋고, 음식도 한 움큼의 풀밖에는 없었지만 말이다.

우리는 영성지도자로서 피지도자에게 하나님의 사랑과 용서를 확신시켜 줄 수 있는 권한을 갖고 있다. 또 성직자의 경우에는 화해선언을 할 수도 있다. 나는 내가 무슨 일을 하고 있는지 잘 알고 싶다. 따라서 영성지도와 화해예식을 서로 구별하는 걸 좋아한다. 그러기에 나는 종종 이렇게 말한다. "당신이 지금 막 내게 말한 건 고백이에요. 난 당신이 과거의 이 일들에 대해 깊이 뉘우치고 있다고, 진심으로 반성하고 있다고 확신합니다. 그래서 이제 당신에게 화해선언을 하려고 합니다." 이런 게 조금 낯설고 두렵기까지 한 사람들에게는 짤막하게나마 교육을 하는 것이 순서에 맞는 일이다. 그런 후에 화해선언과 축복기도로 상담을 끝마치면, 피지도자로부터 무거운 짐이 떨어져 나가는 것을 충분히 느낄 수가 있다.

때로는 피지도자에게 조만간 공식적으로 화해예식을 하라고 권유하는 것도 괜찮다. 한번은 어떤 여인이 찾아와, 몇 십 년 전 아주 어렸을 때 낙태를 했던 것에 관해 말하려고 했다. 당시로서는 그것만이 유일한 해결책 같아 보였다. 하지만 그 후로도 그녀는 태어나지 못한 아기를 위해 비밀스레 애통해하는 것을 멈추지 못했다. 내가 그녀의 아기를 향한 뜨거운 사랑을 지적하자, 그녀는 깜짝 놀라는 것 같았다. 그녀는 자신의 죄책감만 생각했지, 그 안에 섞여 있는 사랑은 미처 깨닫지 못했던 것이다. 그 여인은 화해예식을 하는 일에 익숙하지가 않았다. 그래서 나는 공동기도서의 화해예식 부분, 특히 두 번째 양식을 읽어보라고 권했다. 읽어보고서 괜찮다고 생각되면, 그 날 저녁 둘이서 화해예식을 거행하기로 했다. 우리는 결국 그렇게 했고, 그녀와 포옹을 한 다음 나는 주께서 그녀의 죄를 모두 사해주셨으니 평안히 가라고 말했다. 그리고 그 순간 하늘에서도 기뻐하셨다는 것을 그 어느 때보다 확실하게 느꼈다.

평신도 영성지도자, 그리고 화해예식이 없는 전통에서 자라난 영성지도자는, 세례를 받은 자라면 누구나 다 진실로 뉘우치는 사람들에게 하나님의 용서를 선언할 수 있다는 사실을 명심해야만 한다. 아직 성직안수를 받기 전, 한번은 환대의 직무를 수행하던 중, 바로 다음 날 아침에 중요한 수술을 받기로 되어 있는 여인을 방문한 적이 있었다. 그녀는 자신이 가톨릭 신자라고, 하지만 아주 오랫동안 고해를 하지 못했노라고 말했다. 내가 가톨릭 신부를 불러 주겠다고 하자, 그녀는 공포와 절망이 뒤섞인 얼굴로 이렇게 외쳤다. "안 돼요, 안 돼, 너무 늦어 버렸단 말이에요!" 우리는 잠시 함께 앉아 있었다. 마침내 내가 물었다. "하지만 하나님께 죄송하다고 말씀드리고 싶은 거지요?" 그녀는 아무 말도 하지 않았지만, 내 팔에 안겨 눈물을 흘렸다. 잠시 후 나는 그녀에게 하나님의 사랑을 확신시켜 주었다. 그렇게 우리는 평화를 나눴고, 나는 그녀에게 잘 자라는 인사를 하고 나왔다.

이야기 나누기

나에게 영성지도란 **어디까지나** 이야기를 나누는 것이다. 그렇다고 해서 피지도자의 삶을 한 해 한 해, 몇 십 년씩 집요하게 파고든다는 것은 아니다. 이야기는 시간에 어울리게 움직인다. 현재에서 과거로, 현재에서 미래로, 미끄러지기도 하고 뛰어넘기도 한다. 이야기 없이는 살도 피도 없고, 이야기 없이는 상세함도 없다. 그러나 나는 우리가 어디에서 시작하느냐 하는 것은 그리 중요한 문제가 아니라는 사실을 잘 안다. 그것은 결국 여정에 관한 이야기, 하나님과의 관계에 관한 이야기다 — 피지도자가 천국을 지키는 개로부터 달아나고 있는지, 아니면 길을 잃어버렸는지, 아니면 그리워하고 있는지, 아니면 돼지들과 섞여서 겨를 먹으며 살고 있는지.

영성지도자의 임무는 개인의 이야기를 그 이야기와 연결시킬 수 있도록 도와주고, 그럼으로써 피지도자가 그리스도 안에서 정체성을 깨닫고 주장하며 성령님의 역사를 분별할 수 있도록 돕는 것이다. 모든 인간 경험 속에는 하나님-요소가 들어 있다. 심지어는 고통이 가득하고 하나님으로부터 멀리 떨어져 있는 것처럼 보이는 삶에도 말이다. 하나님의 부재에 관한 느낌이나 또는 하나님의 실존에 대한 자기 자신의 소홀함으로 인한 죄책감은 영성지도의 출발을 위한 비옥한 장소가 될 수 있다. 아무리 이야기가 체계적으로 구성되어 있다 할지라도, 사실상 그것은 과거와 현재, 그리고 미래로부터 비롯된 단편적인 이야기들을 포함하고 있다.

누군가의 어린 시절이 엄청난 고통과 병치레로 두드러져 보이지 않는다 하더라도, 출발점에 관한 이야기는 우리가 전인 의식을 지니는 데 중요하다. 출생 순서, 민족적 배경, 기억에 남는 가족의 온기(또는 그것의 결핍) 등은 그림의 색채와 형태에 지대한 영향을 미친다. 나는 늘 사람들의 첫 번째 하나님 인식이 어땠는가를 알아보기를 좋아한다. 그것은 종종 그들 가족의 종교적 준수와는 상당한 차이가 난다. 많은 사람들의 경우, 영성지도는 이런 경험을 말로 표현할 수 있는 최초의 기회가 된다.

현재의 이야기에서는, "기도"를 추상적 개념으로서 이야기하는 게 불합리하다. 그것은 어디까지나 피지도자의 "실제적" 삶과 연결되어야 한다. 그렇다고 해서 추상적인 기도에 관해 전혀 이야기할 수 없다는 것은 아니다. 사람들은 자신에게 가장 유리한 리듬과 형태의 기도를 찾을 수 있도록 우리가 실제적인 도움을 제공해 주기를 원하기 때문이다. 그러나 나는 **오로지** 기도만을 이야기하고 싶어 하는 사람들을 안타깝게 생각한다. 그런 경우 나는 다음과 같은 질문을 거리낌 없이 던진다: "직업이나 가족, 친구, 건강에 관해서도 말해 보세요." "그리스도교 공동체는 어디에 속해 있나요?" "취미는 뭐예요?" 그 동안 심오한 관심사들이 이 무대에서 논의할 만큼 고상한 소재는 못 되는 것으로 여겨져 왔음을 나는 거듭 실감하게 된다. 악화되고 있는 부부관계, 중독에 빠진 청년기 아들, 또는 영혼을 죽이는 일상 업무 등도 모두가 영적인 문제이며, 나아가 이야기의 중요한 부분이다.

이 이야기는 미래까지 도달해야 한다. 영성지도는 소망에 관한 것이며, 늘 다음 단계가 있는 법이다. 피지도자들이 다음 단계를 분별해 낼 수 있도록 돕게 해준 나의 가장 훌륭한 멘토 중 한 명은 바로 딕 씨다. 그는 찰스 디킨스의 『데이비드 코퍼필드』에 등장하는 벳시 대고모의 별난 하숙인이다. 요즘 같으면 그는 "발달 장애가 있는" 사람으로 분류할 수 있을 것이다. 하지만 디킨스는 그를 어린애처럼 유치하고, 정이 많은, 그러면서도 현실에 굳게 발을 딛고 선 인물로 묘사한다. 벳시 대고모는 복잡 미묘한 상황에서 조언을 얻기 위해 거듭 딕 씨를 찾아간다. 그의 조언은 늘 인정이 넘치고, 탁월할 정도로 실질적이며, 문제의 핵심을 향해 곧장 나아간다. 더럽고, 굶주리고, 지쳐버린 도망자 소년과 직면한 그는, 재미있게도, 합법적이고 가족적인 복잡성에 관해 전혀 의식하지 않는다.

대고모가 대답하였다. "자, 그럼,"……"여기 어린 데이빗

코퍼필드가 있는데, 내가 당신에게 질문 한 가지 할게요. 그를 어떻게 해야 할까요?"

그러자 딕 씨가 머리를 긁적이며 힘없이 물었다. "그를 어떻게 해야 하냐고요?" "아! 그를 어떻게요?"

"그래요," 대고모가 심각한 얼굴로 말했다. 그리고는 집게손가락을 들어올렸다. "어서요! 난 아주 실질적인 조언이 필요해요!"

그러자 딕 씨가 멍하게 나를 바라보면서 생각에 잠긴 채로 이렇게 말했다. "글쎄요, 제가 아주머니라면, 전 —" 나에 관한 명상이 그에게 갑작스런 영감을 불어넣어준 것 같았다. 그는 기운차게 덧붙였다. "전 그를 씻겨줄 거예요!"⁹

또한 그 아이가 전혀 가족 같지 않은 이 가족의 영원한 일원이 될 때에도, 딕 씨는 먼 미래에 있을법한 행동 절차를 미리부터 추측함으로써 쓸데없는 걱정을 하지 않는다. 그는 매우 실질적인 제안을 한다. "그에게 당장 옷 한 벌을 맞춰 주도록 하세요." 물론 우리의 피지도자는 문자 그대로 씻어주거나 옷을 만들어줄 필요가 거의 없다. 하지만 그들의 다음 단계, 즉 소망 안에서 나가야 할 다음 단계는, 딕 씨가 제안한 것처럼 사소하고 단순한 것일 때가 많다. 그 여정은 결코 하루아침에 완성되지 않는다. 결말로 이끌어주는 길은 이리저리 구부러져 있을 수도 있고 눈에 안 보일 수도 있다. 그러나 우리는 그들이 사소한, 그리고 종종 믿을 수 없을 정도로 단순한 다음 단계를 찾아내도록 도와줄 수 있다.

만일 영성지도가 소망에 관한 것이라면, 동시에 죽음에 관한 것이기도 하다. 성직안수를 받기 위해 세속적인 가르침을 버렸을 때, 나는 죽어가는 사람들과 함께 일하라고 부르심을 받았다는 느낌이 들었다. 병원에서 얻은 실제적 경험과 양로원의 허약한 노인들과 함께 한 경험은 이 직무에 대한 나의 재능을 확신시켜 주었다. 그것은 감정적으로나 영적으로 부담스러운 짐이 되면서도, 동시에 내 모든 기대를 충족시켜 주었다. 이제 더 이상은 한밤중에 어둡고 텅 빈 복도를 걷지 않게 된 것, 이제 더 이상은 나이를 먹음에 따라 신체적 힘이 줄어들고 한때는 맑았던 마음이 희미해지는 사람을 보지 않게 된 것, 이것은 하나님의 은혜로운(그리고 풍자적인) 유머의 증표가 분명하다. 맨 처음에 나는 가만히 앉아서 경청하는 이 조용하고도 단정한 직무를 생애 첫 직장으로 맞이하게 된 것에 대해 실망하고 말았다. 하지만 차츰 내가 여전히 죽어가는 사람들과 함께 일하고 있다는 사실을 깨닫게 되었다. '멋진 죽음'을 준비하는 것에 관하여 얘기하는 것은 이제 더 이상 유행하지 않는다. 하지만 영성지도는 어디까지나 그것과 관련된 것이다. 그 여정은 절대로 끝나지 않으며, 우리의 신체적 죽음은 여러 이정표들 가운데 하나일 뿐이다. 명확히 말로 표현하지는 않을지라도, 사람들은 자신의 죽음에 관한 질문과 씨름하는 와중에 영성지도자를 찾아온다. 우리는 미래의 이야기를 탐험함으로써 그들을 도와줄 수 있다.

자기를 개방하기

앞에서 얘기했듯이, 이야기 나누기는 혼자 하는 활동이 아니다. 영성지도자는 주로 경청하는 쪽이지만, 당연히 참여자가 되기도 한다. 때때로 이 참여자는 수동적인 것처럼 보이며, 주로 한쪽 구석에 조용히 물러서 있는 것 같고, 주의를 기울이긴 하지만 그리 지배적인 것 같지는 않아 보인다. 하지만 영성지도자는 대화에 참여함으로써 생기는 자기 노출을 두려워해서는 안 된다. 그것은 단지 자신이 기도를 믿는 데 문제가 있다거나 또는 비현실적인 기대라고 하는 너무나도 인간적인 결함을 지니고 있다는 사실을 인정하는 것에 지나지 않는다. 피지도자는 자기에게 너무도 높은 표준을 정해놓고서, 자의식의 새로운 상태에서 자신은 결코 조급해하거나 하찮은 심술에 굴복하지 않을 것이라고 기대한다. 이런 경우 영성지도자와 인간성을 공유하는 것이 아주 귀중한 교정책이 될 수 있다.

이렇게 기꺼이 자기를 개방하는 것은 영성지도와 심리치료의 주된 차이점들 가운데 하나다. 여기에서 영성지도의 상호성은 관계의 본질적 특성이라고 할 수 있다. 영성지도자는 자기 역시 나그네라는 사실, 자기는 결코 권위자도 아니고 구루도 아니라는 사실을 늘 염두에 두어야 한다. 사려 깊은 자기 개방은 기초가 튼튼하고 인간적인 존재로 머물 수 있는 한 가지 방법이다. 아무리 계획적이고 분별력 있는 것이라 할지라도, 자기 개방이 없으면 편안한 잡담으로 전락하고 말 것이다. 따라서 나는 스스로에게 묻는다. "내가 이 일을 하고 있는 이유는? 이것이 피지도자에게 도움이 될까? 아니면 나를 드러내는 게 오히려 해로울까? 내 앞에 앉아 있는 사람에게 딱 들어맞는 시간과 관심과 에너지를 충당할 수 있을까?"

나의 피지도자들은 대부분 내가 기혼자고 아이를 낳아 키웠다는 사실을 알고 있다. 하지만 나는 다정한 가족 일화를 이야기하지 않으려고 애쓴다. 또 그들은 모두 내가 성직자라는 사실을 알고 있다. 그들은 내 외모를 보고서 대략 나이를 짐작할 수 있으며, 성직자 인명록을 찾아보면 정확하게 알아낼 수도 있다. 때로 그들은 좀 더 많은 걸 알고 싶어 한다. 그리고 어떤 면에서는, 영성지도자의 이야기를 경청하는 것이, 우리가 같은 길을 가고 있다는 사실을 상기시켜 주고 격려와 재확인을 제공하는 순간이 될 수도 있다. 그래서 첫 시간에는 늘 나에 관해 궁금한 게 있으면 뭐든지 물어보라고 말한다. 이 때 가장 많이들 묻는 질문은 이것이다. "어쩌다 여기 있게 되었어요?" "이 일을 어떻게 시작하게 되었나요?" 그러다가 관계가 진전되고 서로를 위로해주는 단계에 도달하면, 피지도자는 보통 주도적으로 다음과 같은 질문을 할 수 있게 된다. "이런 식으로 느껴본 적이 있으세요?" "선생님께도 이런 일이 일어난 적이 있나요?" 나는 그런 경험을 나누는 것이 피지도자에게 도움이 될 경우에 한해서만 암묵적으로 그런 도전과 조사를 허용해왔다. 그것은 미묘하고도 위험스런 일이다. 내 자아를 만족시키기 위해 피지도자를 이용할 수도 있기 때문이다. 예를 들면, 나는 조와 함께 있을 때 특별히 주의를 기울여야 한다. 그녀는 나의 가장 터무니없는 꿈까지도 초월해서, 엄청난 지혜와 연민을 내게 돌리고 싶어 하기 때문이다. 하지만 나는 자신이 유혹의 위험에 처해 있다는 것을 잘 안다. 아무리 그것이 본인도 모르는 사이, 사랑에서 비롯된 것이라 해도 말이다. 따라서 나는 나 자신에 관해 아주 많은 것들을 이야기해 달라고 하는 그녀의 초대를 거절한다.

초대에 응해서나 또는 내 자신의 직관에 따라서 이렇게 이야기 나누기에 참여해도, 우리의 고독감은 점점 늘어만 간다. 우리는 우리의 죄와, 우리의 세례와, 우리 여정의 공통점을 통해서 하나가 된다. 나는 말을 많이 할 필요가 없다. 연결할 수 있도록 도와주기만 하면, 몇 마디의 말로도 충분하다. 예를 들면, 말썽꾸러기 십대를 키우고 있던 페니에게 나는 이렇게 말했다. "엄마가 되는 건 가슴 아픈 일일 수도 있어요. 엄마였던 사람은 누구나, 지금 당신이 겪고 있는 일을 적어도 어느 정도는 이해할 수 있어요." 페니는 (이제는 행복하게 성장한) 청년을 둔 엄마로서의 내 삶을 세세히 들을 필요가 없었다. 그저 우리가 이 특별한 경험을 공유했다는 사실을 깨닫는 것만으로도 그녀에게는 큰 도움이 되었다.

영성지도자의 조심스러운 자기 노출은 투사와 감정 전이를 처리하는 데에도 많은 도움이 된다. 누구나 그러듯이, 피지도자들 역시 자기가 보고 싶은 것을 본다. 그들은 우리에게 불가능할 정도의 경건과 지혜를 부과한다. 조처럼 자기 얘기를 하는 것보다 나에 관한 이야기를 듣고 싶어 하는 사람은 우리를 있는 그대로 — 죄와 비열한 행동을 저지를 수 있는 한낱 인간으로서 — 받아들이려고 하지 않는다. 그들은 우리를 지혜와 신성을 지닌 대단히 높은 존재로 격상시키려 든다. 그러기를 간절히 열망한다. 우리는 이러한 영적 부풀림을 묵인할 수도 있고, 필요한 교정책을 적용할 수도 있다. 특히 영성지도라는 총체적 개념이 전혀 낯선 사람들과 관계를 막 시작한 초기 단계에서, 우리는 지나치게 이상화될 위험성이 크다. 우리는 자기 자신에 관해 — 우리의 기도가 부족하다는 것, 우리가 게으름과 성마름과 탐욕의 성향을 지니고 있다는 것, 우리에게도 불모의 시기가 존재한다는 것을 — 기꺼이 밝힘으로써 그러한 위험을 완화시킬 수 있다. 그렇다고 해서 자신의 결함들로 피지도자를 압도하거나 관계를 바꾸려는 건 절대 아니다. 다만 우리에게는 아무런 마술적 힘도 없으며 하나님과의 직통 전화도 없다는 사실을 전달하기 위해 노력을 기울여야 한다. 우리는 그저 그들과 함께 길을 가는 나그네일 뿐이다 — 어쩌면 서로 다른 지점을 지나고 있겠지만, 그럼에도 불구하고 우리 역시 오류를 범하기 쉬운 보통 사람인 것이다.

우리는 언어 이외의 방법을 통해서도 자기 자신을 드러낸다. 내 사무실에 들어오는 사람은 누구라도 내가 성화상 복제품을 매우 좋아한다는 사실, 내 책장이 꽤 감동적이라는 사실, 내가 여성의 성직안수를 감독의 지위까지 후원한다는 사실(영국인 친구들이 나에게 준 호화로운 보랏빛 행주를 문 안쪽에 압정으로 고정시켜 놓았는데, 거기에 이런 내용이 적혀 있다), 그리고 내가 사랑하는 버지니아 강에서 가져온 돌들과 코너에 있는 채소가게에서 사온 싱싱한 꽃들을 좋아한다는 사실을 알 수 있다. 우리는 또 자신의 옷차림을 통해서도 자기를 드러낸다. 그리고 이것은 성직자이거나 종교공동체의 일원인 영성지도자들의 경우에 오히려 더 큰 문제가 된다. 검정 셔츠와 뻣뻣한 화이트칼라 또는 가운이 권위와 계급이라는 강력한 메시지를 전달하기 때문이다. 간혹 이것이 도움이 될 경우도 있다. 피지도자들은 누군가 유능한 사람에게 자신을 맡기고 있다는 확신을 갖고 싶어 하기 때문이다. 또 이것은 상황을 객관화시켜 주기도 한다. 우리 스스로를 "남자"나 "여자"가 아닌 "성직자"나 "종교인"으로 소개할 수 있기 때문이다. 하지만 피지도자가 하나님과의 친밀감을 인간과의 친밀감과 혼동할 경우 — 이런 일은 아주 흔히, 매우 건전한 형태로 발생한다 — 이것은 자칫 긁어 부스럼이 될 수도 있다. 복장을 통해서 이렇게 낭만적인 하나님-인간의 투사 작용이 일어나는 것 외에도, 성직자나 종교인의 가운은 굉장히 거추장스럽다.

그러므로 나는 옷을 입을 때 신경을 쓰는 편이다. 어떤 이들은 신분이 명백하게 드러나는 성직자와 얘기를 나눌 때 가장 편안한 상태가 된다. 특히나 아직도 우리 관계의 수위를 시험하고 있을 때, 고통스럽거나 아주 수치스러운 소재를 다루고 있을 때에는 더욱 그러하다. 또 어떤 이들은 외적인 부분에 지나치게 감명을 받은 나머지 현실로 내려오는 데 어려움을 겪기도 한다. 그런 사람들은 영성지도자가 의복을 완전히 갖춰 입고 있을 경우, 가장 좁은 의미의 기도에 관해서만 얘기하는 게 적당하다고 판단한 뒤, 약간이라도 "부적절한" 언어나 감정에 대해서는 단 한 마디도 안 하려 들 것이다. 따라서 일정 기간만이라도 평범한 원피스나 정장으로 갈아입는 것이 좋다. 나는 지금까지 청바지에 스웨터를 걸치고 일해 본 적이 한 번도 없다. 하지만 그렇게 격식을 차리지 않는 것이 더 유리한 상황도 얼마든지 있을 수 있다고 생각한다.

나는 영성지도를 통해서 얼마나 많은 웃음을 공유할 수 있는지를 깨달을 때마다 매번 새롭게 놀란다. 맨 처음에는 내가 뭔가를 잘못하고 있는 게 틀림없다고 생각했다. 영성지도는 무엇보다도 진지한 직무고, 따라서 웃음소리는 결코 그 안에 낄 수 없다고 확신했기 때문이다. 하지만 거듭해서 나는 피지도자들과 **함께** 웃고 있는 나 자신을 발견하게 된다. 그들을 **보고** 웃는 게 결코 아니다. 우리 주님의 웃음소리에 관한 언급이 복음서에 한 번도 안 실려 있다는 게 얼마나 애석한 일인지! 방해가 안 될 정도의 점잖은 유머는 관점을 회복할 수 있는 길을 제시해 주기도 하고, 한껏 부풀려진 우리의 자아를 다루기 쉬운 규모로 축소시켜 주기도 한다. 웃음은 우리를 어린애처럼 순진하게 만들어주고 그 상태로 유지시켜 준다.

　우리는 또한 눈물도 공유한다. 나는 쉽사리 우는 편이 아니다. 특히 남들 앞에서는 잘 안 운다. 하지만 영성지도 시간에는, 뭐라고 말로 표현할 수 없는 순간에 내 눈에서 눈물이 흐르는 것을 느끼게 되는 경우가 종종 있다. 물론 처음에는 굉장히 당황스러웠다. 여러 해에 걸쳐 근친상간의 성폭행을 겪었던 린다와 함께 일할 때에도 이런 일이 벌어졌었다. 그녀가 상상하기조차 힘들 정도로 고통스럽고 비참한 이야기를 세세히 들려주는 동안, 나는 여러 차례 말문이 막히고 말았다. 그녀의 경험을 모욕하지 않을 만한, 천박하게 들리지 않을 만한 단어가 도저히 떠오르지 않았다. 잠시 동안 나는 몰래 눈물을 감춰보려고 애썼다. 정말이지 그런 건 전문가다운 행동이 아닌 것 같았다! 그래서 뺨에 손을 받치고는 마치 경청하는 것 같은 자세를 취했다. 그리고는 그저 평범하게 팔을 휘두르는 것처럼 행동하면서 슬쩍 눈물을 닦았다.

　여러 해가 흐른 지금, 린다는 이제 은총과 소망의 장소에 도달했다. 얼마 전에 그녀가 내게 이런 말을 했다. "선생님이 저와 함께 울어준 순간들이 저에게 얼마나 큰 의미가 되었는지 몰라요." 몰래 눈물을 닦아내기 위해 나름대로 연구했던 방법은 이제 그만! 그렇다고 해서, 영성지도자들에게 눈물을 하나의 방편으로 추천한다거나, 때에 맞춰 눈물을 흘릴 수 있도록 훈련하라고 제안하는 것은 절대로 아니다. 그저 감정의 공유, 공감과 연민의 중요성을 결코 과소평가해서는 안 된다고 말하고 싶은 것이다.

누군가의 영혼을 떠맡고 있다는 사실, 이야기를 시작하도록 허락받았다고 하는 사실은, 아무리 여러 개의 단계가 있고 복잡한 일이라 할지라도, 여전히 우리를 당황스럽게 만든다. 하지만 다행히도 영성지도자들에게는 한 가지 놀라운 게 더 있다. 빵을 구웠던 사라나, 소를 잡았던 무명의 종처럼, 영성지도자는 환대의 직무에서 꼭 필요하기는 하지만 어디까지나 이차적인 인물에 불과하다고 하는 사실이다. 아무런 경고도 없이, 집주인의 역할, 접대자의 역할이 넘어가 버린다! 이것 때문에 놀라는 일은 없어야 한다. 복음서에도 이미 선례가 실려 있기 때문이다. 예수님은 만찬 식탁에서 양도 받는 방법을 사용하셨다. 그러므로 영성지도의 직무 역시 마찬가지다 — 모든 말과 행동이 끝나고 나면, 성령님이 진정한 지도자가 되시는 것이다. 나는 일의 결과에 대한 걱정 — 과연 내가 현명하게 처신할 것인가? 충분히 경건하게 행동할 것인가, 아니면 적어도 그렇게 보일 것인가? 반만큼이라도 존경받을 만한 일을 할 수 있을 것인가? — 이 밀려들 때마다, 그런 생각을 하면서 위안을 얻는다. 나의 역할을 진정한 주님께 양도할 준비가 되어 있다면, 나는 책임이라는 짐을 벗어던져 버릴 수 있을 테고, 그러면 내가 준비한 공간이 은혜롭고 거룩한 장소가 될 수 있을 것이다.

주

1. Benedicta Ward, *The Desert Christian: The Sayings of the Desert Fathers* (New York: Macmillan, 1975), 104쪽.

2. Aelred of Rievaulx, *Spiritual Friendship* (Kalamazoo, MI: Cistercian Publications, 1977), 71~72쪽.

3. Martin Thornton, *Spiritual Direction* (Cambridge, MA: Cowley, 1984), 127쪽.

4. Julian of Norwich, *Showings* (New York: Paulist, 1978), 301쪽.

5. Wokram von Eshenbach, *Parzival*, trans. Helen M. Mustard and Charles E. Passage (New York: Vintage, 1961), 268쪽; Ward, *The Desert Christian*, 122쪽.

6. 위와 같음.

7. Charles Williams, *He Came Down From Heaven* (London: William Heinemann, 1938), 123, 125쪽.

8. 위의 책, 124쪽.

9. Charles Dickens, *David Copperfield* (London: Thomas Nelson and Sons, n.d.), 203쪽.

2
좋은 교사

　예수께서 길을 떠나시는데, 한 사람이 달려와서, 그 앞에 무릎을 꿇고 예수께 물었다. "선하신 선생님, 내가 영생을 얻으려면, 무엇을 해야 합니까?" 예수께서 그에게 말씀하셨다. "어찌하여 너는 나를 선하다고 하느냐? 하나님 한 분 밖에는 선한 분이 없다. 너는 계명을 알고 있을 것이다. '살인하지 말아라, 간음하지 말아라, 도둑질하지 말아라, 거짓으로 증언하지 말아라, 속여서 빼앗지 말아라, 네 부모를 공경하여라' 하지 않았느냐?" 그가 예수께 말하였다. "선생님, 나는 이 모든 것을 어려서부터 다 지켰습니다." 예수께서 그를 눈여겨보시고, 사랑스럽게 여기셨다. 그리고 그에게 말씀하셨다. "너에게는 한 가지 부족한 것이 있다. 가서, 네가 가진 것을 다 팔아서, 가난한 사람들에게 주어라. 그리하면, 네가 하늘에서 보화를 차지하게 될 것이다. 그리고 와서, 나를 따라라." 그러나 그는 이 말씀 때문에, 울상을 짓고, 근심하면서 떠나갔다. 그에게는 재산이 많았기 때문이다.

마가복음 10장 17~22절

이따금 나는 뉴요커 철학자 택시 기사, 분별력을 지닌 거리의 현인과 동승을 하게 될 것이다. 그는 내게 이런 질문을 할 것이다. "당신은 선생님이지요?" 그러면 나는 무엇 때문에 탄로가 났는지 궁금해 하면서 이렇게 대답해야 할 것이다. "예, 맞아요." 이밖에도 나에겐 여러 가지 역할이 있지만 — 성직자, 아내, 엄마, 관리자, 아마추어 의사, 마룻바닥 청소부, 세탁업자 — 교사로서의 정체성은 내가 기억할 수 있는 한 거의 언제나 존재해온 것이었다. 그리고 그것은 성직자로서의 내 정체성과 결코 분리할 수 없는, 진정한 정체성이다.

교육적 충동이 나를 압도한 것은 여섯 살 무렵의 일이었다. 그 당시 나는 읽는 법을 새로 익혔고, 그 기술을 가장 친한 친구인 페기에게 전해주고 싶어서 견딜 수가 없었다. 페기는 나보다 두 살이나 어렸는데, 아마 키도 나보다 작았을 것이다. 우리는 "학교 놀이"를 그칠 줄 모르고 계속했다. 그 후로도 바뀐 것은 별로 없었다 — 배운 것을 나누는 재미, 상호적인 탐험과 발견의 재미가 언제나 나를 따라다녔다. 그러나 **확실히** 바뀐 게 있다면, 그것은 이제 더 이상 내가 권위주의적이지 않다는 점이다. 전문가로서의 삶을 대부분 대학 강의실에서 보내면서 나의 경험은 무척이나 다양해졌다 — 나는 외국인 학생들에게 영어를 가르쳤고, 상류층 사립 고등학교에서 제멋대로 행동하도록 방치된 십대들에게 인문학을 가르쳤으며, 또 플로렌스 크리텐튼 시설에서 은신처를 찾으려 애쓰던 임산부 여고생들에게 영문학을 가르쳤다. (데이비드 코퍼필드가 고아가 된 순간 우리는 모두 눈물을 흘렸다.) 그리고 마지막으로 나는 야간 강좌에서 한 방 가득한 전기 기술자들에게 전문 독일어를 가르쳤다. 그 강좌에는 화학자들도 몇 명 참석했는데, 확실히 상호적 후원의 훈련장이었다.

　나중에 성직안수 과정을 시작하면서, 나는 이로써 교사로서의 내 정체성을 버리게 되는 것이라고 생각했다. 내가 무척 사랑했던 삶을 "포기하는" 것만 같았다. 당시만 하더라도, 나는 성직자가 되고 나면 어느 교구나 병원의 목사로 일하게 될 것이라고 생각했었다. 하지만 아이러니컬하게도 나는 다시금 교단에 서게 되었고, 교실에 있는 것이 너무도 즐겁다. 과거의 모든 경험이 현재의 내 일과 직무에 보탬이 되었다. 이제 나는 한 무리의 증인들에게 둘러싸여 있다 ― 장장 세 시간에 걸쳐 읽기 훈련을 시키는 동안 복도의 가장 낮은 계단에 끈기 있게 앉아 있었던 페기, 내가 "L"과 "R"의 차이점을 증명하려고 애썼던 예절 바른 일본인 사업가들, 그리고 형용사적 활용 어미나 여격과 대격의 차이점에 대한 나의 열정을 제대로 이해할 수 없었던 독일인 학생들. 이제 나는 확신한다. 적어도 부분적으로는, 내가 성직자인 것은 바로 교사기 때문이라고, 교사로서 지냈던 여러 해는 바로 준비 기간이었다고, 그 어느 것도 낭비되거나 사라진 것은 없다고 말이다.

　나는 지금도 상당히 많은 시간을 교실에서 보낸다. 강의 요강과 도서 목록이 여전히 내 관심을 차지하고 있다. 그렇지만 점차적으로 나는 영성지도를 위해 누군가를 만나는 순간이 바로 내가 완벽하게 교사가 되는 순간임을 깨닫게 된다. 또한 내가 가르치는 것은 강좌 설명서에 일일이 기록할 수 없다는 사실, 내 일은 단순히 정보를 전하는 것보다 훨씬 복잡하고 미묘한 것이라는 사실을 점차적으로 깨닫게 된다. 물론 탐구자의 수업에 좀 더 적절히 참석할 수 있을 때, 또는 신학 교재를 읽을 수 있을 때, 사람들이 좀 더 자주 영성지도자를 찾게 된다는 것은 맞는 말이다. 하지만 나는 신앙에 대한 지적 호기심은 다른 곳에서 더 많이 충족시킬 수 있다고 확실히 단언하는 바이다. 나는 결코 기도의 방법을 가르치지 않는다. 그저 피지도자들이 자신에게 가장 효과적인 방법과 리듬을 발견할 수 있도록 언제든지 도와줄 준비를 갖추고 있을 뿐이다.

그러면 영성지도자는 무엇을 가르치는가? 가장 단순하고도 가장 심오한 용어로 표현하자면, 영성지도자는 분별을 배우는 학생인 동시에 분별을 가르치는 교사다. 지금 과연 무슨 일이 일어나고 있는가? 이 사람의 삶에서 하나님의 자리는 어디인가? 이야기는 무엇인가? 이 사람의 이야기 중 어느 부분이 우리의 공통적인 그리스도인 이야기에 적합한가? 이 사람의 삶에서 성령님이 어떻게 역사하고 계시는가? 어떤 것을 놓치고 있는가?

분별의 첫 번째 단계는 인식이다. 영성지도자는 거룩한 공간에 마주앉은 사람에게 신경을 곤두세운다. 그 사람이 말한 것과 말하지 않은 것, 드러난 것과 숨겨진 것들 전부에 마음을 열고 뛰어든다. 그리고 그보다 더 중요한 것은, 모범과 사려 깊은 해석을 통해서, 피지도자가 자기와 똑같은 개방성과 조심성을 지니도록 도와준다는 것이다. 영성지도자와 피지도자는 함께 보고, 함께 듣고, 함께 기다린다. 인식 작업은 결코 쉽거나 자동적인 것이 아니다. 우리는 보통 자신이 보고 싶은 것 또는 보게 되리라고 기대하는 것을 보기 마련이다. 성령님이 우리 삶 속에서 역사하시는 것을 알아차리고자 할 때, 우리는 뭔가 드라마틱한 것, 심지어는 굉장히 극적인 것을 기대한다. 이런 점에서 우리는 나아만 장군을 닮았다. 그는 선지자 엘리사에게 치료를 부탁하기 위해 시리아에서 길을 떠나온 나병환자, 유력한 장군이었다. 하지만 엘리사는 그를 직접 만나지 않고 그저 요단강에 가서 몸을 씻으라는 전갈만 보냈다. 자신에 대한 대접이 너무도 사무적이고 소홀한 것에 격노한 나아만은 다음과 같이 소리 질렀다.

> 적어도, 엘리사가 직접 나와서 정중히 나를 맞이하고, 주 그의 하나님의 이름을 부르며 상처 위에 직접 안수하여, 나병을 고쳐 주어야 도리가 아닌가? 다마스쿠스에 있는 아마나 강이나 바르발 강이, 이스라엘에 있는 강물보다 좋지 않다는 말이냐? 강에서 씻으려면, 거기에서 씻으면 될 것 아닌가? 우리나라의 강물에서는 씻기지 않기라도 한다는 말이냐? (열왕기하 5장 11~12절)

나아만과 마찬가지로, 일부 피지도자들은 흔하고 평범한 것, 쉽게 접할 수 있는 것은 금방 거부해 버린다. 이럴 때 영성지도자는, 숨겨져 있지만 동시에 명백하기도 한 증거들을 지적해 줌으로써, 안내자와 교사의 역할을 담당할 수 있다.

분별 작업의 두 번째 단계는 판단이다. 새로운 인식으로 무엇을 할 것인가? 새로 얻은 통찰력을 다루는 **다음** 단계는 무엇인가? 여기에서 중요한 것은 좀 더 큼직하게 움직이고 싶은 유혹을 이겨내고 바로 다음 단계에 집중하는 것이다. 사실 최적조건을 위해 기다리려고 하는 것이 우리 인간이다. '사순절부터 기도를 시작해야지.' '이 시험이 끝나면 기도를 시작해야지.' 또는 '이 감기가 다 나으면 기도를 다시 시작해야지.' '사무실을 좀 정리하고 나서 곧바로 내 영적인 집도 정돈해야지.' '아기가 밤새도록 잘 자게 되면, 또는 유치원에 들어가고 나면, 또는 운전면허를 따게 되면 곧바로 다시 하나님을 생각해야지.' 영성지도자가 제공할 수 있는 — 그리고 거듭해서 제공하고 있는 — 가장 중요한 가르침 중 하나는 바로 현재 순간의 소중함이다. 분별의 열매는 먼 미래에 즐길 수도 있지만, 인식과 주의 깊은 판단의 소재는 지금 여기에서, 즉 피지도자의 일상생활 속에서 찾아내야 한다.

영성지도자는 이중적인 임무를 지닌다. 본인 스스로 분별력을 갖추어야 하며, 자기를 내려놓고 맞은편에 앉아 있는 사람에게 완전히 집중해야 한다. 그리고 동시에 격려와 모범을 통해서, 피지도자가 분별력을 키우고 신뢰감을 가질 수 있도록 도와야 한다. 이것은 곧 영성지도자가 자신을 들여다볼 줄 알아야 하고, 자기 방어를 포기해야 하며, 어려운 문제들을 직면할 수 있어야 한다는 뜻이다. 성령님이 하시려는 일이 무엇인지를 모르는 게 좀 더 마음 편하고 위안이 될 수 있다.

파커 파머는『알려지는 만큼 알기: 교육의 영성』에서 교육에 관하여 쓰고 있는데 그 내용이 매우 실제적이다. 하지만 그가 말하는 것의 대부분은 영성지도 관계에도 적용된다. 고린도전서 13장 12절 말씀 — "지금은 우리가 거울 속에서 영상을 보듯이 희미하게 보지마는, 그 때에는 우리가 얼굴과 얼굴을 마주 볼 것입니다. 지금은 내가 부분밖에 알지 못하지마는, 그 때에는 하나님께서 나를 아신 것과 같이, 내가 온전히 알게 될 것입니다." — 을 본문으로 채택함으로써 파머는 주로 주체와 객체, 아는 자와 알려지는 자의 차이를 극복하는 데 관심을 쏟는다. 그는 **진실**(truth)과 **약혼**(troth)의 어원적 연결에 주목하면서, 다음과 같이 주장한다.

어떤 사물이나 사람을 진실(truth)로 안다는 것은 알려지는 대상과 약혼(troth)하는 것, 우리의 마음이 갈라놓았던 것들을 새롭게 아는 일에 복귀하는 것이다. 진실로 안다는 것은 약혼자가 되는 것, 알려지는 대상과 자신의 총체적 자아가 약혼을 하는 것이다. 주의력과 관심과 선의를 가지고 약혼을 하는 것이다. 진실로 안다는 것은 또한 자신의 자아가 알려지도록 허용하는 것이며, 진정한 관계에 수반되는 도전과 변화에 상처받기 쉬운 상태가 되는 것이다. 진실로 안다는 것은 우리가 아는 것의 삶 속으로 뛰어드는 것이며, 또 그것이 우리의 삶 속으로 들어오도록 허용하는 것이다. 진실로 안다는 것은 아는 사람과 알려지는 대상을 맺어 주는 것이다. 심지어는 따로 떨어져 있을 때조차도 서로의 삶과 운명의 일부가 되게 하는 것이다.[1]

그러므로 진실로 안다는 것은 자신의 자아가 알려지도록 허용하는 것이다. 이것은 예수 그리스도 안에서 성육신된 진리다. 추상적으로 알려진 사실이 아니라, 관계 속에서 알려진 진리다. 진리에 대한 헌신을 공유하는 것은 영성지도 관계가 진정한 상호성의 관계라는 사실을 확신시켜 준다. 영성지도자와 피지도자 둘 다 자신이 알려지는 것을 허용해야 하기 때문이다. 이것은 영성지도와 심리치료의 가장 큰 차이점 중 하나다. 영성지도자는 기꺼이 알려지는 쪽을 택해야 한다 — 그저 자신의 경력이나 소속, 직함으로 알려지는 것이 아니라, 하나님의 자녀로서 상처받기 쉽고 한계를 지닌 존재로 알려져야 하는 것이다.

마찬가지로, 피지도자 역시 기꺼이 자신을 알려야만 한다. 아무리 아름답고 유용한 가면이라 할지라도, 자기 가면을 하나씩 벗어 버려야 한다. 그 의도가 아무리 좋다 할지라도, 이것은 결코 쉬운 일이 아니다. 그래서 내성적인 사람들은 영성지도에 관심을 주는 경우가 훨씬 더 적다. 그런 사람들은 자기 노출에 필요한 신뢰 단계에 이르기까지 상당히 많은 시간과 인내가 요구된다. 예전에 한 친구는 암사슴을 숲 밖으로 끌어내기 위해 무척 애를 쓰곤 했었다: 암사슴이 나무들 사이로 보이기 시작한다. 가끔은 위험을 무릅쓰고 초원으로 나오기도 한다. 하지만 이쪽에서 갑자기 움직이면 암사슴은 다시 숲속으로 도망쳐 버릴 것이다. 우리가 서로에게, 우리의 가장 심오한 자아에게 알려지도록 허용할 때에야 비로소 우리는 자신이 하나님께 알려진다는 확신을 가질 수 있다. 영성지도에서 이런 내적 작업이 이루어진다면, 개인이 나머지 피조물들과 맺는 관계에도 영향을 미치게 될 것이다. 피지도자가 자신과, 타인과, 하나님께 자신이 알려지도록 허용한다면, 자신을 모든 피조물들과 연결시켜 주는 관계망을 알아차릴 수 있을 것이다.

위대한 모델: 선생님 예수

　영성지도자인 교사들의 경우는 물론이고, 모든 교사들의 위대한 모델은 바로 예수님 자신이다. 네 복음서에는 예수님을 선생님이라고 칭하는 부분이 40군데가 넘는데, 그것들을 대충 훑어보는 것도 상당히 계몽적인 방법이다. 우리는 예수님이 "권위 있게" 가르치셨다는 것을 알게 된다(마태복음 7장 29

절; 마가복음 1장 22절). 또 우리는 예수님의 가르침이, 때로는 가르침을 받는 이들이 좋은 소식으로 받아들이기가 고통스럽고 두려운 것이었음을 알게 된다 — "그리고 예수께서는, 인자가 반드시 많은 고난을 받고, 장로들과 대제사장들과 율법학자들에게 배척을 받아, 죽임을 당하고서, 사흘 뒤에 살아나야 한다는 것을 그들에게 가르치기 시작하셨다"(마가복음 8장 31절). 여기에서 우리는 예수님의 가르침이 지니고 있는 리듬에 주목해야 한다. 예수님은 성전이나 회당처럼 "관습적이고" 당연한 장소에서도 가르치셨지만, 만찬석상에서도 가르치셨고, 때로는 길을 걸으면서도 가르치셨다. 예수님의 방법은 아주 다양했으며 — 이야기, 비유, 어려운 질문, 격언, 그리고 권위적인 선언 — 심지어는 시각적인 교재까지 동원하셨다. 바리새파 사람들이 황제에게 세금을 내는 일이 합당한가 안한가를 물으면서 예수님을 함정에 빠뜨리려고 했을 때, 예수님은 그들에게 동전 하나를 보여 달라고 하셨다.

그들은 데나리온 한 닢을 가져다 드렸다. 예수께서 물으셨다. "이 초상은 누구의 것이며, 적힌 글자는 누구를 가리키느냐?" 그들은 "황제의 것입니다"하고 대답하였다. 그 때에 예수께서 그들에게 말씀하셨다. "그러면 황제의 것은 황제에게 돌려주고, 하나님의 것은 하나님께 돌려드려라"(마태복음 22장 19~21절).

이렇게 간단하면서도 구체적인 예수님의 대답은 온갖 분규를 순식간에 잠재워버렸다. 질문을 한 이들까지도 예수님의 대답을 듣고서 "탄복하면서" 물러갔다.

예수님은 또한 우회적인 방법과 침묵을 통해서도 가르치셨다. 그 중 가장 주목할 만한 것은 간음죄로 끌려온 여인에 관한 이야기다. 예수님의 의도적인 무관심은, 그분을 신학적 또는 법적 실수로 잡아넣고자 했던 이들을 화나게 만들었을 게 틀림없다.

> 율법학자들과 바리새파 사람들이 간음을 하다가 잡힌 여자를 끌고 와서, 가운데 세워 놓고, 예수께 말하였다. "선생님, 이 여자가 간음을 하다가, 현장에서 잡혔습니다. 모세는 율법에, 이런 여자를 돌로 쳐서 죽이라고 우리에게 명령하였습니다. 그런데 선생님은 이 일을 놓고 뭐라고 하시겠습니까?" 그들이 이렇게 말한 것은, 예수를 시험하여 보고 고소할 구실을 찾으려는 것이다. 그러나 예수께서는 몸을 굽혀서, 손가락으로 땅에 무엇인가를 쓰셨다. 그들이 다그쳐 물으니, 예수께서 몸을 일으켜, 그들에게 말씀하셨다. "너희 가운데서 죄가 없는 사람이 먼저 이 여자에게 돌을 던져라." 그러고는 다시 몸을 굽혀서, 땅에 무엇인가를 쓰셨다. 이 말씀을 들은 사람들은, 나이가 많은 이로부터 시작하여 하나하나 돌아가고, 마침내 예수만 남았으며, 그 여자는 그대로 서 있었다(요한복음 8장 3~9절).

그러니까 요즘 말로 표현하자면, 예수님은 그들에게 "낚이지" 않으셨던 것이다. 확실히 예수님은 침묵을 통해 질문자들이 게임을 포기하도록 하셨다. 그들이 법적인 궤변과 폭력적인 요구를 그만 두고 스스로를 들여다보게 만드신 것이다.

복음서를 통해서 우리는 가르침이 매우 위험한 활동임을 알게 된다. 빌라도는 예수님에게서 아무런 죄목도 찾지 못했지만, 그래도 예수님을 고발한 이들은 강경하게 "그 사람은 갈릴리에서 시작해서 여기에 이르기까지, 온 유대를 누비며 가르치면서, 백성을 선동하고 있습니다." 하고 말하였다(누가복음 23장 4~5절). 예수님의 가르침은 다른 모든 개혁 운동처럼 매우 전복적이다. 이것은 영성지도라는 위험한 직무를 맡고 있는 사람이라면 누구나 다 마음 깊이 새겨야 할 중요한 사실이다.

예수님과 특별히 가까운 사람들이 "선생님"이라고 부를 때에는, 그 호칭에서 친밀감과 경외심이 뒤섞인 특별한 분위기가 느껴진다. "죄인인 한 여자"가 예수님의 발에 향유를 바른 일에 관한 누가의 기사에서, 예수님은 집주인의 마음속에 비판의 목소리가 담겨 있음을 알아채시고 이렇게 말씀하신다. "시몬아, 네게 할 말이 있다." 그 바리새파 사람이 대답한다. "선생님, 말씀하십시오." 그러자 예수님은 하나의 가설적인 예를 인용하신다. 그것은 상업세계에서 끌어온 예로서, 그들 앞에 펼쳐진 지극히 감정적이고도 감각적인 장면으로부터 그들을 멀리 떨어뜨려 놓는다. 그런 다음 예수님은 현실의 인물 시몬에게 이 문제를 풀라고 요구하신다.

"어떤 돈놀이꾼에게 빚진 사람이 둘 있었는데, 한 사람은 오백 데나리온을 지고, 또 한 사람은 오십 데나리온을 졌다. 둘이 다 갚을 길이 없으므로, 돈놀이꾼은 둘에게 빚을 탕감해 주었다. 그러면, 그 두 사람 가운데서, 누가 그를 더 사랑하겠느냐?" 시몬이 대답하기를 "더 많이 탕감 받은 사람이라고 생각합니다" 하였다. 예수께서는 그에게 말씀하셨다. "네 판단이 옳다"(누가복음 7장 41~43절).

언뜻 보기에는, 예수님이 집주인에게 그 여인 — 그녀가 참석할 수 있는 권리, 예수님께 다가설 수 있는 권리, 용서를 받을 수 있는 권리 — 에 관하여 가르치고 계신 것처럼 보인다. 하지만 예수님은 곧 시몬에게로 초점을 옮기신다.

"너는 이 여자를 보고 있느냐? 내가 네 집에 들어왔을 때에, 너는 내게 발 씻을 물도 주지 않았다. 그러나 이 여자는 눈물로 나의 발을 적시고, 자기 머리카락으로 닦았다. 너는 내게 입을 맞추지 않았으나, 이 여자는 들어와서부터 줄곧 내 발에 입을 맞추었다. 너는 내 머리에 기름을 발라 주지 않았으나, 이 여자는 내 발에 향유를 발랐다. 그러므로 내가 네게 말하거니와, 이 여자는 그 많은 죄를 용서받았다. 그것은 그가 많이 사랑하였기 때문이다. 용서받는 것이 적은 사람은 적게 사랑한다"(44~47절).

예수님이 "너는 이 여자를 보고 있느냐?"고 물으셨을 때, 그것은 사실 "너 자신을 보라"는 명령과도 같았다. 이 이야기는 사실 영성지도에 관한 것이다. 권력 있고 부유한 집주인 시몬은 선생님으로부터 진리를 들을 수 있으리라 기대한다. 그리고 예수님의 호된 질책에는 사랑이 담겨 있다.

우리 역시 영성지도자로서 시몬의 후손들을 만나게 된다. 그들은 법에 따라 행하는 훌륭한 취향을 지녔다. 그들은 시몬처럼 저마다 나름대로 하나님께 관대하고 개방적이다. (결국은 그 바리새파 사람도 예수님을 식사에 초대했었으니까.) 하지만 그들은 시몬과 마찬가지로, 하나님이 안 좋은 취향을 갖고 계신다거나 섣부른 판단을 내리실 수 있다고는 전혀 생각지 않는다. 마치 시몬처럼, 그들은 이렇게 생각한다. "이 사람이 예언자라면, 자기를 만지는 저 여자가 누구며, 어떠한 여자인지 알았을 터인데! 저 여자는 죄인인데!" 예수님은 위대한 선생님으로서, 그를 분별로 인도하신다. 자기 자신의 인식과 그릇된 판단에 대한 명확한 이해로 그를 이끌어 주신다.

우리는 베다니 마을의 마리아와 예수님의 관계를 통해서 선생님이신 예수님을 한 번 더 일별하게 된다. 누가의 기사(10장 38~41절)에서, 그녀는 예수님의 발 곁에 앉아 가르침에 귀를 기울인다. 이것은 종속의 자세가 아니라, 제자 또는 학생의 자세다. 짤막한 본문에는 많은 것들이 생략되어 있다. 하지만 영적 친밀감의 깊이는 확실히 드러난다. 나는 그 이야기를 좀 더 알고 싶고, 내용을 좀 더 구체화하고 싶다. 예수님의 가르침과 마리아가 그 발 곁에 앉아서 배운 것들을 세세하게 알고 싶다. 적어도 그것은 특별히 여성들을 향한 초대라고 할 수 있다. 수용과 배움의 자세를 주장하고, 스스로를 분별 작업에 개방시키라는 초대인 것이다.

가르침으로서의 영성지도에 관한 훨씬 더 풍요로운 패러다임은, 우물가의 사마리아 여인과 예수님의 만남에서 발견된다. 여러 가지 면에서 이 여인은 바리새파 사람 시몬과 정반대되는 인물이다. 그녀는 여인인데다 사마리아인이다. 사회의 변두리로 내쫓긴, 버림받은 존재다. 하지만 예수님은 마실 물을 좀 달라는 실제적이고도 현실적인 요청으로 그녀와의 대화를 시작하신다. 그런 다음 육체적인 것으로부터 영적인 것으로 신속하게 옮겨가신다.

예수께서 말씀하셨다. "이 물을 마시는 사람은 다시 목마를 것이다. 그러나 내가 주는 물을 마시는 사람은, 영원히 목마르지 않을 것이다. 내가 주는 물은 그 사람 속에서, 영생에 이르게 하는 샘물이 될 것이다." 여자가 말하였다. "선생님, 그 물을 나에게 주셔서, 내가 목마르지도 않고, 또 물을 길으러 여기까지 나오지도 않게 해주십시오"(요한복음 4장 13~15절).

여기에서도 역시 가르침의 목적은 자기를 아는 것이다. 예수님은 그 여인이 스스로를 깊이 들여다보고 하나님에 대한 목마름을 깨달을 수 있도록 도와주신다.

우선 예수님은 그 여인의 성생활을 잘 알고 계시는 것으로 그녀를 놀라게 만드신다. 그것은 개인적이고 사적이면서, 잠재적으로는 수치스러운 영역이다. 하지만 그 여인은 예수님의 솔직함을 해방으로 경험한다. 그리하여 물동이를 버려두고 동네로 들어가서, 메시아가 틀림없는 이 선지자와의 만남을 온 동네 사람들에게 들려준다. 요한은 우리에게 이렇게 전한다. "그 동네에서 사마리아 사람들이 많이 예수를 믿었다. 그것은 그 여자가, 자기가 한 일을 예수께서 다 알아맞히셨다고 증언하였기 때문이다."(39절) 그 여인은 발가벗겨지거나 비난 받는다는 느낌이 아니라 — 생전 처음으로 — 진실하게 알려진 것 같은 느낌을 받는다. 이제 그녀는 자유롭게 자신을 알고, 보고, 자기 자신이 될 수 있다. 이 새로운 자유 속에서 그녀는 자기 역시 선생님이 되어 이웃들에게 좋은 소식을 전한다. 그리하여 이웃들이 스스로를 알기 위한 첫걸음을 내딛도록 만들어 준다.

이 이야기 속에는 영성지도자들을 위한 중요한 메시지가 하나 더 들어 있다. 우리는 버림받은 사람들, 경제적, 사회적, 또는 교회적 변두리에서 살고 있는 사람들에게서 가장 수용적인 피지도자를 발견할 수 있다. 이들은 잃을 게 거의 없는 반면, 얻을 게 전부인 사람들이다. 아마도 이들은 출생이나 기회 또는 선택에 의해 버림받게 되었을 것이다. 하지만 예수님은 사마리아 여인에게 마실 물 좀 달라고 부탁하심으로써, 버림받은 자는 결코 없다고, 계급 자체가 인위적이고 거짓된 것이라고 말씀해 주신다.

바리새파 사람 시몬처럼 사마리아 여인 역시 우리 가운데 살고 있다. 때때로 그녀는 옷을 잘 차려 입고 어디에 소속된 것처럼 보이기도 한다. 하지만 조심스럽게 감추고 있던 절망감이나 우울함, 약물중독 같은 것이 살짝 내비치는 순간 그녀의 정체가 탄로 난다. 또 우리는 민족적 배경이나 성적 취향, 또는 가난 때문에 그녀를 변두리로 내쫓기도 했다. 그럴 경우 평생토록 다시는 그녀를 못 보게 될 수도 있을 것이다.

얼마 전 나는 주택지구 C기차에서 사마리아 여인을 만났다. 그날 하루는 정말로 길었다. 격렬한 대화와 타인의 고통으로 가득 찬 하루였다. 나는 어느 누구에게도 말을 걸고 싶지 않았다. 물론 어느 누구의 이야기도 듣고 싶지 않았다. 8시부터 5시까지는 영혼의 돌봄을 실천하는 게 당연했지만, 지금은 근무가 끝났으니까 지하철의 익명성을 누리고 싶었다. 조용히 책 읽는 일에만 몰두하고 싶었다.

그런데 그 때, 꾀죄죄하고 텁수룩하고 그리 깨끗하지 못한 여인이 내 옆자리에 앉았다. 나는 이렇게 생각했다. "어떻게 해야 도망갈 수 있을까? 그녀는 이미 내 성직자복을 봤어. 그녀는 손쉽게 접촉할 수 있는 사람으로 날 점찍은 거야." 아니나 다를까, "안녕하세요, 자매님?" 하고 그녀가 말을 걸더니, 속사포처럼 말을 쏟아냈다. 아주 짧은 시간에 나는 그녀의 인생 이야기, 중독과의 투쟁 이야기, 그리고 갱생 센터에서 새롭게 출발하고 싶다는 소망 이야기를 들었던 것 같다. 결국 나는 근무 시간이 다 끝난 게 아니라는 사실을 깨달았고, 따라서 내가 옳다고 생각하는 바를 이야기했으며, 친절히 대하는 게 **매우** 거룩한 행위라고 생각했다. 이윽고 그녀가 내릴 준비를 하자, 나는 그녀가 곧 돈을 좀 달라고 부탁할 것이고, 그 돈은 마약이 아니라 음식을 사는 데 쓸 것임을 확신시키려 들 것이라고 생각했다. 나는 마음속으로 논쟁을 벌였다. 25센트 한두 개를 줘야 하나, 말아야 하나? 그 때 그녀가 일어서더니 내 쪽으로 몸을 기울이면서 내 손에 지하철 토큰 하나를 쥐어 주었다. "자매님께 하나님의 축복을." 그리고는 사라져 버렸다.

결국 나는 그녀를 인정하지 못했던 것이다. 나의 시간과 에너지는, 미리 약속을 정해놓고 말끔하게 샤워를 하고 온 사람들에게 쓰였다. 그것은 아주 멋진 하루였다 — 적어도 해로울 건 전혀 없었다. 하지만 돌이켜보면, 나는 지하철에서 만난 여인이 목말라하고 있다는 사실을 잘 알고 있었다. 마약이나 술이 아니라, 그녀를 영생에 이르게 할 샘물 한 모금에 목말라하고 있었다. 나는 상냥하고 상투적인 말로 대응했지만, 그럼에도 불구하고 그녀는 우리 가운데 그리스도가 계심을 분별할 수 있었다. 그녀가 나에게 준 선물에는 생명이 있었다. 마치 그녀가 "내가 한 일을 모두 알아맞힌" 것처럼 여겨졌다.

사막 교부

4세기 사막의 교부와 교모들은, 극단적인 금욕주의를 고집하고 창조세계의 선함을 명백히 부인한다는 측면에서, 오늘의 영성지도자들에게 그리 좋은 멘토가 될 수 없을 것 같다. 괴상하고 종종 심술궂기까지 한 그들은, 우리 교회의 단정하고 고결한 사람들과 어울리지 않을 것이다. (영성지도자 팜보는 이렇게 말했다. "수도사는 방 밖으로 내던져도 사흘 내내 아무도 훔쳐 가지 않을 만한 옷을 걸치고 다녀야 한다."2) 하지만 그들은 영성지도자로서, 추종자들로부터 통찰과 이해를 이끌어낸, 가장 진정한 의미의 교사였다. 진정한 배움은 고독 가운데 자신(그리고 하나님)을 직면하는 데서 비롯되었다: "가서 네 방에 앉아라. 그러면 네 방이 모든 걸 가르쳐 줄 것이다."3

이 사막의 은둔자들은 수수께끼 같은 조언뿐만 아니라 본인의 삶까지도 본보기로 제공하였다. 영성지도자 이삭은 젊은 시절에 영적 스승을 찾아 헤맸던 일에 관하여 이야기한다. 그는 두 번이나 좀 더 경험이 많은 영성지도자 밑으로 들어가 그들 집에 기거하면서 섬기려고 하였다. 하지만 영성지도자는 그에게 무엇을 하라고 일러주지 않았다. 오히려 **그들이 그를** 섬겼다. 결국 이삭은 다른 영성지도자들에게 조언을 구하러 갔다.

> 그들이 그를 찾아와 이렇게 말했다. "아바, 이 형제가 당신을 돕기 위해 당신의 거룩함으로 들어왔는데, 어째서 아무 것도 일러 주지 않는 겁니까?" 그러자 그 노인이 그들에게 말했다. "내가 그에게 명령이나 하는 수도사요? 나로 말할 것 같으면, 그에게 아무런 말도 하지 않소. 하지만 만일 그가 원하기만 한다면, 얼마든지 내 행동을 보고 따라 할 수 있을 거요." 바로 그 순간부터 나[이삭]는 결단을 내리고서 그가 하는 행동을 그대로 따라 했다. 그는 침묵 속에서 행동하였다. 결국 그

는 내가 침묵 속에서 행할 수 있도록 가르쳤다.[4]

그들은 기꺼이 침묵하였다. 침묵의 창조적 긴장 속에서 그들은 정말로 편안하였다. 마치 페르메의 테오도르처럼, 그들은 지도자로 추앙받는 것을 거부할 수 있었고, 그들 자신이 되는 것을 매우 행복하게 여겼다.

"사람들이 나를 찾아낼 때, 나는 사람들을 만난다." 그리고 그가 제자에게 말했다. "만일 누군가 나를 보러 오면, 인간적인 측면에서는 아무런 말도 하지 말아라. 하지만 만일 내가 식사 중이라면 그에게 이렇게 말해라. '그분은 지금 식사 중입니다.' 그리고 만일 내가 취침 중이라면 '그분은 지금 주무십니다'라고 말해라."[5]

사막의 영성지도자들은 대부분 남자였다. 하지만 몇몇 여자들 가운데 한 명인 여성 영성지도자 테오도라는, 20세기의 영성지도자들에게 직접적으로 적용될만한 언어로, 교사에 관하여 다음과 같이 말한다.

교사는 지배와 허영과 교만에 대한 욕구가 낯선 사람이어야 한다. 교사는 바보같이 아첨에 넘어가서도 안 되고, 선물에 눈이 멀어서도 안 된다. 또 교사는 식욕에 져서도 안 되고, 분노에 지배당해서도 안 된다. 교사는 어디까지나 참을성 있고, 온화하고, 겸손해야 한다. 교사는 시험을 통과해야 하고, 당파주의가 없어야 하며, 배려가 넘치는 사람, 영혼에 사랑이 넘치는 사람이어야 한다.[6]

테오도라에 관해서는 괴상하거나 심술궂은 이야기가 전혀 없다! 그녀는 투사나 감정 전이, 역전이 같은 용어를 하나도 알지 못했다. 하지만 그녀는 영성지도자-교사가 자칫 자기기만에 사로잡혀 영적 친밀감의 관계에서 애정 어린 초연함을 상실할 수도 있다는 사실을 잘 알고 있었다. 피지도자가 우리를 존중하는 게 아니라 순전히 아첨만 하고 우리를 거룩한 존재로 승격시키려고 할 때에는, 영성지도자인 우리의 경종도 울리기 시작해야 한다. 물론 나의 피지도자들은 선물로 내 문을 멀게 하거나 식욕으로 정복하려고 한 적이 거의 없었다 — 하지만 나는 순전히 사회적인 초대, 관계를 하찮게 만들 만한 초대는 모두 거절한다.

분노에 대해 경고할 때, 테오도라는 분명히 자기 자신을 염두에 두었을 것이다. 사막의 남녀 영성지도자들은 늘 이 격렬한 감정과 싸워야 했기 때문이다. (영성지도자 아가톤은 이렇게 말했다. "화가 난 사람은, 비록 그가 죽은 자를 일으킬 수 있다 할지라도, 하나님께 인정받을 수 없다."7) 영성지도자인 나는, 타인의 분노와 그에 대한 내 자신의 반응 때문에 더 큰 위험에 처하게 된다. 우리는 대개가 남이 좋아해 주길 바라고, 그렇기 때문에 남을 화나게 하기를 주저한다. 대부분의 사람들이, 특히 하나님과 관계된 일일 경우, 분노를 표현하는 데 문제를 겪고 있기에, 우리는 종종 분노로 가득 차서 우리를 찾아온 피지도자에게서, 우리를 시험하는 행동이나 거절의 몸짓을 경험하게 된다. 얼마나 오랫동안 그런 행동이 계속되도록 내버려 두어야 할까? 사랑과 진심을 담아서, 어떤 식으로 반응해야 할까? 피지도자의 분노를 어떻게 이용할 수 있을까?

독설적인 어머니와 함께 했던, 죽도록 외로웠던 어린 시절의 상처가 아직까지도 치유되지 않은 미쉘의 경우, 상황이 꽤 복잡하다. 그녀가 나를 "좋은" 어머니로 여기고 있지만 언제 돌변할지 몰라 두려워하고 있다는 사실을 나는 잘 안다. 우리는 충분히 오랫동안 함께 작업해 왔기에, 이제는 그녀도 관계를 시험해 보고 싶어 하게 되었다. 그리하여 일 년 전쯤 그녀는 나를 대결 국면으로 점점 더 깊이 몰아갔다. 미쉘은 분노와 질투가 가슴에 사무쳤지만, 감히 그것을 겉으로 표현하지 못했고, 그저 경건한 아름다움으로 포장하려고 애썼다. 그녀는 마치 바리새파 사람 시몬처럼, 타인을 가혹하게 판단하는 걸 그만 두고 자기 자신을 명확하게 들여다보게 해줄 관계와 경험을 한사코 거부했다. 그녀는 다른 사람들 — 반 친구들, 교구의 교인들, 기도그룹 멤버들 — 도 모두 좋은 사람들이지만 자기만큼은 아니라고 생각했다. 만일 내가 (아주 지독한 자존감의 부재를 가리기 위한) 그녀의 영적 거드름을 지적하지 않는다면, 나 역시 공범이 될 게 뻔했다. 그래서 나는 몇 가지 곤란한 사실을 지적한 다음 이렇게 말했다. "당신은 아마 나에게 무척 화가 날 거예요. 그래도 괜찮아요. 나는 그것 때문에 상처를 입지도 않을 테고, 당신에게 화를 내지도 않을 테니까요." 그녀는 분노가 서린 눈으로, 하지만 부드럽고 상냥한 목소리로, 나에게 결코 화난 게 아니라고 맹세했다. 하지만 그 뒤로 여섯 달 동안이나 그녀의 모습을 볼 수가 없었다.

테오도라 교모에 따르면, 영성지도자는 당파주의가 없어야 한다. 우리는 누구나 다 가장 사랑받는 자녀가 되길 원한다. 하나님이 가장 사랑하시는 자녀, 우리 부모가 가장 사랑하는 자녀, 영성지도자가 가장 사랑하는 자녀이길 원한다 — 심지어는 관계가 그냥 상호적인 것일 뿐 부모자녀의 관계가 아닌 경우에도 마찬가지다. (몇 년 전, 착하긴 하지만 그리 영리하진 않다고 생각했던 한 여인과 똑같은 영성지도자를 모시고 있다는 사실을 알게 되었을 때 내가 느꼈던 배신감을 떠올리면 아직도 부끄럽다. 나의 첫 반응은 "도대체 **그녀** 안에서 무엇을 볼 수 있겠어?"였다.) 우리는 종종 영성지도라는 작은 세계에서 각각 다른 상황에 처한 피지도자들을 만나게 된다. 그리고 아마도 우리의 피지도자들은 서로를 알고 있는 것 같다. 어쩌면 서로를 싫어하거나, 심지어는 경멸감까지 갖고 있는지도 모른다. 만일 우리가 피지도자들에게 마음을 열지 못하고, 나아가 어느 한쪽 편만 들게 된다면, 그 때는 관계 악화의 모든 책임을 지고, 그 사람을 다른 누군가에게 넘겨야 할 것이다.

질문을 분별하기

영성지도에는 수많은 질문들 — 제기된 질문, 감춰진 질문, 답이 제시된 질문, 답이 없는 질문 — 이 존재한다. 하지만 이야기가 들려지고 비본질적인 것들이 제거되고 나면, 단 하나의 질문만이 그 중심에 남게 된다: "선하신 선생님, 내가 영생을 얻으려면, 무엇을 해야 합니까?"(마가복음 10장 17절) 이것은 좀처럼 없는, 아주 솔직한 질문이다. 그런데 영성지도를 원하는 사람들은 그것이야말로 가장 중요한 질문이라는 사실을 모르고 있는 것 같다. 물론 영성지도자는 하나님을 향한 열망과 하나님과의 관계 — 영생 — 에 대한 열망이 모든 영성지도 작업의 기초가 되며 이질적인 것들을 한 데 엮어 준다는 사실을 잘 안다. 피지도자의 경우, 그 질문은 신뢰가 쌓이고 작업이 진행되면서 좀 더 첨예하게 대두될 수도 있다. 하지만 그 질문은 늘 존재해 왔던 것이다.

부유한 청년에 관한 마가복음의 기사는 영성지도, 특히 교육으로서의 영성지도를 위한 패러다임이다. 그가 사용한 호칭 — "선하신 선생님" — 은 계급적 관계를 인정한 것이다: 그는 자기 안에서 발견할 수 없는 대답을 듣기 위해 선생님을 우러러본다. 또한 여기에는 다정한 관계도 존재한다: 선하신 선생님은 질문자의 관심을 염두에 두고 있는 것으로 보인다.

오직 관계 속에서만 선생님이 될 수 있다고, 교육의 총체적 목적은 자신을 발견할 수 있도록 도와주는 것이라고 주장하는 것은 지나치게 단순화시킨 것 같다. 그러므로 계급제도는 관대하고 어쩌면 일시적인 것이며, 교사의 명백한 능력은 바로 그것 — 명백하다는 것이다. 마가의 기사에서처럼, 질문자는 자유롭게 그 질문을 처리해야 하고, 나아가 그 질문을 사랑하는 법까지 배워야 한다.

마가는 다음과 같이 말한다. "예수께서 그를 눈여겨보시고, 사랑스럽게 여기셨다."(마가복음 10장 21절) 교사와 제자의 관계는 사랑을 토대로 한다 — 또는 그래야만 한다. 우리는 사랑에 인색하며, 오로지 친밀한 개인적 관계에서만 그 예의를 취하려는 경향이 있다. 무엇보다도 해로운 것은, 우리가 사랑을 따뜻하고, 감상적이고, 혼란스러운 감정과 혼동한다는 것이다. 그런 것은 교사의 공평하고 통찰력 있는 사랑이 아니다.

나는 과연 그 청년이 예수님이 자기를 사랑하신다는 사실을 알고 있었을까 궁금하다. 그 당시에는 아마도 몰랐을 것이다! 영성지도자의 힘든 임무 중 하나는, 사랑으로 진실을 말하는 법을 배우는 것이다. 우리는 매우 연약한 사람들, 자신이 감당할 수 없을 정도로 많은 실재를 지니고 있기에 아직은 진실을 들을 준비가 안 되어 있는 사람들을 도와줄 수 있다. 때로는 통찰력을 갖고서 앉아 있는 게 힘들기도 하다. 하지만 우리는 아무 말도 하지 않을 수 있다. 또는 자신이 다룰 수 있는 만큼의 진실만 측량할 수도 있다. 하지만 강력하고 영적으로 성숙한 경우에는 그렇게 신중하지 않아도 된다.

나는 카렌과의 대화를 통해서 이 사실을 깨달았다. 카렌은 성직안수에 대한 소명의식이 점점 뚜렷해지고 있는 것에 관해 이야기하려고 나를 찾아왔다. 나는 그녀의 가정형편을 아주 잘 알고 있었다. 그녀의 남편이 교회에 대해 대책 없는 적대감을 품고 있다는 것도 알고 있었다. 따라서 만일 그녀가 자기의 소명의식을 따르기로 마음먹을 경우 그녀의 결혼생활이 그 긴장을 버텨낼 수 없으리라는 것은 불을 보듯 뻔했다. 내가 미처 눈치 채지 못한 것은, 냉혹하리만큼 굳센 카렌의 결심이었다. 그래서 나는 마치 "디어 애비"의 인생 상담처럼, 그녀의 삶이 평온하게 흘러가도록 도와주고 싶은 마음에서, 다음과 같이 부드럽게 말했다. "이 길을 나서기 위해서는 우선 가족의 후원, 특히 배우자의 후원이 절대적으로 필요해요." 그러자 카렌의 눈이 번쩍였다. "전 지금 **하나님**의 부르심에 관해 말하고 있잖아요!"

나는 그 때 이 여인이 사탕발림 같은 말은 단 한 마디도 원치 않는다는 사실을 깨달았다. 그래서 단도직입적으로 말했다. "빙 돌려 말해서 미안해요. 카렌이 성직안수에 대한 소명을 추구할 경우, 어쩌면 결혼생활이 끝나버릴 수도 있다는 사실을 잘 알고 있지요?"

그러자 카렌이 속삭였다. "예, 알아요."

만일 마가복음에 등장하는 무명의 구도자가 만일 나를 찾아왔다면, 나는 이런 말로 그를 위로하고픈 유혹을 느꼈을 것이다. "당신은 지금 아주 잘 하고 있어요. 대부분의 사람들은 절대로 그 계명을 전부 지킬 수 없을 테니까요! 그러니 지금 하고 있는 대로만 계속 하세요. 그리고 영생에 대해서는 아무 걱정도 하지 마세요." 하지만 예수님은 이 남자가 진실을 들을 준비가 되어 있다는 사실을 잘 알고 계셨다. 그래서 그 질문에 대한 **답**을 주신 것이다. "그러나 그는 이 말씀 때문에, 울상을 짓고, 근심하면서 떠나갔다. 그에게는 재산이 많았기 때문이다."(마가복음 10장 22절)

여기에서도 예수님은 분별을 가르치는 선생님이 되신다. 예수님은 이렇게 말씀하신다. "네 삶을 보아라. 네 보물을 보아라. 너 자신을 보아라!" 그 청년의 많은 재산은 과연 무엇이었을까? 구도자와 하나님 사이에 끼어들어 우리의 피지도자를 괴롭히고 있는 재산은 과연 무엇일까? 가장 확실한 것은 그 남자가 물질적으로 풍요로웠다는 점이다. 20세기의 북아메리카와 마찬가지로, 1세기의 팔레스타인에서도 역시 돈 관리를 하려면 전적인 헌신이 필요했을 게 틀림없다. 부는 매력적인 우상이다. 하나님보다 붙잡기가 더 쉽고, 편안함과 안전함을 약속해 주는 우상이다. 돈 말고도, 그 구도자가 울상을 짓고 근심하면서 떠나가게 만들 수 있는 재산이 하나 더 있다. 그 동안 조심스럽게 유지해 온 정체성, 특히 성직자의 "영적인" 정체성을 버리기란 무척 어려운 일이다. (아마도 이것 때문에 그 많은 성직자들이 피지도자들만큼이나 신뢰하기 어려운 것 같다.) 평생에 걸쳐 탐닉해 온 것들을 갑자기 내던진다는 것은 무척이나 힘든 일이다. 해로운 약물의 중독뿐만 아니라, 근사한 직업,

마음과 영혼을 마비시키는 여가활동, 불건전한 관계의 중독 역시 마찬가지다. 특히나 영적 무책임의 자유를 버리기란 정말로 힘들다. 물론 정처 없이 떠돌면서 사랑으로 끌어당기시는 하나님의 손길을 무시하는 것도 그 나름대로 특별한 고통이 따르기는 하지만 말이다.

부자에 관한 이야기는 결코 영성지도를 가볍게 여겨서는 안 된다고 하는 사실을 분명히 보여준다. 영성지도를 자기 수양과 자기 발견을 위한 또 하나의 수단으로 이용하는 사람들은, 인내심을 발휘하여 "모든 계명을 지켰을" 경우 그들에게 내려질 명령을 듣고 깜짝 놀랄 것이다. 그들은 머리를 쓰다듬어주길 기대하고 있겠지만, 천만에, 헌신이 커질수록 요구도 커진다. 작업의 강도가 세어질수록, 영성지도자-교사는 다음의 가르침을 명심해야만 한다: 주춤거리지 말고 자신을 바라볼 것, 그에 따라 적절히 행동하고 존재할 것.

때로는 그 대가가 너무 커서, 피지도자가 관계를 끊어 버리는 일도 있다. 종종 종결의 이유를 명확하게 밝히지 않는다거나, 전혀 상관없는 이유를 대는 경우도 있다. 한번은 영성지도를 그만 두려는 진짜 이유를 밝힌 어떤 여인의 절절한 이야기를 동료에게서 들은 적이 있다. 그녀는 유복하고 한가한, 교육도 많이 받은 여인으로서, 모든 계명을 다 지킨 선한 사람이었다. 내 동료는 영성지도를 위해 그녀를 정기적으로 만났으며, 그녀가 성장과 더불어 제 목소리를 찾아가는 모습을 지켜보는 게 기뻤단다. 그녀는 그가 지켜보는 가운데 변화해 갔고, 그는 그녀가 출발점에 서있다는 걸 감지했단다. 하지만 그는 다음 단계가 어떻게 될지 알 수 없었다. 그녀의 생활방식이 철저히 변할 수도 있었고, 또는 겉으로는 똑같아 보이지만 그녀의 총체적 삶이 심오한 내적 헌신으로 뻗어나갈 수도 있었다. 그런데 놀랍게도 그녀는 이렇게 말했다. "전 이제 안 올 거예요. 이건 대가가 너무 커요. 저는 변해야 하는데, 변하고 싶지 않아요. 저는 지금 이대로의 삶이 좋아요." 그 여인에 대해서는 잘 모르지만, 내 친구로 말할 것 같으면, 몹시 마음 아파했다.

예수님은 그 남자를 떠나보내실 수 있었다. 이것은 영성지도자들에게 아주 괴로운 교훈이다. 아마도 우리가 "실패"를 두려워하기 때문일 것이다. 다시 말해서 우리는 정확한 사람, 가장 좋은 길을 제시해 주는 유능한 영성지도자가 되고 싶은 교만을 부리고 있는 것이다. 사람들을 떠나보내는 것도 어렵고, 그들에게 하나님의 돌보심을 확신시켜 주는 것도 어렵다 — 이것은 우리의 시간이 장차 몇 십 년 안에 열매를 맺을 것이지만, 그때까지는 먼 나라를 떠돌면서 겨를 먹어야 한다는 뜻이다.

좋은 교사

우리 모두는 최대한 좋은 교사가 되기 위해서 있는 힘껏 노력해야 한다는 사실을 잘 알 만큼, 나쁜 교사 또는 평범한 교사에 대한 경험을 충분히 가지고 있다. 영성지도의 책임은 아주 무거운 것이다. 그리고 악영향을 미칠 수 있는 가능성도 농후하다. 그러면 좋은 교사의 증거는 무엇일까?

첫째, **좋은 교사는 놀이를 장려한다.** 우리 문화는 여가를 하나의 산업으로 만들어 버렸지만, 놀이에 대해서는 아는 것이 거의 없다. 종종 우리가 "놀이"라고 부르는 것도 경쟁적이거나 강박관념에 사로잡힌 것이 대부분이다. 진정한 놀이의 심미적

차원, 그것의 거룩한 무익성이 우리의 성미에 맞지 않기 때문이다. 하지만 독일의 시인이자 철학자인 쉴러가 현명하게 말한 것처럼, 인간은 오로지 놀이를 할 때에만 완전한 인간이 될 수 있다.

나는 "놀이"(play)와 "기도"(pray)가 얼마나 가까운 관계인가를 끊임없이 깨닫고 있다. 내 손가락이 마치 살아서 움직이는 것 같다고 느낄 때, 나는 "이것에 관한 놀이가 필요할 것이다"라고 쓰고 있는 내 모습을 보게 된다. 이렇게 내 워드프로세서가 우연히 보내 주는 메시지를 보면서, 나는 놀이와 기도가 얼마나 가까운 것인지를 절실히 느끼게 된다. 놀이와 기도의 연결 — 그리고 함축적으로는, 놀이와 관상적인 삶의 연결 — 은 14세기의 신비주의 작품인 『무지의 구름』에서 명백히 드러난다. 저자는 인간이 늘 가장 영적인 상태에 머물 수는 없다는 사실에 주목한다.

> 질병, 심신의 고통, 그밖에도 수없이 많은 본능의 욕구들 때문에 당신은 종종 마음이 내키지 않거나 기도의 절정에 이르지 못할 것이다. 하지만, 그래도 나는 당신에게 권한다. 언제나 진심으로, 또는, 말하자면 **재미있게**, 기도 가운데 머물라고 말이다.[8]

이것은 무미건조한 생활, 건강 악화, 개인적인 어려움, 그리고 혼란의 시기를 보내고 있는 피지도자들을 돕기 위해 노력하고 있는 영성지도자-교사들을 안심시켜 주는 말이다. 피지도자들은 난항을 겪고 있는 와중에, 자기가 이미 지고 있는 짐에다가 자기 비난이라는 짐까지 보탤 수가 있다. 어떤 피지도자는 자신이 스스로 정한 영적 강도를 유지할 수 없을 경우 노력을 그만 두어 버리는 경향이 있다. 그리고 그 결과, 영성지도가 가장 큰 후원이 되어줄 수 있는 시기에 그것을 거부해 버리고 만다. 영성지도자는 그런 사람들이 "말하자면 재미있게" 기도 가운데 머물도록 도와줄 수 있다. 그야말로 가벼운 접근이 필요한 시점이다.

그러므로 하나님의 사랑을 위해서, 무모하게 이 일에 매달리지 않도록 조심해라. 완력을 써서 우격다짐으로 하기보다는 차라리 기쁨에 넘치는 열정에 의지하여라……굶주려서 고통스러워하는 탐욕스러운 사냥개처럼, 참을성 없이 은총을 잡아채려고 덤벼들지 마라.9

『수녀의 계율』을 쓴 익명의 작가는 기도를 놀이로, 즉 장난스러운 부모님 하나님과의 숨바꼭질 놀이로 유쾌하게 묘사한다. 하나님은 "사랑하는 자녀와 함께 놀아주는 엄마처럼, 우리와 함께 놀아 주신다." 아이가 주변을 둘러보다가 엄마를 부르면, 즉시 돌아와 두 팔을 벌리고 안아 주신다.

그것과 마찬가지로, 우리 주님은 때때로 우리를 잠시 동안 홀로 내버려 두고, 주님의 은총과 위로와 위안을 거두어들이신다. 우리가 일을 잘하는 데서 아무런 기쁨도 맛보지 못하도록 그리고 우리 마음의 흥미가 사라지도록 말이다. 하지만 바로 그 순간에도 우리 주님은 우리를 덜 사랑하시는 게 결코 아니다. 오히려 우리를 향한 크신 사랑 때문에 그런 일을 하시는 것이다.10

놀이는 격렬하면서도(성냥갑 자동차와 블록 몇 개를 갖고 노는 네 살짜리 아이를 봐라!) 동시에 해방적이다. 우리는 놀이의 일시적 특성을 통해서 정답에 대한 강박관념으로부터 자유로워지고, 뭔가를 쟁취하고 성취하고픈 욕구에서 자유로워지며, 온갖 걱정근심으로부터도 자유로워진다. 놀이의 소재를 풍부하게 제공해 주는 상상력으로 말미암아, 우리는 믿을 수 없을 만큼 풍요로워진다. 모든 것이 대단히 중요하다 — 그러면서도 조금도 중요하지 않다. 게다가 진짜 놀이에 참여할 때에는 자신을 완벽하게 방어하기가 힘들다. 그러므로 놀이는 우리의 가면을 벗고 자신을 알리는, 즉 고전적 영성 용어로 표현하자면, **자기를 드러내는** 훌륭한 방법이기도 하다. 놀이는 우리가 긴장을 풀게 해주고, 경계선을 허물도록 도와준다. 영성지도에서 놀이는 개인적 우상이 되어 버렸던 상징들을 버릴 수 있도록 친절하게 도와준다. 더 나아가, 놀이는 그 동안 목적을 수행해 왔던 장애물과 모래성들을 — 좀 더 일찍 — 무너뜨릴 만한 활기를 불어넣어 줄 수도 있다.

따라서 놀이는 영성지도의 진지한 업무 속에서 실제적인 자리를 차지한다. 그리고 나는 놀이를 소개할 만한 좋은 방법을 찾기 위해 노력하고 있다. 이것은 관대한 참을성을 필요로 한다. 일부 피지도자들은 "참회의 숙제"도 언짢게 여기지 않으면서 — 오히려 환영하기까지 하면서 — 놀이의 가능성에 대해서는 깜짝 놀라고 만다. 한번은 앨리스에게 하나님이 그녀 안에서 기뻐하실 수 있는 방법을 세 가지 이상 열거해보라고 권했다. 그런데 그녀는 단 한 가지도 생각이 나지 않는다고 단언했다. 운동을 떠올리는 것마저도 그녀에게는 뻔뻔스러운 일처럼 여겨졌다. 그래서 나는 시편 18편 중반부에 들어 있는 말씀을 그녀에게 상기시켜 주었다. "이렇게 나를 좋아하시는 분이시기에, 나를 넓고 안전한 곳으로 데리고 나오셔서, 나를 살려 주셨다."(19절) 나는 그녀가 생각을 가지고 놀 수 있도록, 아무리 사소하고 하찮은 것처럼 여겨질지라도 머릿속에 일단 떠오른 것은 뭐든지 주의를 기울일 수 있도록 격려해 주었다. 다음 시간에 그녀는 미소를 지으면서 발표했다. 자신의 테니스 경기 속에서, 자신의 즐거운 음성 속에서, 그리고 자신이 파트타임으로 일하면서 대학 공부를 끝마칠 수 있었다는 사실 속에서 하나님이 기뻐하실 것이라고.

그레이스의 경우는 좀 더 힘들었다. 그녀는 — 너무도 단호하게 — 가족을 위해서만 살고 있었다. 혼자서 뭔가를 한다면 과연 무엇을 할 것인지 한 번 계획을 세워보라고 권하자, 그녀는 화를 내면서 거절했다. "그럼 내 가족이 죽었다고 상상해 보라는 말씀이세요?" 하고 그녀가 물었다. 그러한 거절은 그녀의 하나님 상에 관하여 많은 것들을 가르쳐 주었다 — 그리고 그녀의 가족에 대한 실제의 감정도. 아직까지도 그녀에게 시편 18편을 읽어 보라고 권할 만한 엄두가 안 난다.

때로는 나 자신이 조심스럽게 놀이를 시작하는 게 도움이 되기도 한다. 피지도자가 나를 따라하도록 강요받는 느낌이 들지 않게, 그저 자유롭게 자신의 음성과 이미지를 발견할 수 있도록 도와주면서 말이다. 이것은 구성원들이 안전하고 경건하고 상투적인 언어에 푹 빠져있는 그룹의 경우 아주 효과적인 것으로 드러났다. 한번은 어느 여성 그룹과 함께 작업을 하면서, 하나님 이름과 우리 이미지에 관한 생각을 가지고 한 번 놀아 보자고 제안하였다. 모두들 "사랑받는 자녀", "신실한 종"을 넘어서지 못하고 힘들어했다. 그래서 내가 이렇게 말했다. "있잖아요, 나는 하나님이 나를 작은 회색 당나귀로 생각하시는 것 같아요. 열심히 일하고, 아주 믿을만하지만, 끔찍하게도 고집이 센 당나귀 말이에요." 한바탕 웃음소리가 울려 퍼지고 난 뒤, 별별 이미지들 — 강력하고, 웃기고, 신랄한 이미지들 — 이 넘쳐났다. 그렇게 우리는 자신을 드러내고 있었던 것이다.

영성지도에서 놀이를 거부하는 피지도자들은 보통 자아상이 빈약한데다가 모든 것을 "영성화"시키려는 성향을 지니고 있다. 다시 말해서 그들은 일상생활의 냉엄한 현실을 회피하고 싶어서, 모든 현실과 동떨어진 경건한 대화를 기대하고 나를 찾아오는 것이다. 『무지의 구름』의 저자는 지독한 유머를 통해서 그런 경건의 과시를 꼬집는다. "때때로 그들의 눈은 죽음을 앞둔 상처 입은 양의 눈 같다." 그리고 그는 극단적인 것들과 기이한 것들을 피하라고 권유한다. "수수한 용모, 차분하고 침착한 태도, 기분 좋은 솔직함이 훨씬 더 낫다."11

여기에서 영성지도자는 일상적인 것들을 정화하고 타고난 천성을 회복하도록 도와줄 수 있다. "기분 좋은 솔직함"은 지시를 내리는 것보다 본보기를 통해 더 잘 배울 수 있으므로, 영성지도자는 우선 자기 자신에게서 신화적 요소를 제거하는 것으로부터 시작할 수가 있다. 만일 성직안수를 받은 영성지도자라면, 지나치게 영적인 사람들을 만날 때에는 성직자 가운 대신 평상복 차림을 하는 것도 괜찮다. 이것은 기도 생활을 지금 여기의 사소한 일들과 연결시켜 주므로, 현명하게 자기를 노출할 수 있는 좋은 기회가 되기도 한다. 때로는 피지도자에게 나 역시 식료품 가게에 가서 장을 보거나 치과에 다닌다는 사실을 알려주는 것도 도움이 된다. 예전에 내 딸이 슈퍼마켓에서 유치원 선생님을 발견하고 깜짝 놀라던 일이 생각난다 — 딸아이는 패트 선생님이 보통 사람들처럼 장을 보고, 요리를 하고, 음식을 먹는다는 것을 상상조차 할 수 없었던 것이다. 그러므로 피지도자와 작별인사를 나눌 때 약간의 현실적인 잡담을 나누는 것도, 피지도자가 나 역시, 패트 선생님처럼, 평범한 사람에 불과하다는 사실을 기억하는 데 큰 도움이 될 수 있다.

좋은 교사는 학생의 한계를 잘 안다. 이것은 타이밍에 아주 민감할 것을 요구한다. 언제 말을 하고 언제 침묵을 지켜야 할지 알아야 하는 것이다. 가르침을 지시로 바꾸고픈 유혹도 생긴다. 하지만 우리는 사람들에게 뭔가를 말해 주려고, 또는 그들이 스스로를 분석하도록 도와주려고 존재하는 것이 아니다. 오히려 우리는 문자 그대로 **교육하기** 위하여, 즉 그들이 이미 존재하는 것을 발견하도록 돕기 위하여 존재한다. 분별 작업은 저마다 차이가 난다. 이제 막 세례를 받은 사람, 아직 전향 경험의 행복감에 젖어 있는 사람은, 제도적 교회에 관해 어느 정도 냉소벽을 지니고 있고 복잡한 신학적 용어들을 알고 있는 3년차 신학생들과 아주 다르게 대해야 한다. 초심자들에게는 기꺼이 기쁨을 공유해줄 만한, 그리고 너무 서둘러 몰아치지 않을 만한 사람의 부드러운 후원이 필요한 반면, 신학생들에는 지적, 추상적 개념 뒤에 숨지 않도록 자극을 줄 필요가 있다. 초심자들에게는 적합하지 않겠지만, 신학생들의 경우엔 어느 정도 혹독한 접근을 좋아할 수도 있다.

영성지도를 받기 위해 처음 찾아오는 사람들은 종종 이런 말을 한다. "무슨 일이 있어도 제가 도망치지 못하도록 도와줄 수 있는 사람, 강인한 사람이 필요해요. 그저 친절하게만 대하는 사람은 싫어요." 이런 말을 처음 들었을 때 나는 속으로 무척 떨면서 생각했다. "이 사람은 나를 꿰뚫어볼 수 있고, 내가 철저히 무기력한 겁쟁이 아니면 새끼 고양이에 불과하다는 사실을 잘 알고 있는, 강한 사람이야. 내가 아는 사람들 가운데 **정말로** 강인한 사람은 누구일까?" 하지만 똑같은 요구를 수십 번, 아니 수백 번 듣고 나니, 이제는 그런 허세 뒤에 숨은 상처 입은, 망설이고 있는 구도자를 더 잘 볼 수 있게 되었고, 또 이 사람이 하나님의 사랑을 하찮게 여기고 있다는 사실을 알게 되었다. 얼마 전 나는 진을 처음 만났는데, 그녀는 모든 것을 다 가진 것처럼 보이는 매력적인 여성이었다: 직업적인 성공, 안전한 결혼생활, 멋진 자녀들. 그녀의 태도는 다정하면서도 활기찼고, 그녀의 언어는 정확했다. 그녀는 무슨 일이 있어도 도망치지 못하도록 자기를 자극하고 대응해줄 만한 영성지도자를 소개해 달라고 부탁했다. (또 그런 말을 듣게 되다니!) 나는 위험을 감수하기로 작정하고, 잠시 후 이렇게 물었다. "진, 어째서 온화함을 두려워하세요?" 그러자 그녀의 눈에 눈물이 맺히더니, 말없이 고개를 저었다.

하지만 영성지도자는 온화함과 솔직함을 함께 지니고 있어야 하며, 피지도자로부터 헌신과 힘든 작업을 기대해야 한다. 좋은 교사는 책임을 져야 한다. 어떤 주제든지, 우리가 혼자보다는 교사와 함께 할 때 더 잘 배우게 되는 이유가 바로 그것이다. 그러나 이 책임은 상호적인 것이어서, 공포나 억압이 끼어들 여지가 전혀 없다. 나는 피지도자에게 관심과 신중을 기울이고, 그 사람을 위해 기도를 해줄 책임이 있다. 그리고 그 사람은 관계를 진지하게 받아들이고, 영성지도자가 주는 시간과 관심의 선물을 존중하며, 가장 나은 자아, 가장 진실한 자아를 그 작업에 투입할 책임이 있다.

좋은 교사는 언제나 희망적이다. 나는 현대의 세속적 교육이 그토록 엄격한 것은, 그것이 아무런 영매도 진정으로 기대하지 않는, 사랑이 없는 사업이기 때문이라고 확신한다. 그것과 달리 교사-영성지도자는 피지도자에 대한 희망으로 부풀어 있다. 전혀 가망이 없을 것 같은 때라도 성장과 변화의 잠재력을 바라보고 기꺼이 결실을 기다린다. 어둠의 시기에도 그의 고요한 희망이 피지도자를 지탱해준다. 이것은 고통과 악에도 전혀 움츠러들지 않고, 결국은 모든 게 좋아질 것이라고 확신하고 있었던 노위치의 줄리안처럼, 희망에 찬 모습이다. 하나님은 이렇게 말씀하지 않으셨다:

> 너는 아무런 문제도 겪지 않을 것이고, 아무런 공격도 당하지 않을 것이며, 아무런 혼란도 겪지 않을 것이다. 오히려 하나님은 이렇게 말씀하셨다: 너는 정복되지 않을 것이다. 하나님은 우리가 이 말씀에 주의를 기울이길 원하신다. 하나님은 우리를 사랑하시고 우리 안에서 기뻐하시기에, 우리가 행복하든지 불행하든지 늘 신실한 믿음 안에서 강해지길 바라신다. 또 하나님은 우리가 하나님을 사랑하고, 하나님 안에서 기뻐하며, 하나님을 굳게 믿기를 바라신다. 그리고 우리 모두가 잘 되기를 바라신다.12

그레고리우스 교황은 자신의 설교문에서, 예수님은 희망을 심어 주시고 지탱해 주시는 교사라고 묘사한다. 그는 텅 빈 무덤에서 막달라 마리아가 보여 주었던 참을성에 관한 요한의 기사에 대해, 다음과 같이 감동적으로 이야기한다.

> 왜 그녀는 다시금 몸을 굽혔을까? 어째서 한 번 더 무덤 속

을 들여다보고 싶었을까? 사랑하는 사람은 한 번 들여다보는 것만으로 결코 충분치 않다. 사랑의 강렬함이 사랑하는 사람으로 하여금 찾는 걸 포기하도록 내버려 두지 않기 때문이다. 마리아는 한 번 찾아보았으나 아무 것도 발견하지 못했다. 그래도 그녀는 끈기 있게 찾아다녔고, 결국은 예수님을 발견하였다.13

피지도자들은 무덤이 텅 비어 있다는 것을 "알고" 있으면서도 얼마나 자주 텅 빈 무덤을 들여다보는가? 이것은 영성지도자의 인내를 요구하며, 영성지도자는 피지도자가 지금으로서는 올바른 장소에 있다는 사실을 알아야 한다. 비록 생명이 없고 헛된 것처럼 보이는 곳에서 꾸물거리는 것이 고통스러운 일이긴 하지만 말이다. 우리는 "그것"이 무엇이든지, 그것을 서두르려는 경향이 있다. 우리는 둘 다 그 무덤이 텅 비어 있다는 사실을 알고 있다. 그래서 이제 그만 나가자고 성화를 부린다! 하지만 이곳의 제자는 현명하게도, 자신이 무엇을 해야 하는지 잘 알고 있다. 그녀는 꾸물거린다. 한 번 더 들여다보기 위해 몸을 굽힌다. 그리고는 마침내 "예수님을 발견하게 된다."

막달라 마리아를 보면 내 친구 엘렌이 생각난다 — 감히 그 친구를 피지도자라고 부르지는 않겠다. 내가 그녀의 선생님인 것만큼 그녀도 나의 선생님이기 때문이다. 그녀는 90대가 되어 죽음이 가까워졌다는 것을 알고서, 마리아처럼 참을성 있게 텅 빈 무덤을 들여다보고 있는 중이다. 그녀는 죽음을 두려워하지 않지만, 구도자의 삶이 끝난 후에도 하나님의 임재를 인식할 수 있기를 갈망하고 있다. 한때 나는 상대적으로 젊은 사람의 그릇된 지혜와, 내 분별력에 대한 나름대로의 자신감을 갖고서, 그녀는 지금 곤경에 빠져 있으므로 헛된 추구에서 구해 줘야만 한다고 생각했었다. 어떻게 그녀가 하나님의 사랑을 의심할 수 있단 말인가? 어떻게 더 많은 걸 바랄 수 있단 말인가? 하지만 나는 텅 빈 무덤을 들여다보는 행위의 충실성을 존중할 줄 알게 되었고, 그녀 옆에 (그리고 조금 뒤에) 서있는 내 위치를 지킬 줄 알게 되었다. 그녀는 하나님을 찾아 헤매고 있다. 아직은 하나님을 발견하지 못했지만, 기꺼이 계속해서 기다리고 찾아다닐 것이다.

그레고리우스 교황은 교사로서의 예수님의 정체성이 지니는 중요성을 다음과 같이 상기시켜 준다.

> 마리아는 자기 이름을 부르시는 소리에 자신의 창조주를 알아보고, 즉시 그분을 "**라부니**"라고 불렀다. **그것은 선생님이라는 뜻이다.** 외적으로는 그분이 그녀가 찾고 있던 분이었지만, 내적으로는 바로 그녀에게 그분을 찾으라고 가르치신 분이었다.14

텅 빈 무덤에서 마리아에게 모습을 나타내신 예수님은 우리에게 그분의 교육 목표, 그리고 사실상 모든 영성지도자들의 교육 목표를 강력하게 상기시켜 주신다. 그분은 "내적으로는 바로 그녀에게 그분을 찾으라고 가르치신 분이었다." 이와 마찬가지로, 우리의 진정한 임무는 정보를 전달하거나 피지도자의 생활방식에 변화를 일으키는 것이 아니다. 물론 이런 목표도 바람직하긴 하지만 말이다. 우리의 임무는, 그리스도를 본받아, 우리를 찾아오는 이들에게 그분을 찾으라고 내적으로 가르쳐주는 것이다. 그러므로 텅 빈 무덤에서 마리아가 드린 기도, 그리고 사실상 영성지도의 직무에 종사하는 모든 이들의 기도가, 다음과 같은 줄리안의 기도인 것은 당연한 일이다.

> 선하신 하나님, 저에게 당신을 주시옵소서. 저는 당신만 있으면 됩니다. 오직 당신께 전심으로 기도할 수 있기만을 간구합니다. 다른 것을 간구하면 늘 부족하겠지만, 당신만 있으면 무엇이든 가질 수 있습니다.15

좋은 교사는 질문을 던진다. 하지만 그 질문은 올바른 것이어야 한다 — 문을 활짝 열어, 피지도자가 뻗어나가고 성장할 수 있게 해주는 질문이어야 한다. 물론 호기심에서 질문을 하거나, 분위기가 불편해질까봐 침묵을 메우기 위해 질문을 하는 사람은 아무도 없다. 하지만 때로는 뭔가를 분명히 할 필요가 있다. 그럴 때에는 부드러운 질문이 영성지도자와 피지도자 둘 다에게 도움이 될 수 있다. "그것에 관해 좀 더 말해 줄 수 있겠어요?" "그게 무슨 뜻인지 예를 좀 들어 주실래요?" 나는 요즘 그런 식으로 명확히 해야 할 질문이 필요한 진술을 분간해내는 방법을 익히고 있는 중이다. 특히 피지도자가 고통스러운 소재를 맞닥뜨리거나, 인식의 새로운 단계에 들어서려고 할 때에는, 암시를 주거나 약간의 정보만 제공해 주어도 이야기가 분리된 것처럼 보인다. 마치 피지도자가 이렇게 말하는 것처럼 말이다. "거기에서 뭔가를 빼먹었어요. 지금 무슨 말을 하고 있는지 저도 모르겠어요. 선생님이 그것에 관해 질문 좀 해주실래요?" 명확히 하기 위한 질문은 결코 조사를 하거나 심하게 공격하는 것이 아니다. 그저 이렇게 말하면 된다. "지금 한 말을 이해하기 쉽게 좀 도와주세요. 그러니까……라는 뜻인가요?" 영성지도의 직무에는 정답이란 게 없다. 단지 좀 더 명확한 비전과 좀 더 심오한 질문만 있을 뿐이다.

영성지도의 중심에서 신비를 인식할 때, 좋은 교사는 피지도자가 자신의 문제를 발견하고 포용할 수 있도록 격려해준다. 시인 릴케의 『젊은 시인에게 보내는 편지』는, 표면상으로는 창조적 과정에 관한 것이지만, 영적 고전으로서의 가치도 뛰어나다. 그것은 분별과 자기를 아는 것에 관하여 믿을 수 없을 만큼 단순하게 기록한 책이다. 네 번째 편지에서 릴케는 독자에게 다음과 같이 권유한다.

> 당신의 마음속에서 풀리지 않는 문제들에 대해 인내하고, 그 문제들을 문이 잠긴 방처럼, 전혀 모르는 외국어로 쓰인 책처럼 사랑하려고 노력하십시오. 해답을 찾으려고 하지 마십시오. 당신은 그 해답을 실천할 수가 없기에, 해답을 얻을 수도 없을 것입니다. 중요한 것은 모든 걸 실천하는 것입니다. 바로 지금 그 질문들을 실천하십시오.16

질문을 사랑한다는 것은 곧 그것에 훨씬 더 깊이 몰두하는 것, 그것을 떠나보내는 것, 그리고 위험을 감수하는 것이다. 그것은 "전혀 모르는 외국어로 쓰인 책"을 번역하기 위해 투쟁하는 것이다 — 그리고 그 투쟁을 사랑하는 것이다. 또 질문을 실천한다는 것은 곧 텅 빈 무덤 속을 참을성 있게 들여다보는 것이다. 그러니, 영적 확신의 신속한 해결을 바라고 우리를 찾아오는 피지도자들은 무척 실망하고 말 것이다.

좋은 교사는 기꺼이 과정을 평가하고, 또 그럴 수 있다. 물론 영성지도에는 딱히 정답이랄 게 없고, 성적이 기재된 통지

표가 있는 것도 아니다. 하지만 피지도자들은 — 적어도 부분적으로는 — 자신이 처한 상황을 판단하기 위해 우리를 찾아온다. 자신이 영적으로 어디만큼 가 있는지, 어떻게 거기까지 갔는지, 그리고 다음 단계는 무엇인지를 이해하려고 애쓰면서 말이다. 전 뉴욕 시장처럼, 우리도 모두들 "나는 지금 어떤가?"를 묻고 싶어 한다. 그러나 우리의 본성은 자기기만으로 기울기 쉽기 때문에, 평가를 위해서는 다른 사람의 도움이 필요하다.

영성지도자는 어느 때 평가를 해야 할까? 나는 이론상으로는, 일단 관계가 잘 확립되고 나면 정기적으로, 아마도 3개월에 한 번씩, 상호 평가를 하는 게 좋다고 생각한다. 하지만 실제로는, 실용적으로, 그리고 종종 직관적으로 작업하는 편이다. 때로는 피지도자 쪽에서 이렇게 물을 때도 있다. "뭐가 보이세요? 어떻게 생각하시는지 좀 가르쳐 주세요." 이런 요구를 해오기까지는 굉장히 많은 노력이 필요하다. 둘이서 충분히 오랫동안 작업을 해왔고, 그래서 내가 건설적으로 반응할 수 있을 만큼 충분히 강해졌을 때, 그런 요구를 해올 수 있기 때문이다.

때때로 피지도자가 곤경에 빠져 있는 것 같을 때, 텅 빈 무덤을 끈기 있게 들여다보는 게 아니라 그저 밋밋하게 서있는 것처럼 보일 때, 나는 평가를 해준다. 어쩌면 피지도자는 충실성이 부족하게 느껴지는 정체기에 들어섰는지도 모른다. 용기를 잃어버린 피지도자는 마치 뒤로 미끄러지는 것 같이 느껴질 것이다. 그럴 때에는 그 동안 피지도자가 이룬 성장과 변화에 대해 최대한 세밀하게 평가해 주는 것이 좋다. 이러한 평가는 정직하고 현실적인 것이어야 한다. 피지도자의 기분을 좋게 해

주기 위한 것이 아니라, 유익한 평가를 제공해 주기 위한 것이기 때문이다.

때로는 평가가 고통스러울 때도 있다. 헬레나와 함께 여러 달 동안 작업을 한 끝에, 나는 그녀와 여성 성직자들의 관계에서 질투 비슷한 것을 발견하였다. 헬레나는 직접 성직안수를 받고 싶은 열망이 강했지만, 그녀의 교구가 그 과정을 거부했다. 우리가 처음 만났을 때, 그녀는 자기 교구의 여성 목사보에 관해 굉장히 열정적이었는데, 나중에는 그러한 추종이 거친 비판으로 변해 버렸다. 헬레나는 결국 다른 교구로 옮겼고, 그곳에서도 그런 과정이 반복되었다. 헬레나가 또다시 교구를 바꿀 작정이라고 말했을 때, 그리고 (마치 새로운 화제를 꺼내듯이) 젊은 여성 보조자가 설교에 서툴러서 이야기를 나누기가 **몹시** 힘들다고 불평하였을 때, 나는 지금이야말로 평가를 해주어야 할 때라는 것을 알았다. 헬레나는 그 뒤로 교구를 옮기지 않았다. 그녀는 이제 여성 성직자의 능력과 결함에 대해서 좀 더 현실적인 평가를 할 수 있게 되었다. 그리고 자신의 실망이 얼마나 컸는지, 그것이 자신과 타인의 관계에 얼마나 큰 해를 미칠 수 있는지에 대해서도 훨씬 더 잘 알게 되었다.

평가는 심오한 종교적 경험을 하고 난 뒤에도 그것을 밝히길 주저하는 사람들에게 특히나 더 환영을 받는다. 나는 영성지도를 하면서도 하나님에 관한 대화, 특히 하나님의 내재성 의식에 관한 대화를 나눌 때마다, 우리의 경계심 때문에 놀라게 된다. 제프는 영성지도자를 추천받으려고 나를 찾아왔다. 그는 현실적이고, 솔직하고, 굉장히 안정적인 사람이었다. 하지만 그와 대화를 나눠 보니, 그가 신비한 경험들을 은사로 받았고 그것에 관해 말하는 걸 두려워하고 있다는 게 확실히 보였다.

어쩌면 완전히 실성한 사람이나 괴짜처럼 비쳐질까 봐 두려웠던 것이리라. 마침내 나는 이렇게 말했다. "당신은 무척이나 축복 받은 사람처럼 보이네요. 수많은 사람들이 하나님을 가까이에서 경험한 당신을 부러워할 거예요." 그는 깜짝 놀란 것 같더니, 안심의 미소를 띠면서 내게 말했다. "그러면 그 무서운 M단어 — 신비한(mystical) — 을 입 밖에 내도 안전하겠네요." 그는 여전히 자기만의 비밀을 아주 조심스럽게 간직하고 있다. 그런 점으로 보아 그의 신비적 성향은 아주 건전하고 순수한 것 같다. 그 후로 "M단어"라는 말은 우리 사이에 일종의 암호 같은 표현이 되었다.

좋은 교사는 상처를 입기 쉽다. 좋은 교사는 부분적으로 치유된 자신의 상처와 흉터를 안고 있으며, 그것을 자신의 은사로 여긴다. 헬렌 켈러의 스승인 애니 설리번은 아주 좋은 모델이다. 애니는 헬렌과 함께 작업을 시작할 때, 아직 어리고 심각한 장애가 있었다. 하지만 그 장애 덕분에 그녀는 오히려 고립된 아이에게 다가설 수 있었고, 켈러 가족의 "모든" 구성원, 즉 "건강한" 구성원들이 결코 할 수 없었던 요구를 할 수 있었다. 헬렌에게 이 여인의 이름은 "선생님"이었다.

우리도 영성지도 작업을 시작할 때 나이가 적거나 영적으로 어려서 불완전한 비전 때문에 괴로워한다면, 애니 설리번과 똑같은 처지라고 말할 수 있을 것이다. 이런 직무에 대한 우리의 은사를 부인하고픈 유혹이 일고, 언젠가는 우리가 준비를 갖출 것이라는 — 강하고, 흠 없고, 현명해질 것이라는 — 기대 하에 마냥 기다리고픈 유혹이 인다. 그러면 여러분이 영성지도자가 될 준비를 끝마쳤는지 아닌지, 어떻게 알 수 있을까? 가장 뚜렷한 증거는 사람들이 여러분을 찾아오기 시작한다는 것, 와서 가장 심각한 걱정거리들을 털어놓고, 여러분과 함께 있는 동안에는 자신의 가면을 기꺼이 벗어던진다는 것이다. 이것은 자칫 무모한 경험일 수도 있다. 만일 이것이 **지나치게** 즐겁다면 경계해야 한다. 영성지도자는 겸손해야 한다는 것, 즉 사물의 커다란 질서 속에서 자신이 차지하는 낮은 자리를 알아야 한다는 것은, 아무리 강조해도 지나치지 않을 것이다. 진정한 겸손을 갖추고, 나아가 자신만의 영성지도자를 모신다는 안전장치가 있다면, 아무리 머뭇거리는 초심자라도 그 직무의 기술을 점점 더 많이, 깊이 익히게 될 것이다.

좋은 교사는 늘 배운다. 좋은 교사는 기꺼이 자신을 나누어주며, 자신이 피지도자와 똑같은 길을 걸어왔고 지금도 그 길을 걷는 중이라는 사실을 기꺼이 인정한다. 구루의 역할이 무척 유혹적이긴 하겠지만, 여러분이 이미 목표에 도달했다고 생각하는 사람들 사이에서 산다는 것은 매우 부담스러운 일이다. 나는 대학 교수로 있던 젊은 시절, 다음과 같이 말하면서 만끽할 수 있었던 자유로운 기분을 아직도 잊지 못한다. "솔직히 나도 잘 몰라요. 한 번도 이 문제에 관해 생각해 본 적이 없거든요. 하지만 함께 점검해볼 수는 있을 거예요." 그 날은 바로 내가 교수이길 그만 두고 교사가 된 첫 날이었다.

세미나와 영성지도 시간에 교사가 배우길 그만 둘 경우에는 커다란 위험이 뒤따른다. 교사-학생 관계의 상호성이 사라져 버리는 것이다. 그렇게 되면 한 사람은 늘 소유하고 나눠주기만 하는 반면, 다른 한 사람은 늘 텅 빈 채로 받기만 한다. 앨레드의 지적처럼, 교류에는 순환성이 존재해야 한다. "그러므로 자유롭게 말하고, 네 모든 관심과 생각을 네 친구에게 쏟아라. 그러면 둘 다 배우고 가르칠 수 있으며, 둘 다 주고받을 수 있고, 둘 다 뱉어내고 들이마실 수 있다."17 스스로 배우는 교사는 언제나 타인이 경험하고 있는 것을 인식하고, 학생의 위치에서는 어떻게 보이는지를 잘 안다. 교단에서 몇 년을 보낸 후, 피아노 레슨을 다시 시작한 것은 나에게 무척이나 계몽적인 경험이었다. 그야말로 나이 오십에, 교탁 뒤의 권위 있는 교사 자리에서 내려와 나이 어린 신학생들과 함께 하는 것이 과연 어떤 것인가를 어렴풋이 알려주는 경험이었던 것이다!

좋은 교사는 (좋은 부모처럼) 성숙을 위해 교육한다. 부모들은 더 이상 자기가 필요하지 않을 때에도 자기 일을 훌륭히 잘 해낸다. 영성지도에서도, 처음에는 계급적이었던 관계가 나중에는 친밀한 영적 우정으로 바뀔 수 있다. 이것은 뭔가가 잘못되었다는 신호가 절대 아니다. 오히려 변화된 관계를 인정하고 축하해 주는 것이 중요하다. 하지만 둘 사이의 우정은 지속된다 할지라도, 결국 피지도자는 새로운 영성지도자를 찾을 필요가 있다. 친구들 간의 상호 협력은 결코 먼발치에서 성실하고 주의 깊게 관심을 기울여 주는 영성지도자를 대신할 수 없기 때문이다.

기도 선생님

영성지도의 목적은, 지난 날 토마스 머튼이 교육의 목적에 관하여 주장했던 것 — 우리가 세상과의 관계 속에서 우리 자신을 확실하게, 그리고 자발적으로 정의내릴 수 있도록 돕는 것 — 과 아주 비슷하다.18 영성지도는, 사람들이 세상과의 관계 속에서 뿐만 아니라 **하나님과의** 관계 속에서도 자신을 정의

내릴 수 있는 방법을 발견하도록 도와주는 것이다. 그것은 어떻게 보면 거창하고 애매모호한, 평생에 걸쳐 완수해야 할 임무처럼 들린다. 하지만 이러한 틀 속에서 영성지도자는 특별한 방법을 통해 도우라고, 거의 전통적인 방법을 통해 가르치라고 부름 받은 사람이다.

사람들에게 왜 영성지도자를 원하느냐고 물어보면, 가장 자주 듣게 되는 대답이 바로 기도와 관련된 것이다. "저는 기도에 관해 도움이 필요해요." "제 기도 생활을 심화시키고 싶어요." "기도를 더 잘하는 방법을 배우고 싶어요." 그들은 자신이 충분히 기도하지 못하고 있다고 생각한다. 그래서 자신의 잘못을 꾸짖거나 용서해주길 원한다. 하지만 더 중요한 것은, 어쨌든 그들이 자기는 올바른 방법으로 기도하지 못하고 있다고 느낀다는 것이다. 그들은 올바른 기도 방법이나 비밀스런 레시피가 따로 있다고 생각한다. 그리고 그런 것들을 인식적으로 배울 수 있는 뭔가가 있을 거라고 생각한다.

완벽한 기도 선생님인 『무지의 구름』과 『비밀 상담서』 저자는, 우리가 지금 "향심기도"(centering prayer)라고 알고 있는 것의 강력한 예를 제시해 준다. 또한 그는 상이한 기질과 욕구들이 존재한다는 것, 따라서 올바른 기도 방법이 딱 한 가지만 정해져 있지는 않다고 하는 점을 인정하는 것 같다.

> 마음에 내키지 않을 경우엔 소리 내어 기도하지 마십시오. 혹 소리 내어 기도하게 되더라도, 말수가 많냐 적냐 하는 것에는 절대 신경 쓰지 마십시오. 어떤 종류의 기도인가에 대해서도 걱정하지 마십시오. 공식적인 예배 기도냐, 찬송가냐, 성가냐, 교창이냐 하는 것은 전혀 중요치 않습니다. 특별한 목적을

위한 것인지, 아니면 일반적인 목적을 위한 것인지도 중요하지 않습니다. 기도를 마음속으로만 생각하느냐, 아니면 큰 소리로 표현하느냐 하는 것도 전혀 중요하지 않습니다.19

본질적인 것이 있다면 오직 하나, "하나님을 향한 노골적인 의지"다. 기도 선생님인 영성지도자는 이것을 마음속 깊이 명심해야 한다. 나는 내 자신의 이미지에 맞게 피지도자들을 고치려고 해서는 안 된다. 지금 나에게는 옳은 방법이, 다른 누군가에게는 옳지 않은 방법일 수도 있다. 우리는 자신의 방법을 모든 사람들에게 처방하고픈 유혹을 자주 받게 된다. 특히 우리 자신의 기도가 잘 될 경우는 더더욱 그렇다.

기도에 관한 책들이 도움이 될 수는 있겠지만, 그런 책들은 주의 깊게 골라야 한다. 기도에 **관한** 독서가 기도 그 자체를 대신하는 일이 생길 수 있기 때문이다. 더욱이 대부분의 피지도자들은, 우리가 적절하지 않은 책을 권하더라도 무작정 순종적으로 읽고서 받아들이려 애쓸 것이다. 심한 경우에는, 그 책이 제안한 대로 따르지 **못하는** 것 때문에, 자신의 불순종에 대해 죄책감을 느낄 수도 있다. 그렇게 되면 그들의 고통을 덜어주기는커녕, 불완전감과 실패감만 더 키워주게 될 것이다.

기도에 관해 가르치는 일은 언제나 분별 작업과 연결된다. 비록 진 빠지고 힘들어 보이긴 하지만 한 가지 기도 방법을 고수하라고 권할 것인가, 아니면 완전히 새로운 접근을 시도해야 할 시기인가? 때로는 전혀 효과가 없는 것 같이 보여도, 오히려 그것이 곧 진보할 것이라는 증거가 되기도 한다. 또 때로는 전혀 효과가 없을 경우, 피지도자가 자기에게 맞지 않은 방법을 고집하고 있으므로 더 멀리 뻗어나가고, 성장하고, 위험을 감수하라고 격려해 줘야 할 때도 있다.

때로는 적을수록 좋다. 영적인 과식은 위험하다. 특히 최근의 전향 경험으로 인해 영성지도를 받으러 온 사람이거나, 내 영국인 친구 자넷이 "작은 책"이라고 부르는 것에 중독된 사람일 경우에는 더더욱 위험하다. 기도에 관한 책들로 우리 책장을 가득 채우는 것은 기도 그 자체를 대신하는 불충분한 대용품에 불과하다. 다른 사람들의 영성생활 레시피에만 몰두하는 것은 기도를 미루려는 그럴싸한 핑계에 불과하다. 그러므로 신실함과 단순함이라는 처방이 가장 적절하다. 최근에 한 신학대학원생이 내게 이런 이야기를 해주었다. 예전에 그녀가 나에게, 지나치게 양심적으로 공동체 예배에 참석하는 것이 오히려 그녀 자신의 풍요로운 관상기도 생활을 메마르게 하고 있다고 털어놓자, 그러면 잠시 동안 예배실을 떠나 있으라고 내가 권했다는 것이다.

나는 특별한 지시를 내리기보다는 권유하는 걸 더 좋아한다. "이렇게 해볼 수도 있겠지요." 또는 "이런 게 나한테는 도움이 되었어요." 이런 말들은 보통 새로운 접근 방법을 권유하기에 충분하다. 위에서 살펴본 것처럼, '기도'(pray)와 '놀이'(play)의 관계는 너무도 가까워서 결코 그냥 간과할 수가 없다. 피지도자는 자신의 개인적인 하나님 상을 탐구하도록 격려를 받을 수 있다. 이것은 특히 일반적으로 받아들여지고 있는 예배 언어들이 지나치게 가부장적이라고 생각하는 사람들에게 자유를 안겨준다. 홀로 기도하는 가운데 자기 자신의 하나님 상과 하나님 칭호를 자유로이 발견할 수 있다는 사실, 그리고 실은 자기가 아주 훌륭한 집단에 속해 있다는 사실을 그들이 확신하게 만드는 데에는 어느 정도 시간이 걸린다. (줄리안의 "우리 어머니 예수님"과 아빌라의 성녀 테레사의 "폐하"에 대해서 생각해 볼 필요가 있다.)

도저히 기도할 만한 시간이 안 난다고 말하는 피지도자들에게 우리는 새로운 장소와 시간을 발견해 내라고 권할 수 있다. 내가 가장 좋아하는 거룩한 장소를 두 군데 들자면, 바로 지하철과 부엌이다. 비록 두 군데 모두 영적으로 텅 빈, 소비적인 공간으로 여겨질 수 있지만, 지하철은 우리가 상처 입은 그리스도의 시선에서 벗어날 수가 없는 곳이므로, 중보기도를 하기에 딱 좋은 장소다. 또한 부엌에서 이루어지는 반복적인 작업도 예수기도에 의해 거룩해질 수가 있다. 우리는 피지도자들에게, 길거리를 걷는 동안에, 도서관에서 책을 펴기 전에, 또는 육체노동을 하는 동안에 기도를 해보라고 권할 수 있다. 한 동료는 내게 말하기를, 자기는 매일 30분씩 달리기를 하면서 향심기도를 드린다고 했다.

길은 얼마든지 있다 — 이냐시오의 방법대로 풍부한 상상력을 발휘하여 기도하거나 또는 『무지의 구름』 저자를 따라 무심상 기도를 해도 되고, 성화상과 십자가상과 양초와 묵주의 도움을 받아 기도해도 된다. 서서 기도하거나 앉아서 기도해도 되고, 무릎을 꿇고 기도하거나 엎드려서 기도해도 된다. 일기를 쓰면서 기도해도 되고, 예수기도를 묵상하면서 기도해도 된다. **거룩한 독서**라는 방식을 통해서 성서가 우리에게 이야기하도록 놔두는 것도 좋다. 그것은 풍요로운 축제와도 같다. 여기에서 중요한 것은, 영성지도자가 너무 많은 제안을 하지 않도록 조심해야 한다는 것이다. 한꺼번에 너무 많이 제안하는 것은, 지나치게 음식이 많은 뷔페식당에서, 영적인 소화불량과 영적인 과식이라는 실질적 위험에 노출시키는 것과도 같다.

사람들은 또한 생활 규칙을 고안해 내는 데 도움을 얻고자 영성지도자를 찾아온다. 어떤 이들, 특히 금욕생활에 매력을 느낀 사람들은 이것을 전통적인 종교 언어로 분명히 말할 수 있지만, 일상적인 일과를 계획하고 조직화하는 데 도움을 받고자 하는 사람은 좀처럼 그것을 드러내기가 힘들다. 대부분의 규칙들은 거의 금욕적이다. 주로 기도 시간의 분배와 특징에 관한 것들이다: 예식 — 예를 들면, 성만찬예식에 정기적으로 참석한다거나, 화해예식에 규칙적으로 참여하는 것 — 과 몇 가지 의무 — 예를 들면, 종교 공동체와의 공식적인 교제나, 복음화를 위한 단기 교육 그룹과의 지속적인 만남이나, 또는 영성지도자와의 정기적인 만남 — 에 관한 것들인 것이다. 한마디로 말해, 우리 삶에서 특별히 "종교적인" 부분은 어떤 모습을 취하고 있는가?

예를 들면, 헨리는 간결하고 깔끔한 목록을 들고 내 사무실을 찾아온다. 그는 주일마다 성만찬예식에 참석하고, 하루에 20분씩 향심기도를 올리며, 해마다 사흘씩 근처 수도원에서 피정을 하고, 매년 대림절과 사순절에는 화해예식에 참여한다. 그는 사실 규칙을 세우는 일에 내 도움이 필요 없다. 그것만으로도 전통적인 의미에서 아주 충분한 규칙인 셈이다. 하나님 인식 안에서 사는 삶의 계획적인 토대를 제공해 주기 때문이다. 그가 원하는 것은 단지 나의 승인일 뿐이다.

하지만 훌륭한 규칙은 좁은 의미의 경건한 규칙을 초월한다. 우리가 온전한 사람이 되려면, 하나님과의 면회 시간을 위한 스케줄 말고도 다른 게 더 있어야 한다. 헨리를 보고서 나는 그가 적당한 운동을 안 하고 있다는 사실을 알 수 있었다. 게다가 그는 내 사무실에 재떨이가 없다는 것을 알고 무척 불편해했다. 그의 규칙 어디에도 자기 몸을 돌보고 회복할 만한 여지는 남아 있지 않았다. 또 그와 대화를 나눈 결과, 나는 그의 결혼생활이 암울하고 조용하다는 사실을 알았다. 그가 수도원에서 사흘간 머물 계획이란 걸 알고 물론 기쁘긴 했지만, 한편으론 그 정도 주말 시간을, 온갖 허드렛일에서 벗어나, 그가 지불할 수 있는 최고의 호텔에 머물면서 아내에게 헌신하라고 권하고픈 충동을 느꼈다.

20세기 후반의 사회에서, 일상의 자극과 압력 한가운데서 금욕생활을 하려고 애쓰다가는 너무도 많은 부담을 떠맡아야 하는 것이 사실이다. 아침기도를 하기 위해 고요한 기도실로 피정을 가는 대신, 많은 사람들이 한 시간 동안 간선 고속도로나 붐비는 대중교통 속에서 하루를 시작한다. 그런데 어떻게 기도의 장소와 시간으로 대체할 만한 생활 규칙을 적용할 수 있단 말인가? 집안에 갓난아기가 있는데, 게다가 어쩌면 걸음마를 하는 아이들 몇 명이 발밑에서 돌아다니고 있는데, 어떻게 오랜 시간 동안 집중적인 관상기도를 유지할 수 있단 말인가? 각 구성원이 영적으로 서로 다른 지점에 머물고 있는 가정의 경우, 각 구성원들을 위한 생활 규칙에는 창의성과 유동성이 뒤따라야 한다. 그리고 우리는 대부분 공동체 후원이 없는 상태에서 생활하고 있다. 규칙을 철저히 준수하는 그리스도인이 우리 사회의 소수라는 것은 고통스러운 진실이다.

한번은 누군가가 생활 규칙을 장미 울타리에 비유한 적이 있었다. 그것의 목적은 후원해 주는 것, "의무"와 "당위"의 조항들로부터 자유로워질 수 있게 해주는 것, 다시 말해서 자유로이 성장할 수 있게 해주는 것이다. 나아가 그것은 돌에 새겨진 기념비가 아니라 실제로 사용하고 적용해야 할 도구다.

훌륭한 규칙은 헌신적 실제의 전통적 문제들을 다루지만, 좀 더 나아가 에너지와 창의성과 시간의 관리까지 총망라한다. 우리는 『무지의 구름』 저자가 상상할 수도 없을 만큼 시간에 사로잡혀 있다. 그는 다음과 같이 경고한다.

> 시간과, 여러분이 시간을 쓰는 방법에 주의를 기울이십시오. 그것보다 더 귀중한 것은 없습니다. 아주 짧은 순간에 천국을 얻을 수도 있고 잃을 수도 있다는 점을 생각해볼 때, 이것은 너무나도 분명한 사실입니다. 시간의 주인이신 하나님은 결코 미래를 주시지 않습니다. 하나님은 오직 현재만을 주십니다. 순간순간을 말입니다……[20]

대부분의 사람들은 영성지도에서 자기 시간을 귀중하게 여기며, 자신에게 시간이 충분치 않다는 것에 강력히 항의한다. 그리고 어쩌면 자신이 시간을 낭비하고 있다는 것을 부인할 것이다. 하지만 안식일을 지키라는 계명은, 우리가 나머지 아홉 개의 계명을 준수하느라 신경을 쓰는 사이, 일상적으로 — 심지어는 자랑스럽게 — 위반되고 있다. "시간을 낭비하지 않는 것"은 이제, 시인 레싱이 "창조적인 멈춤"이라고 불렀던 진정한 휴식과 성찰을 위한 시간을 무시하기 위한 변명이 되어 버렸다. 가장 중요한 것은, 우리가 하나님으로부터 숨기 위해 분주함과 **빡빡한 스케줄**을 이용할 수도 있다는 점이다. 비록 우리가 선한 청지기의 역할을 다하고 있다고 스스로를 속인다 할지라도, 우리는 하루를 너무 꽉꽉 채워서 하나님께 문을 닫아 버리고 있다. 지나치게 분주한 우리의 모습은 게으름의 죄를 가리기 위한 가면에 불과하다.

우리는 영성지도자로서, 기도 시간을 갖지 못하는 데 대해 이미 죄책감을 느끼고 있을, 시간에 민감한 사람들과 함께 작업을 하게 된다. 그들은 자신의 재산을 관리하는 현명한 청지기인 반면, 시간과 에너지의 관리직도 균형 있게 수행하기 위하여 효과적인 생활 규칙이 필요한 상태다. 때때로 나는 사람들에게 하루 동안 — 일주일이면 더 좋고 — 시간 단위로 자기 행동을 세세히 기록해 보라고 권한다. 이것은 다이어트를 하는 사람들이 식사량을 꼬박꼬박 기록하는 체중감량 프로그램의 유익한 훈련과 유사하다. 둘 다 놀라운 결과가 나타난다. "아무것도 안 먹었다"고 말한 사람은, 자신이 하루 종일 먹고 있었다는 사실을 깨닫게 된다. 기도는 하고 싶은데 "시간이 전혀 없다"고 말한 사람은, 자신이 좋아하는 드라마 재방송을 꼬박꼬박 챙겨 보고 시사 프로그램 역시 절대로 안 놓친다는 사실을 깨닫게 된다. 이렇게 자신의 활동일지를 검토하고 나면, 헐렁한 장소와 낭비, 도피 행각이 그대로 드러날 것이다.

이렇게 해서 피지도자는 시간을 소중한 선물로 여기면서 사용하고 조직화할 수 있다. 그렇다면 이제 하나님과의 관계, 타인과의 관계, 그리고 가장 심오한 자아와의 관계를 고려하여 규칙을 세울 시간이다. 불균형과 그에 따른 잠재적 죄가 명백하게 드러났다. 규칙은 이제 주의가 필요한 부분을 상기시켜주는 역할을 할 수 있다. 자기를 스스로 돌보는 것은 거룩한 의무다. 그럼에도 불구하고, 하루에 몇 분을 기도에 쓰고 일주일에 몇 시간을 성찬에 참석할 것인지 규칙을 세우면서도, 정작 음식이나 술이나 담배 같은 위험한 중독은 무시해 버리는 사람들이 너무나도 많다. 궁극적으로는, 순전한 재미를 위한 대책이 필요하다. 나는 중세영어에서 "어리석은"(silly)이, 현대 독일어 selig와 비슷하게, "행복한"(blessed)을 의미했다는 사실을 알고서 무척 흥미롭게 생각했다. 그리하여 나는 피지도자들에게 이렇게 묻게 되었다. "이 규칙에서 재미있는 것은 무엇인가요? 행복한 어리석음이 어디에 있지요?"

숙제?

앞에서 밝힌 대로, 나는 영적 독서를 **숙제**로 내주지 않는다. 피지도자는 마지못해 책을 읽으면서 그것을 함부로 자신의 상황에 적용시킬 수도 있고, 아니면 아예 시도조차 안할 수도 있다. 두 경우 모두 피지도자에게 부담을 안겨 주고, 관계에 의존하려는 위험성만 키워 주는 셈이다. 하나님을 기쁘시게 하는 일이 무엇인지를 함께 발견하기보다는, 나를 기쁘게 하는 일이 더 중요해질 수가 있기 때문이다. 더욱이, 너무도 많은 사람들이 이미 상상 속에 살면서 하나님 경험을 피하기 위한 방법으로 인지력을 이용하고 있다. 그들이 성서적으로나 신학적으로 또는 역사적으로 더 정통해질 수 있도록 참고서적을 추천해 주는 것 자체에는 아무런 문제도 없다. 우리가 하고 있는 일이 무엇인지를 둘 다 확실히 알고, 또 둘 다 영성지도 모임이 탐구자의 교실로 변질되지 않도록 노력하기만 한다면 말이다. 교구의 교육 프로그램에 좀 더 성실하게 참석하도록 권할 수도 있고, 교구 내 신학교에서 강의를 듣도록 장려할 수도 있다. 대부분의 신학교는 파트타임 학생을 환영하며, 종파간의 경계도 쉽게 뛰어넘을 수 있다.

나는 숙제를 거의 내주지 않는 대신, 이런 제안을 자주 하는 편이다. "이 책을 통해 나는 깨달았어요. 당신에게도 도움이 될 거예요. 하지만 맞지 않은 것 같으면 절대로 집착할 필요가 없어요." 아주 가볍게 제안을 하고서 얼른 끝내는 것이 좋다. 때로는 열매를 천천히 맺기도 한다. 최근에 한 피지도자가 내 연구실을 찾아왔는데, 일 년도 더 전에 내가 언급했었던 책에 관해 아주 큰 열정을 품고 있었다. 그녀는 당시 집에 돌아가는 길에 신학교 서점에 들러서 그 책을 샀지만, 잠깐 훑어보니 거의 알아들을 수가 없는 내용이어서 그냥 책꽂이에 꽂아 놓았었다고 고백하였다. 그러다가 일 년이 지나서 그 책을 다시 집어 들었고, 그것이 자기에게 꼭 필요한 내용임을 깨닫게 되었단다. 그녀의 타이밍이 내 타이밍보다 더 나았던 것이다!

나는 사람들에게 성서를 읽어 보라고 늘 권장한다. 하지만 창세기부터 읽기 시작하면 필경 레위기나 — 아주 끈질긴 사람들의 경우에는 — 역대기에서 그만 두게 된다. 그러므로 나는 차라리 복음서들 가운데 하나에서 시작하라고 권한다. 그리고 마치 오랫동안 기다려 왔던 베스트셀러를 읽는 것처럼 끝까지 독파해 보라고 권한다. 이것은 경건한 사람들에게 적지 않은 충격을 안겨준다. 그들은 지금까지 성서를 "헌신적으로", 즉 자신의 마음을 닫아걸고 감정을 죽인 채로 읽어온 사람들이다. 내가 권한 대로 성서를 읽으면 성서의 활력을 새롭게 느낄 수 있고, 자신의 이야기와 복음서의 이야기를 서로 연결 지을 수 있게 된다. 그 다음으로는 시편을 읽어보라고 권장한다. 그리고 시편 23편이 우리에게 낯익은 위로를 안겨 주는 반면에, 시편 88편은 좀 더 현실적일 수 있음을 지적해 준다.

주께서는 나를 구덩이의 밑바닥,

어둡고 깊은 곳에 던져 버리셨습니다.
주님은 주의 진노로 나를 짓눌렀으며,
주의 파도로 나를 압도하셨습니다.
나를 아는 사람도 내게서 멀리 떠나가게 하시고,
나를 그들이 보기에도 역겨운 것이 되게 하시니,
나는 갇혀서, 빠져 나갈 수 없이 되었습니다.

자신의 분노를 인정하는 데 문제가 있는 사람들에게는, 시편 58편의 엄청난 복수심이 각성제가 되어준다.

하나님,
그들의 이빨을 그 입 안에서 부러뜨려 주십시오.
주님, 젊은 사자들의 턱뼈를 부수어 주십시오.
그들을 증발하는 물처럼
흔적도 없이 사라지게 해주십시오.
겨누는 화살이 꺾인 화살이 되게 해주십시오.
두려울 때에 제 몸을
움츠러뜨리는 달팽이같이 되게 해주십시오.
달을 채우지 못한 미숙아가 죽어서 나와
햇빛을 못 보는 것같이 되게 해주십시오.

시편을 통해서 인간 감정의 수위를 깨닫고 나면 피지도자는 엄청난 자유를 만끽할 수 있다. 의심이나 절망이나 분노를 표현하기를 두려워하는 사람들도 종종 놀라운 해방감을 느끼게 된다.

다른 종류의 "숙제"도 우리의 만남에 다리를 놓아 줄 수 있다. 특히 현재의 훈련에 대한 열의가 사라져 버렸을 경우, 피지도자에게 새로운 기도 방법과 시간과 장소를 찾아보라고 권유하는 것이 얼마나 중요한가에 대해서는 이미 밝힌 바 있다.

나는 종종 "쉽게 생각하라"고 말한다. 기도를 하나의 임무로 삼지 말고, 그저 하나님께 귀를 기울이면서 자신이 깜짝 놀라도록 놔두라고 말이다. 형식적인 예배 규정 준수와 지나치게 체계적인 기도 시간을 중심으로 한 영적 훈련에만 너무 엄격하게 집착하다 보면, 자칫 일상의 경건화에 불리하게 작용할 수 있다. 그리스도께서는 실제로 옥에도 갇히시고, 정해진 시간에 방문을 받으시는가 하면, 무시를 당하기도 하셨다. 따라서 나 역시 지저분한 도심지를 걷거나, 시골의 고요함 속을 거닐거나, 또는 몇 분 동안 갓난아기나 어린 아이를 껴안고 있는 동안에도 하나님께 귀를 기울이라고 권유할 수 있었다.

우리는 영성을 부여하려는 성향 때문에 우리 몸을 경시한다. 특히 신학생들과 함께 작업할 때 나는 영양섭취와 운동, 그리고 수면 습관에 대해 조사하곤 한다. 그리고 자기를 스스로 돌보는 것에 관한 논의에서 나는 권위자에 가까운 사람이다. 만성적인 질병이나 몸을 허약하게 만드는 병 때문에 제약을 받고 있는 피지도자들은, 자신을 인내의 한계까지 몰고 가는 것이 영웅적이기보다는 오히려 파괴적인 행동이라는 사실을 염두에 두어야만 한다. 퇴행성 질병으로 고통 받고 있는 아서가 자기 부정을 극복하기 위해서는 다른 사람의 도움이 절실히 필요하다. 그는 치료 뒤의 예후가 몹시 안 좋다. 하지만 그는 자기 병을 신이 내린 (고통이거나 또는) 시험이라고 여기면서, 마치 그것이 존재하지 않는 것처럼 생활하기로 작정하였다. 그런 그가 남에게 도움을 청하기는 힘들다. 더욱이 그의 몸이 휴식을 몹시 필요로 하고 있는 이 때, 자신을 스스로 돌본다는 것은 훨씬 더 힘든 일이다. 그는 질병의 증상이 심해져서 노숙자 보호시설에서 하고 있는 자원봉사 활동을 잠시라도 쉬게 될 때마다, 자신의 불성실을 호되게 꾸짖는다. 그가 보호시설의 노숙자들을 사랑하는 것만큼 자기 자신의 병든 몸을 사랑하게 만드는 것은 무척이나 어려운 일이다.

자기를 돌보는 것에 관하여 내 쪽에서 위세를 부리는 것을 사람들은 좋아하는 것 같다. 피지도자는 마치 이렇게 자신을 다독이는 것 같다. "만일 내 영성지도자가 나더러 꼭 그래야 한다고 말한다면, 난 정말로 달리기도 하고, 테니스도 쳐야 해. 한 달에 적어도 두 번씩은 저녁 시간을 아내하고 단둘이 보낼 수 있도록 노력하는 것도 거룩한 순종의 문제야." 여기에는 어떤 재미난 사실이 연루되어 있다. 피지도자와 나는 둘 다 "숙제"가 사실은 승낙이라는 사실을 알고 있는 것이다. 자기 자신을 창조 세계의 일부로서 존중하고 돌볼 줄 아는 사람에게는 전혀 필요하지 않은 승낙 말이다.

내가 내주는 숙제는 거의 대부분 어떤 것에 관해 "생각해보라"는 것이다. 나는 피지도자에게 자신의 하나님 상, 자신에게 가능성 있는 하나님 상, 자기 삶의 디딤돌이나 전환점, 자신이 변화의 시기마다 벗어놓았을지도 모르는 멋진 허물들 또는 그리 멋지지 않은 허물들에 관해 생각해 보라고 권한다. 나는 사람들에게 목록을 작성해 보라고, 최소한 메모라도 해보라고 재촉한다. 글로 기록하다 보면 초점과 특이점이 더 확실해지기 때문이다. 그러면서도 한편으로는 글쓰기를 무척 부담스럽게 여기는 사람들도 있다는 것을 잊지 않으려고 노력한다. 일기쓰기를 제안하는 것은 그저 생각과 이미지의 흐름을 압축할 수 있도록 하기 위해서다. 이 때 나는 그들에게 자신만의 방법을 찾아보라고 권유한다 — 어쩌면 아름답게 제본된 작은 책에 멋진 만년필로 글을 쓸 수도 있고, 어쩌면 워드프로세서를 사용할 수도 있으며, 심지어는 녹음기를 사용할 수도 있다.

마지막으로, 나는 피지도자들에게 그들 삶에서 축하할 만한 일들에 신경을 쓰라고 권한다. 이것은 어려운 일일 수 있다. 특히 자신이 하나님께 버림받았다는 느낌이 들 때나, 함정에 빠져 있다고 여겨질 때는 더더욱 그럴 것이다. 이럴 땐, 마치 코리 텐 붐의 기억처럼, 약간 점잖은 유머가 도움이 된다. 한 경건한 네덜란드 여자와 그녀의 동생 벳시는 바울이 데살로니가인들에게 모든 일에 감사하라고 지시한 것에 순종하려고 애썼다. 심지어는 라벤스부르크의 나치 포로수용소에 갇혀 있으면서도 말이다.

"감사합니다," 벳시가 차분하게 말을 이었다. "벼룩을 주시고 또 —"

벼룩이라니! 그건 너무했다. "벳시, 하나님이 벼룩에 대해서까지 감사하라고는 안 하실 것 같은데."

"**범사에** 감사하라," 벳시가 성서의 말씀을 인용했다. "'즐거운 상황에서' 기도하라고 말씀하신 게 아니잖아. 벼룩도 하나님이 우리를 데려다 놓으신 이곳의 일부라고."21

나중에 그 자매는 어째서 자신들과 다른 여인들이 수용소 간수들의 괴롭힘으로부터 비교적 자유로울 수 있었는지를 깨닫게 되었다. 그들의 막사는 벼룩이 들끓어서, 전염병이라도 옮을까봐 간수들이 멀리했던 것이다.

물론 우리 피지도자들이 코리의 영웅적인 거룩함까지 실천할 수 있기를 기대해서는 안 된다. 그들에게 고난을 바라고 즐기라고 부추겨서도 안 된다. 하지만 거의 모두가 코리의 벼룩 이야기를 약간씩 변형시킨 것들로 인해 괴로움을 겪는다. 사실, 영적 벼룩이 심각한 질병들보다 훨씬 더 견디기 힘든 것일지도 모른다. 그러나 우리와 피지도자가 — 가볍게, 풍자적으로, 비록 원통하지만 — "하나님이 우리를 데려다 놓으신 이곳의 일부"로서 그것에 대해 감사를 드릴 수 있다면, 성가신 미물들은 모두 힘을 잃고 말 것이다.

하나님의 느린 역사

"몇몇 형제들이……영성지도자 펠릭스를 찾아가서 한 말씀 들려주시라고 간청하였다. 하지만 그 노인은 침묵만 지켰다. 그들이 한참을 부탁하자 드디어 그가 입을 열었다. '너희가 한 마디 듣고 싶으냐?' 그들이 대답했다. '예, 아바.' 그러자 그 노인이 그들에게 말했다. '요즘에는 더 이상 할 말이 없다.'" [22]

사람들이 우리에게 와서 영성지도를 부탁할 때, 우리는 보통 — 영성지도자의 제자들처럼 — 그들이 삶을 변화시킬 만한 심오한 말을 기대한다고 생각한다. 하지만 영성지도자는, 모든 좋은 교사들이 그러하듯이, 침묵 가운데 생활해야만 한다. 침묵을 견딜 수 있을 뿐 아니라, 침묵을 편안하게 여길 수도 있어야 한다. 알고 알려주는 작업에서 사람들을 도울 수 있으려면, 그리하여 그들이 하나님과의 관계, 세상과의 관계 속에서 자신을 진정으로, 자발적으로 파악할 수 있도록 도울 수 있으려면, 우리는 그들과 함께 기다려야 하며, 종종 할 말이 전혀 없다는 것도 인정해야 한다.

침묵을 편안하게 여기기는 힘들다. 우리는 확실함과 명료함을 추구하는 데 익숙해져 있다. 하지만 침묵은 모호함과 어두움을 포용한다. 영성지도를 받으러 오는 사람들은 종종 해답을 원한다. 무엇을 해야 할지 알려주길 원한다. 하지만 참고 기다리면, 어두움과 침묵이 줄어들기는커녕 점점 더 늘어난다는 사실을 깨닫게 된다. 해답을 찾는 과정에서 그들은 자신의 질문이 오히려 급증한다는 사실을 깨닫게 된다. 그리고 결국은 가장 중요한 핵심 문제가 남는다: "선하신 선생님, 내가 영생을 얻으려면 무엇을 해야 합니까?"

하지만 탐구하면 할수록, 핵심에 다가서면 설수록, 신비는 더욱 더 깊어지기만 한다. 영성지도자는 릴케가 젊은 시인에게 했던 충고, 질문들을 사랑하고 실천하라는 충고를 명심하는 것이 좋다. 좋은 교사는 질문을 사랑한다. 그들은 문이 잠긴 방의 신비와 아주 낯선 언어로 쓰인 책의 신비를, 그리고 거의 무한한 인내와 "하나님의 느린 역사"에 대한 신뢰를 사랑하기 때문이다.

주

1. Parker Palmer, *TO Know As We Are Known: A Spirituality of Education* (San Francisco: Harper & Row, 1983), 31쪽.

2. Benedicta Ward, *The Desert Christian: The Sayings of the Desert Fathers* (New York: Macmillan, 1975), 197쪽.

3. 위의 책, 139쪽.

4. 위의 책, 99~100쪽.

5. 위의 책, 78쪽.

6. 위의 책, 83~84쪽.

7. 위의 책, 23쪽.

8. *The Cloud of Unknowing and The Book of Privy Counseling*, ed. William Johnston (Garden City, NY: Image Books, 1973), 100쪽.

9. 위의 책, 106~107쪽.

10. *The Ancrene Riwle*, trans. M.B. Salu (London: Burns & Oates, 1955), 134쪽.

11. *The Cloud of Unknowing and The Book of Privy Counseling*, 116쪽.

12. Julian of Norwich, *Showings* (New York: Paulist, 1978), 315쪽.

13. Gregory the Great, *Be Friends of God*, ed. John Leinenweber (Cambridge, MA: Cowley, 1990), 27~28쪽.

14. 위의 책, 56쪽.

15. Julian of Norwich, *Showings*, 184쪽.

16. Rainer Maria Rilke, *Letters to a Young Poet*, trans. M.D. Herter Norton (New York:
W.W.Nortons, 1954), 35쪽.

17. Aelred of Rievaulx, *Spiritual Friendship*

(Kalamazoo, MI: Cistercian Publications, 1977), 52쪽.

18. Thomas Merton, *Love and Living* (New York: Farrar Straus & Giroux, 1979), 3쪽.

19. *The Cloud of Unknowing and The Book of Privy Counseling*, 149쪽.

20. 위의 책, 50~51쪽.

21. Corrie ten Boom, *The Hiding Place*, 198~199쪽.

22. Ward, *The Desert Christian: The Sayings of the Desert Fathers*, 242쪽.

3
영혼의 산파

　오로지 당신 안의 탄생에만 신경 써라. 그러면 모든 선함과, 모든 위로와, 모든 기쁨과, 모든 존재와, 모든 진리를 발견하게 될 것이다. 이 탄생 속에서 당신에게 오는 것은 순수한 존재와 축복을 함께 가져온다. 하지만 이 탄생의 외부에서 추구하거나 사랑하는 것은, 어디에서 무엇을 하든지, 모두 수포로 돌아가고 말 것이다.

마이스터 에카르트

　바리새파 사람 가운데 니고데모라는 사람이 있었다. 그는 유대 의회원이었다. 이 사람이 밤에 예수께 와서 "랍비님, 우리는, 선생님이 하나님께로부터 오신 분임을 압니다. 하나님께서 같이하지 않으시면, 선생님께서 하시는 그런 표적을 아무도 할 수 없습니다" 하고 말하였다. 예수께서 대답하셨다. "내가 진정으로 진정으로 너에게 말한다. 누구든지 다시 나지 않으면, 하나님 나라를 볼 수 없다." 니고데모가 예수께 말하였다. "사람이 늙은 뒤에, 어떻게 다시 태어날 수 있겠습니까? 어머니 뱃속에 다시 들어갔다가 태어날 수야 없지 않습니까?"

요한복음 3장 1~4절

　한편 이집트 왕은, 십브라와 부아라고 하는 히브리 산파들에게 이렇게 말하였다. "너희는, 히브리 여인이 해산하는 것을 도와줄 때에, 잘 살펴서, 낳은 아기가 아들이거든 죽이고, 딸이거든 살려 두어라." 그러나 산파들은 하나님을 두려워하였으므로, 이집트 왕이 그들에게 명령한 대로 하지 않고, 남자 아이들을 살려 두었다. 이집트 왕이 산파들을 불러들여, 그들을 꾸짖었다. "어찌하여 일을 이렇게 하였느냐? 어찌하여 남자 아이들을 살려 두었느냐?" 산파들이 바로에게 대답하였다. "히브리 여인들은 이집트 여인들과 같지 않습니다. 그들은 기운이 좋아서, 산파가 그들에게 이르기도 전에 아기를 낳아 버립니다." 그래서 하나님이 산파들에게 은혜를 베풀어 주셨으며, 이스라엘 백성은 크게 불어났고, 매우 강해졌다. 하나님은, 산파들이 하나님을 두려워하는 것을 보시고, 그들의 집안을 번성하게 하셨다.

출애굽기 1장 15~21절

십브라와 부아 — 거의 알려져 있지 않은 이름이다! 용감하고 노련한 이 두 여인은 출애굽기의 수많은 이야기들 속에 숨어 있다. 이 이야기는 이스라엘 모세의 리더십을 총망라한 기사들 가운데 단 몇 줄밖에 해당되지 않는다. 다른 곳에서는 그들의 이름을 거의 들을 수 없다. 그러나 만일 이 산파들이 없었다면, 이 완강하고 현명한 새 생명의 보호자들이 없었다면, 그 이야기가 어떻게 존재할 수 있었겠는가?

역설적이게도 십브라와 부아는 출애굽 이야기 전체와 — 궁극적으로는 — **우리** 이야기 전체에 보호자로서 등장한다. 우리의 가족 앨범은 남성 저자들이 그린 하나님의 말씀으로서, 주로 남성의 결단과 경험을 다루고 있다. 하지만 이것은 임신과 출산의 이야기, 방향을 바꾸고 변화하는 새 삶의 이야기에 의해 강조된다. 십브라와 부아는 하갈에 의해 이 앨범 속으로 합쳐진다. 하갈은 아들과 함께 광야로 도망쳤다. 사라는 자신이 임신을 할 수 있다는 생각 자체를 비웃었고, 라헬은 자녀들을 위해 울었으며, 한나는 자식을 위한 기도의 열정 때문에 술 취한 여인으로 오해를 받았다. 구약성서의 이 중추적 여인들은, 누가의 민감한 이야기 속에 직접적이고도 생생하게 그려진 이야기, 즉 성육신의 위대한 신비를 위해 우리를 준비시켜 준다. 임신을 한 그 여인들은 마리아가 천사에게 했던 것과 똑같은 질문을 던졌다: "어떻게 이런 일이 있겠습니까?" 그들은 마리아가 느꼈던 기쁨과 두려움, 당황스러움, 그리고 고독과 친교에 대한 욕구를 똑같이 경험하였다.

경건의 언어는 출산의 비유적 묘사로 가득 차 있다. 따라서 여성 차별적이라고 평판이 났던 바울은, 다음과 같이 노동의 첫 번째 무대 언어로 하나님에 대한 갈망을 묘사한다.

> 우리는 모든 피조물이 이제까지 함께 신음하며, 해산의 고통을 함께 겪고 있다는 것을 압니다. 그뿐만이 아니라, 첫 열매로서 성령을 받은 우리도 자녀로 삼아 주실 것을, 곧 우리 몸을 속량하여 주실 것을 고대하면서, 속으로 신음하고 있습니다 (로마서 8장 22~23절).

바울은 자기가 무슨 말을 하고 있는지 잘 아는 것 같다. 즉 해산이 힘들고, 고통스럽고, 까다로운 과정임을 잘 알고 있는 것 같다. 하지만 무엇보다도 강력한 것은, 신비에 이끌려 밤에 비밀스럽게 예수님을 찾아왔던 바리새파 사람 니고데모와 예수님이 나눈 대화에 관한 요한복음의 기사다(요한복음 3장 1~4절). 예수님은 니고데모의 질문에 대답하시되, 그 구도자가 듣고자 했던 것보다 더 심각한 답을 말씀하신다. 새롭게 태어나라고 말이다. 두 명의 학식 있는 사람들이 출산의 논리학에 관해, 그리고 다시 되풀이할 수 없을 것 같은 경험을 어떻게 되풀이할 것인가에 관해 논의하는 이 이야기 속에는 풍자와 유머가 담겨 있다. 니고데모는 마치 마리아처럼 놀라서 외친다. "어떻게 이런 일이 있겠습니까?"

구약성서는 산파로서의 야훼라는 강력한 이미지를 담고 있다. 시편 기자는 이렇게 선포한다.

> 그러나 주님은
> 나를 모태에서 끌어내신 분,
> 어머니의 젖을 빨 때부터
> 나에게 믿음을 주신 분이십니다.
> 나는 태어날 때부터 주께 맡긴 몸,
> 모태로부터,
> 나의 하나님은 주님뿐이었습니다
> (시편 22편 9~10절).

시편 22편에 실린 이 구절들은 특별히 감동적이다. 이것은 예수님이 십자가 위에서 크게 울부짖었던 고독과 포기의 말씀이기도 했다. 우리는 여기에서 산파가 새 생명이 태어나도록 돕고 보호해 주는 것을 떠올리게 된다. 산파는, 어머니보다 훨씬 더, 새 생명의 안전을 지켜주는 부드러운 보호자다. 나는 이 시편을 수십 번 읽고, 또 성 목요일마다 엄숙하게 낭독하는 것을 들어 왔는데도, 산파로서의 강력한 하나님 묘사를 계속 무시해 왔다. 그러던 어느 날, 그 페이지에서 유독 그 말씀만 눈에 확 들어왔다. 십브라와 부아는 당연히 모든 산파들의 상징이자 조상으로서 성서에 등장한다. 하지만 그들 뒤에는 또 다른 신실한 새 생명의 보호자가 존재하신다. 주님이 나의 목자시니 내게 부족함이 없으리로다. 주님이 나의 산파시니 내가 늘 안전하리로다.

기적적이고도 일상적인 탄생의 이야기와 더불어, 어머니와 출산에 관한 성서의 상징적 비유는 우리의 종교적 자의식의 중요한 부분이 되었다. 그 이야기들은 단조로운 영적 벽지처럼 배후로 물러나 있기를 강요당해 왔다. "다시 태어난다"는 것은 카리스마적인, 거의 육체에서 분리된 고리를 지닌다. 전통적인 그리스도인들에게 그것은 과도한 감정의 냄새가 풍기는 것이다. 수태 고지 역시 비유가 되어 버렸으며, 미술가들 — 한스 멤링으로부터 시작하여 무명의 크리스마스카드 공예가에 이르기까지 — 에 의해 놀라운 조우가 아니라 아름답고 극적인 장면으로 변해 버렸다. 만일 우리가 일상생활의 평범함 속에서 그런 일이 생긴다고 상상할 수 있다면, 감상적인 경건의 광경을 정화할 수 있을 것이다. 나는 스스로에게 묻는다. 만일 긴 하루가 끝나는 시간에 천사가 우리 집 부엌에 나타난다면 과연 어떤 느낌이 들까? 강의나 위원회 회의를 마치고 기진맥진한 상태로 내 사무실에 들어갔는데, 거기서 천사가 나를 기다리고 있다면? 하지만 이곳과 다른 곳들에 실린 출산과 탄생의 이야기들은 단순한 배경에 머물지 않는다. 그것은 우리 신앙의 풍요로운 모체를 형성한다.

여성운동의 해방적 효과들 중 하나는 많은 양의 인간 경험들을 유용하고, 수용할만하고, 사용가능한 것으로 만들어 주었다는 것이다. 베르톨트 브레히트가 일상적인 것들을 마치 특별한 것처럼 제시함으로써 연극계에 대변혁을 가져왔던 것처럼, 새롭게 확대된 이 관점도 새로운 시각과 연결 방법들을 가능케 해준다. 성서에서 (그리고 대중기도의 언어에서) 추상적이고 냉담하고 인간의 경험과 동떨어진 것 같은 탄생 이미지를 찾아보기는 정말 쉽다. 하지만 만일 내 자신의 가장 심오한 영적, 신학적 경험을 밝혀야 한다면, 나는 아무런 주저 없이 세 아이의 탄생을 이야기할 것이다. 이것은 아기들을 향한 내 애정과 아무런 상관도 없으며 — 다른 모든 사람들처럼 아기들도 매력적이거나 끔찍할 수 있고, 사람을 끌어당기거나 안할 수 있다 — 내 아이들과의 개인적인 (그리고 편향적인) 관계와도 전혀 무관하다. 오히려 세 아이의 탄생은 창조와 성육신의 신비를 어렴풋이 일별하는 것이었다.

신비주의자 마이스터 에카르트의 말을 빌자면, 이제는 우리 안의 새 생명에 주목해야 할 때가 왔다. 우리들 중 일부는 출산을 했고, 일부는 아기의 탄생을 지켜보거나 도왔다. 그리고 우리 모두는 책으로 읽고, 영화로 보고, 이야기로 들었다. 우리 모두는 탄생에 대해 공포와 반감, 질투와 매력을 느끼고 있다 — 반드시 이 순서대로는 아니지만 말이다. 무엇보다도 중요한 것은 우리 모두가 태어났다는 것이다. 우리 모두는 자궁의 어두운 피난처에서 출발하여 빛으로 이동하였다. 비록 우리가 홀로 죽을지언정, 홀로 태어난 사람은 아무도 없다. 따라서 태어난다는 것은 곧 관계와 연결과 공동체를 전제로 한다.

우리는 인간의 탄생 과정을 통해 태어나는 것처럼, 세례를 통해서 다시금 태어난다. 만일 에카르트의 말이 옳다면, 우리는 계속해서 출산하고 또 계속해서 탄생한다. 그리고 우리의 영혼 속에서 하나님이 탄생하시는 것이야말로 우리 자신의 진정한 탄생이다. 이집트의 히브리 여인들처럼 우리에게도 도움이 필요하다. 우리에겐 산파가 필요하다. 하나님이 함께 "거하시는" 신중한 보조자들이 말이다.

나는 산파로서의 영성지도자라는 개념이 참 마음에 든다. 용기와 헌신을 보여준 십브라, 부아를 본받고 싶기 때문이다. 아니면 켈트족의 "도우미"(knee-woman, aid-woman)를 내 영적 산파의 모델로 삼을 수도 있다. 그들은 탄생을 하나의 성사로 만들었다. 알렉산더 카마이클이 『카르미나 가델리카』에서 묘사한 것처럼, 갓 태어난 아기들은 손에 올려놓고 세 번씩 불 위로 지나가게 해야 했으며, 그 다음에는 세 번씩 태양을 향해 불 위를 지나가게 해야 했다. 그 뒤에 산파는 다음과 같이 의식을 계속하였다.

하나님의 형상이 세상에 태어날 때, 나는 아이의 이마에 물을 세 방울 묻힌다. 내가 첫 번째 물방울을 성부의 이름으로 떨어뜨리면, 지키미(watching-women)들이 아멘을 한다. 내가 두 번째 물방울을 성자의 이름으로 떨어뜨리면, 지키미들이 아멘을 한다. 내가 세 번째 물방울을 성령의 이름으로 떨어뜨리면, 지키미들이 아멘을 한다. 그런 다음 나는 성삼위일체께 이 아이를 물에 담가서 씻어 주시라고, 삼위일체 안에서 보호해 주시라고 간구한다. 그러면 지키미들이 아멘을 한다. 집안에 있는 사람들이 모두 목소리를 높여, 지키미들과 함께, 이 아이가 복되신 삼위일체께 바쳐졌음을 증언한다.[1]

이 의식은 "탄생 세례"였다. 아기는 8일 후에 공식적으로 세례를 받게 되어 있었다.

무엇보다도 내가 매력을 느끼는 것은, 좀 더 역사가 오래된 애팔래치아 산맥의 노파다. 그들은 아주 먼 곳의 초라한 태생들을 위하여, 그들 곁을 지켜주기 위하여, 기복이 심한 남쪽 산들을 기꺼이 걸어서, 또는 노새를 타고 찾아갔다. 그들은 아직도 여전히 구전 속에서 살아 숨 쉬고 있다. 하지만 그들의 이미지는 점점 퇴색하고 있다. 나는 그들을 동요하지 않는, 불굴의 연민이 가득한, 무슨 일이 닥쳐도 해결할 수 있는, 그런 인물이라고 생각한다.

그럼에도 불구하고, 산파가 반드시 아내이거나 여자일 필요는 없다는 사실을 우리는 명심해야만 한다. 그 말의 문자적 의미는 "여인과 함께 있는" 것이다. 즉 해산을 하는 여인과 함께 있는 사람을 의미한다. 최근까지만 해도 대부분의 여성들이 다른 여성의 도움을 받아 출산을 했었다. 그리고 그 여성의 전문적 지식은 오로지 자신의 출산 경험에 기초한 것들뿐이었다. 그러다가 19~20세기에 와서는 그런 풍습이 거의 사라지게 되었고, 심지어 산업 국가들은 법적으로 억압하기까지 했다. 하지만 산파는 지금 다시 부활하고 있다. 새로운 부류의 산파들은 도우미(knee-woman)도 아니고 노파도 아니다. 그들은 고도로 훈련된 의료 종사자들이다.

영성지도자는, 마치 산파처럼, 여성들과 함께, 그리고 남성들과 함께 있는 사람이다. 생물학적인 출산은 여성의 특권이고, 전통적으로 산파는 여성이었지만, 영성지도의 직무에서는 해부적 구조가 운명을 결정짓지 않는다. 따라서 이 장의 여성적 심상과 언어는 결코 배타성을 띠지 않는다. 남성과 여성 모두 민감한 영혼의 산파가 될 수 있는 것이다.

산파가 하는 일

산파는 다른 사람이 상처받기 쉬운 순간에 그 사람 곁에 있으면서, 심오하고 친밀한 영역에서 작업하는 사람이다. 그것은 신뢰와 상호존중의 관계다. 대부분의 의사들과 달리, 산파는 자신에게 도움을 청하러 온 여인들과의 깊은 친밀감으로 인해 자신의 전문성이 위협받는 것을 전혀 두려워하지 않는다. 산파는 기꺼이 자신의 이름을 부르게 하며, 자신도 해산하는 여인의 이름을 부른다. 산파는 해산하는 사람을 **위해** 일하는 것이 아니라 그 사람과 **함께** 일한다.

산파는 또한 가장 좋은 의미의 교사라고 할 수 있다. 산파는 해산하는 사람이 훨씬 더 큰 자기-이해를 가질 수 있도록 도와준다. 관계를 막 맺기 시작할 때, 산파는 그 어떤 질문도 엉뚱하거나 "터무니없는" 질문으로 받아들이지 않는, 편안한 신뢰관계를 형성하기 위해 공을 들인다. 『조산술 개론』의 저자가 지적한 것처럼, "우리가 지금까지 직무 중에 만난 환자들의 거의 대부분이 우리와 함께 있을 때 훨씬 더 편안함을 느끼며 자유롭게 자기 자신이 될 수 있는 것처럼 여겨진다고 말했다. 그들은 개인적인 질문을 하거나 자신의 공포와 자기 몸을 드러내는 걸 전혀 당황스럽게 여기지 않는다." 산파는 질문을 유도한

다음 대답할 시간을 갖는다. "우리는 환자가 어떤 질문을 할 때 결코 책상머리에 앉아서 서류를 들여다보지 않는다. 우리는 늘 환자 곁에서 환자가 원하는 만큼 얘기를 나눈다. 특히 출산 전 초기 방문 때는 더더욱 그러하다. 그 시기의 환자는 보통 질문들로 꽉차있기 때문이다."[2]

산파는 자연적인 사건을 돕는다. 의사들과는 달리, 산파는 병을 다루는 것이 아니다. 하지만 질병이 발견될 경우 도움을 청할 수 있을 정도로 지식을 갖추고 있다. 산파는 고통을 덮어 버리거나 기억을 무디게 하기 위해 상당량의 약에 의존하지 않는다. 전통적으로 산파는 도구나 기구가 아니라 손을 사용한다. 산파는 이마의 땀을 닦을 때에도 손을 사용하고, 해산하는 여인의 손을 붙잡아줄 때에도 손을 사용한다. 또 아기를 유도하고, 안정시키고, 받아 안을 때에도 손을 사용한다. 산파의 지도 아래 이루어지는 출산은, 처음부터 끝까지 동정적인 인간적 접촉에 기초한, 지극히 인도적인 과정이다.

산파는 해산하는 여인이 볼 수 없는 것도 명확히 꿰뚫어 본다. 산파는 돌파구와 커다란 진전의 증거가 되는 과도기 — 고독의 시기, 수습이 불가능할 것 같은 고통과 구역질의 시기 — 를 잘 안다. 산파는 산모가 통제력을 잃었다고, 실패했다고 느낄 때, 옆에서 격려해 주고 설명해 줄 수 있다. 산파는 산모가 힘을 줘야 할 때와 억제해야 할 때를 알고 있으며, 숨을 깊이 쉬어야 할 때와 얕게 헐떡거려야 할 때를 알고 있다. 물론 산모의 몸은 이런 것을 본능적으로 알게 되어 있다. 하지만 공포와 고통 때문에 모두 잊어 버리고 마는 것이다.

산파는 언제 어떻게 맞서야 하는지를 잘 안다. 대립의 기술은 정교한 것이며, 잘못하면 서투른 공격과 혼동하기도 쉽다.

대립은 문자 그대로 다른 사람과 맞서는 것이다. 산파의 경우, 육체적 산파든지 영적 산파든지, 도와주는 이의 애정 어린 초연함이 상황을 명료하게 만들어 줄 수 있다. 때로는 극심한 고통을 있는 그대로 인정해 주기만 한다. "불평이나 비명도 전혀 두려워하지 말고 내뱉으세요. 두려워하지 말고 위로를 구하세요." 또 때로는 산모가 아직 통제력을 갖고 있으며 스스로를 도울 힘이 있다는 사실, 어쩌면 이 순간에 비명을 지르는 것은 너무 극적이며 제멋대로인 반응일 수 있다는 사실을 부드럽게 상기시켜 준다. 훌륭한 코치나 교사나 전쟁터의 지도자처럼, 산파는 용기를 불어넣어줄 수도 있고, 불가능해 보이는 일을 부탁하거나 요구할 수도 있다.

　마지막으로, 산파는 아이를 안고 기뻐한다. 산모와 함께 산파는 이 작은 새 생명의 아름다움과 모순을 축하해줄 수 있다.

삶의 실제

　영성지도 직무를 시작하고 나서, 내가 타인의 영적 출산을 돕는 도우미로 부름 받았다는 느낌을 갖게 되었을 때, 그것이 육체적 탄생 과정과 유사하다는 점에 크게 감명을 받았다. 다음은 수고와 탄생의 과정을 직접적으로 경험해보지 못한 사람들을 위해, 임신과 출산을 그와 유사한 영적 과정과 더불어 짤막하게 설명해 놓은 것이다.

　우선은 **오랜 기다림과 불확실의 시기**가 있다. 이 시기에 산모는 다음과 같이 생각한다: '어쩌면 나는 임신을 하지 않았는지도 몰라. 하지만 뭔가 다른 느낌이 들어.' 이 시기의 경험과 감정의 범위는 당황스럽다 — 기쁨이 슬픔과 함께 느껴지고, 간절한 기대감이 익숙지 않은 나른함과 함께 느껴진다. 어떤 사람들에게는 구역질이 나타나고, 거의 모두가 미각의 변화 현상을 경험한다 — 피클과 아이스크림에 관한 온갖 진부한 농담들은 다 인간의 경험을 토대로 한 것이다. 출산을 눈앞에 둔 여성은 마치 모든 것이 변해버린 것처럼 느낀다. 감정이 극도로 예민해지고 믿을 수가 없게 된다. 임신한 여성은 무력감과 엄청난 힘을 거의 동시에 느끼며, 미래에 대한 희망과 미지에 대한 공포를 거의 동시에 느낀다. 외향적인 사람이 내성적으로 변하고, 자신의 굼뜬 차분함 때문에 깜짝 놀라게 된다. 조만간, 이 왜곡의 느낌은 감정적인 부분에 그치지 않고 신체적인 데까지 확대된다. 자기 몸이 뭔가 **잘못된** 것처럼 보인다. 몸매가 망가지는 것 같고, 허리둘레가 불편하게 조여 오는 것처럼 느껴진다 — 풍만해 보이는 몸을 자랑스럽게 과시하고 다닐 정도로 임신이 충분히 진행될 때까지는 계속 그렇다. 그리고 신체적 서투름도 증가한다 — 산모의 균형 감각에 뭔가 문제가 발생한 것이다!

위의 목록은 극히 일부분에 지나지 않는다. 생물학적으로 어머니인 다른 영성지도자들이나 신학생들과 이런 게임을 할 때마다, 매번 우리는 집합적인 경험으로부터 더 많은 것들을 추가할 수가 있다. 영성지도를 받기 위해 — 망설이면서 또는 공격적으로 — 우리를 찾아오는 사람들에게서 이와 똑같은 "증상들"이 얼마나 자주 나타나는지 모른다.

여자는 어떻게 자기가 임신했다는 것을 알 수 있는 것일까? 만일 당신이 영적으로 임신한 상태라면 그것을 어떻게 알 수 있을까? 언제 — 어쩌면 아주 아담한 규모로 — 성서본문을 통해서, 예배를 통해서, 의식적인 연구를 통해서, 또는 무의식적인 꿈을 통해서, 천사가 당신에게 왔을까? 언제 천사가 의식이 있는 육체를 입고, 종종 지극히 평범한 환경 속에서 — 사무실에서, 슈퍼마켓에서, 고속도로를 달리는 자동차 안에서 — 당신을 찾아와 이렇게 말했을까? "은혜를 받은 자여, 너를 위한 계획을 가지고 왔다! 그러니 네 삶을 뒤집을 준비를 해라."

두 경우 모두 시간이 말해줄 것이다. 신체적인 임신의 경우, 초기의 증거가 믿을 수 없는 것처럼 여겨지기도 한다. 특히 한 번도 경험을 못해 본 사람들의 경우에는 더더욱 그렇다. 몇십 년 전, 나는 뭔가 변한 것 같은 신비로운 느낌을 멕시코시티의 높은 고도 때문이라고 생각하면서, 두 달 동안이나 그냥 버텼다. 그러면서 곧 거기에 "적응할" 것이라고 믿었다. 하지만 시간은 전혀 그렇지 않다고 말해주었다! 이와 마찬가지로, 임신 후기에 접어들어서도, 새 생명의 첫 태동이 착각이나 상상력의 속임수라고 얼른 결론지어 버릴 수가 있다. 아무리 봐도 그렇게 중대해 보이지 않기 때문이다. 마찬가지로, 우리 안에서 성령님의 첫 움직임 역시 사소하고 하찮아 보일 수가 있으며, 그리 중대하게 여겨지지 않기 때문에 자칫 과소평가되기가 쉽다.

영적 무력감과 불균형의 증상들이 주의 깊은 관심을 끌기는 하지만, 그렇다고 모두 다 "임신한" 것은 아니다 — 모두가 영성지도의 후보자인 것은 아니다. 적어도 삶의 모든 단계에서는 아니다. 종교 규정을 준수하면서 그저 예배 공동체의 일원으로서 경험하는 영성 생활만으로도 만족하는 사람들이 있다. 그들은 강렬한 관계, 전통적인 지도의 일대일 관계로 들어서는 경우가 거의 없으며, 심지어는 "영적 친구" 그룹의 일원이 될 수조차 없다. 이것은 아마도 세대 차이나 생활 경험의 문제뿐만 아니라 기질의 문제이기도 할 것이다. 또 영성이 바깥쪽만 향하고 있는 사람들도 있다. 그들은 예배와 행실과 봉사활동을 통해서 하나님을 만난다. 하지만 영적 리듬은 신체 리듬과 비슷하다. 호흡에는 들이쉬기와 내쉬기가 필요하며, 빨아들이기와 내뿜기가 필요하다. 항상 그런 건 아니지만, 밖으로 내뿜는 사람들 — 말하자면 발산하는 사람들 — 은 종종 영성지도에 적합한 장소에 머물지 못한다. 나중에는 어떨지 몰라도, 지금 당장은 절대 아니다.

그러나 자기 안에서, 자기에게 뭔가 일어나고 있음을 감지하는 사람들도 있다. 입맛이 변하고 있고, 균형점도 이동하였다. 때때로 그들은 위기에 부딪혀 갑자기 멈춰 서게 된다: 전향의 경험, 비극적인 상실, 극심한 고통의 시기, 출발점에 서 있다는 날카로운 자각. 여성은 중년기에 들어서면서 특히나 자신의 새로운, 뜻밖에도 권위적인 목소리를 듣게 되면서, 자신의 영성을 탐험해야겠다는 압박감을 느낄 수 있다. 모든 연령대, 모든 삶의 경험을 지닌 남녀 모두가 소명의식을 느낄 수 있다. 반드시 성직 수행에 관한 소명이 아니더라도, 우리가 살면서 뭔가 행하기를 하나님이 기대하신다는 의식 말이다. 그것이 무엇일까? 때때로 그들은 병과는 아무 상관도 없는, 하지만 도움을 받을 때까지 계속해서 고통스럽고 가려운, 만성적이긴 하지만 뭐라고 정의하기 힘든, 그런 영적 불편(dis-ease)을 겪기도 한다. 또 때로는 놀람과 기쁨이 넘쳐흐르기도 한다. 종교 규정을 신실하게 준수한 지 몇 년 만에, 또는 몇십 년 만에, 그들은 하나님의 임재와 은총에 관한 갑작스런 인식을 경험하게 된 것이다. 그들은 풍요롭고, 즐겁고, 기대에 부푼다 — 하지만 그것을 어떻게 해야 할지 전혀 모른다.

영적 산파로서 영성지도자가 맡은 임무는 관심을 기울이는 것, 말로 표현되지 않은 것 — 또는 말로 표현되긴 했지만 많이 축소된 것 — 에 귀를 기울이는 것이다. 처음으로 영성지도자를 찾아오는 사람들은 거의 모두가 변명을 늘어놓고, 또 자신의 수태고지 경험을 금세 과소평가해 버린다. 적어도 그것의 타당성을 재확인할 때까지는 말이다. 따라서 우리의 대화는 종종 기권으로 시작될 때가 많다. "내가 왜 여길 왔는지 잘 모르겠어요. 선생님 시간을 뺏으면 안 되는데, 하지만……." 하나님에 관해 말하는 것은 어렵다. 영성지도를 갈망하는 사람들 가운데 다수가 자신의 증상을 설명할 만한 어휘력이 부족하며 — 애석하게도! — 자신이 겪은 산고의 열매를 이리저리 생각해 볼 만한 상상력도 부족하다. 그들은 단지 자신이 내적 변화를 겪고 있다는 사실, 때로는 놀랄 만큼 기쁘고 또 때로는 심하게 어지럽다는 것만 알 뿐이다. 영적 왜곡, 불균형, 구역질은 그와 유사한 신체적 현상만큼이나 불쾌하다. 심지어는 그것들이 생명과 풍요로움의 증거일 경우에도 마찬가지다.

의심이 생길 때마다 나는 하나님이 사실은 역사하고 계신다고 생각한다. 다음과 같은 사실은 아무리 여러 번 강조해도 부족할 것이다: 무엇보다도 우리는 각 사람을 진지하게 받아들이고, 그 사람을 하나님의 자녀로 귀하게 여겨야 한다. 모든 손님을 마치 그리스도처럼 영접하라고 한 성 베네딕투스의 훈계를 선한 집주인이 준수하듯이, 선한 산파는 자신을 찾아온 사람 속에 새 생명이 자라기 시작했다고 믿는다.

기나긴 기다림의 시간이 지난 후에는 **수고의 시기**가 시작된다. 전향처럼 이것 역시 갑작스럽거나, 굼뜨거나, 점진적일 수 있다. 잘못된 경보도 여러 차례 울릴 수 있다. 하지만 즉각적이든 점진적이든, 임시적이든 확고하든 간에, 결국 그 일이 발생할 때에는 피할 수 없다는 느낌이 온다. 돌아갈 곳이 전혀 없다. 원래의 상태로 되돌아갈 방법이 전혀 없다. 이것은 놀라운 일 — 감당할 수 없는 문제 — 인 동시에 기쁜 일 — '결국은' 뭔가가 일어나고 있다는 증거 — 이기도 하다.

첫 번째 단계: 동참, 인내, 그리고 기다림

그 뒤에 오는 것은 **수고 그 자체**다. 수고라는 단어가 여기에 딱 맞다. 출산은 힘겹고, 혼란스럽고, 격렬한 작업이다. 수고는 집중의 시간이며, 강화된 인식의 시기, 조심성의 시기다. 하지만 획일적이지는 않다. 특별한 단계들이 있으며, 각 단계를 잘 이해하고 존중해야만 한다.

첫 번째 단계는 준비의 순간을 위한 기다림의 시간이다. 이것은 규칙적인 진통의 시기로서, 고통의 강도가 점점 세어진다. 자연분만에 열광하는 사람들은 이것을 고통이라고 칭하는 것에 반대하며, 좀 더 중립적인 "진통"이라는 용어를 선호한다. 하지만 육체적이든 영적이든, 출산은 결코 즐거운 과정이 아니다. 이 단계가 짧든지 길든지, 이것은 기다림의 시간, 버림의 시간, 얕은 호흡의 시간이다. 그리고 무엇보다도 이것은 (특히 산파의 입장에서 볼 때) 수용성의 시기이며, 인내의 시기다. 이것은 조급하고 결과지향적인 우리 사회의 기질과 정반대일 수도 있다. 이 시기의 노력은 비생산적이다. 마찬가지로, 영성지도 관계의 초기 단계도 분명히 이야기 나누기의 단계로서, 산파의 조심스런 병력 체크와 맞먹는 과정이다. 또한 이 단계의 직무는 대개 그 이야기의 깊이를 천천히 탐험하는 데 몰두하는 것이다. 이 시기는 부드럽고 느긋한 태도로 기도 방법을 탐구하는 시기이기도 하다. 인쇄된 예배 언어에만 집착하는 것처럼 보이는 사람에게는, 성서를 가지고 상상력을 발휘해서 기도해 보라고 격려해 줄 수 있다. 또 고독을 갈망하면서도 동시에 두려워하는 사람에게는, 수도원에서 주말 피정을 실험해 보라고 권할 수도 있다.

영성지도는 위기 직무가 아니다. 비록 영성지도자를 찾아가고픈 최초의 충동은 긴박한 개인적 욕구의 인식에서 비롯된 것일 수 있지만 말이다. 영혼의 산파는 드라마 같은 순간, 병으로 인한 위기나 또는 최종적이고 흥미로운 해산의 순간을 위해 부름 받은 전문가가 아니다. 산파와 마찬가지로, 영혼의 산파 역시 전인간과 함께 작업을 하며, 전 과정에 걸쳐서 참여한다. 영혼의 산파에게는 "시간이 있다" — 특효약과 통증의 원인과 질병 때문에 스케줄이 빡빡한 의사들과는 사뭇 다르다. 또 그 문제에 관한 한, 프로그램과 훈계와 예배 때문에 스케줄이 빡빡한 교구 목사들과도 엄연히 차이가 난다. 오히려 영혼의 산파는 모든 단계에 걸쳐 후원을 해주며, "아무 일도 일어나지 않는 동안에도" 산모와 함께 기다린다. 물론 아무 일도 안 일어나는 순간은 **결코** 없다. 영적 성장은 점진적이거나 비밀스러울 수 있다. 영성지도자-산파는 사실은 뭔가가 "일어나고 있다"는 사실을 알아챌 수 있으며, 적어도 뭔가가 일어나고 있다고 믿을 수 있다.

보통 사람들처럼 우리 역시 기다림이 편치는 않다. 우리는 기다림을 시간 낭비로 여기고 피하려고 한다. 아니면 하찮은 분주함으로 그 시간을 채우려고 애쓴다. 우리는 행동 그 자체를 소중히 여긴다. 심지어는 은퇴를 한 후에도 사람들은 적극적으로 행동하리라는 기대를 받으며, 자기는 "전보다 더 바쁘다"고 자랑한다. 하나님의 느린 역사는 신뢰하기가 힘들다. 이럴 때 임신과 출산의 모델은 큰 도움이 된다. 유전공학자들은 체외수정, 대리모 임신에 성공하였고, 젖소의 생식력을 이용하여 놀라운 위업들을 달성하였다 — 하지만 (적어도 지금까지는!) 임신의 과정을 가속화하지는 못했다. 이것은 기다림이 필수인, 정해진, 풍요로운 시간인 것이다.

행동 그 자체에 대한 높은 평가와 더불어, 우리는 자신의 행동으로 상황을 호전시킬 수 있다고 믿는다. 모든 것을 고칠 수 있다고 믿으며, 망가지지만 않으면 개선할 수 있다고 믿는다. 우리는 현존하는 우상 몇 가지만 생각하면 된다: 약학, 의술, 심리치료, 그리고 우익과 좌익의 정치 경제 체제. 그러나 영성지도의 대부분은 기다리고 있는 사람들, 고칠 수 없는 사람들, 개선할 수 없는 사람들, 건강해질 수 없는 사람들의 모임이다. 따라서 영성지도자는 산파의 자제력을 본받는 것이 좋다. 산파는 출산의 과정을 이해한다. 적어도 옛날에, 산파는 그 과정을 스스로 겪기도 하였다. 산파는 언제 자신이 도울 수 있는지, 해석할 수 있는지, 그리고 언제 가만히 있어야 하는지를 잘 안다. 산파는 반드시 필요한 경우에만, 도움이 될 때에만 개입을 하며, 결코 "어떤 행동" 자체를 위하여 개입하지는 않는다.

다른 이들과 마찬가지로, 영성지도자의 경우에도 사람들을 "돕고" 싶은 충동은 좀처럼 사라지지 않는다. 심지어는 영성지도자 스스로가 그런 순박함을 제거해 버렸다고 생각할 때조차도, 그런 충동은 훨씬 더 미묘한 형태로 되살아난다. 특히 누군가가 정말로 괴로워할 때, 그리고 개선 가능한 외부 상황이 영성생활에 영향을 미치고 있을 때에는 더더욱 그러하다. 사람들은 굉장히 무거운 짐처럼 보이는 것들을 가지고 우리를 찾아온다: 신체적으로나 정서적으로 만성적인 질병, 가난, 신체적 폭력의 흉터. 영성지도자에게 그런 조건은 제거해야 할, 적어도 깨끗이 정돈해야 할, 불리한 점으로 여겨질 수 있다. 그리고 그것은 그리스도의 삶이 반드시 고통으로부터 자유로운 삶은 아니라는 괴로운 교훈을 안겨 준다.

내가 요즘 영성지도를 위해 만나고 있는 제니는 외로움을 많이 타는데다가, 만성적인 질병을 앓고 있으며, 앞으로는 훨씬 더 큰 손상을 입게 되어 있다. 그리고 그녀는 가난 때문에 시름하고 있다. 얼마 전 그녀와 함께 앉아 있으면서 나는 이런 생각을 하였다. "이 여인에게 돈이 조금만 더 있더라도 모든 것이 바뀔 텐데. 물론 여전히 아프고 외롭긴 하겠지만, 그래도……" 나는 그녀를 "도울" 계획, "모든 것을 고칠 수 있는" 방법을 모색해 줄 계획에 사로잡혔다. 그래서 마침내 이런 말을 꺼냈다. "당신 고통을 없애주고 싶어요. 이 모든 것을 제거할 수 있었으면 좋겠어요." 그러자 제니가 무한한 인내심으로 나를 바라보더니, 내 손을 톡톡 두드리면서 이렇게 말했다. "허니, 그저 당신이 거기 있고 당신이 날 사랑한다는 걸 아는 것만으로도 충분해요. 그런 건 전혀 걱정하지 말아요." 내가 깜빡 잊고 있었던 것을 그녀는 잘 알고 있었다. 때로는 다른 어떤 일도 할 게 없기 때문에 기다린다는 것을 말이다. 내가 그녀에게 줄 수 있는 최고의 선물은 사회사업가나 심리치료사의 역할을 하는 것이 아니라, 그녀와 함께 조용히 기다리는 것이었다. 바로 그녀와 함께 있는 것이었다. 그러기 위해서는 먼저 내 자신의 무력함에서 느껴지는 불편감을 인정해야만 했다.

우리는 기다림을 불편해하는 것처럼, 수동성도 피하려 든다. 행동의 객체가 되기보다는 주체가 되고 싶어 한다. 아무리 사소한 질병이라도, 그것이 우리를 **환자**, 즉 타인의 행동 — 치료 행위든 상처를 주는 행위든 — 의 대상으로 만들 때, 우리의 통제력은 무너지기 쉽다. 그것은 아주 모욕적인 상황이 될 수도 있다. 환자일 경우 우리는 통제력을 포기하거나 박탈당하게 된다. 심지어는 수덕신학자들까지도 그런 걸 겪기보다는 차라리 그것에 관해 이야기하는 걸 좋아한 것이다. 우리는 마지못해서 에카르트의 초연함에 조금 관심을 기울일 수도 있다. 대체로 포기하기 쉬운 존재방식이나 습관들만 버리고, 한편으로는 우리가 조심스럽게 짜놓은 (또는 기워놓은!) 옷감을 갈기갈기 찢어버릴 만한 대변동을 겪지 않고 무사히 넘어가길 기도하면서 말이다. 하지만 그리스도의 삶을 통해서 우리는 거룩한 기다림의 모델, 수동성의 모델을 발견하게 된다.

W. H. 벤스톤은 『기다림의 위상』이라는 지혜로운 책에서, 행동에서 수난으로 갑작스럽게 바뀐 예수님의 경우를 지적한다. 그는 여기에서 "수난"이라는 용어가 예수님의 고난을 뜻하기 보다는 차라리 그분이 "당하셨음"을 뜻한다고, 행동의 주체가 아닌 객체가 되셨음을 뜻한다고 주장한다. 마가복음을 보면, 유다가 예수님을 "넘겨준"(벤스톤은 좀 더 일반적인 번역 "배신하다" 보다도 이 말을 더 선호한다) 후에, 예수님은 아무런 행동도 취하지 않으신다. 말씀도 거의 안 하시고, 그저 무력하게 계신다. 요한복음에서는 밤이 오면서부터 예수님이 행동을 멈추신다. 밤에는 아무 일도 할 수 없다. 밤은 기다림의 시간이다.

> 요한복음을 보면, 예수님은 동산에서 체포되실 때 묶임을 당하셨고……구속이 없는 [그분의] 자유가 갑자기 속박으로 변했으며, 인간의 손으로 만져서는 알 수 없는 그분의 미묘함이 문자 그대로 그분을 붙잡은 손들의 신체적 장악으로 변했다. 요한에 따르면, 예수님은 넘겨지던 바로 그 순간, 구속 없는 자유로부터 완전한 구속으로 넘어가신다.[3]

우리의 파우스트적 문화는 존재보다 행동을 더 가치 있게 여긴다. 이런 문화 속에서 벤스톤의 시각으로 마가복음이나 요한복음을 읽는 것은 매우 계몽적인 일이다. 기다림은 인간 조건의 일부다. 기다림은 유감스럽지만 피할 수 없는 낭비가 아니라, 성장을 위한 조건이다. 어쩌면 거룩하고 그리스도적이기까지 하다. 벤스톤이 우리에게 상기시켜 주듯이, "기다림은 인간의 온갖 경험들 중에서 가장 강력하고 감동적인 경험 — 다른 어떤 경험들보다도 우리의 가식과 자기기만을 벗겨내 주고, 우리의 욕구, 우리의 가치, 우리 자신의 실재를 있는 그대로 드러내 주는 경험 — 일 수 있다."[4] 영혼의 산파처럼 우리는 오랜 시간을 기다릴 것이고, 다른 사람들에게도 기다리라고 격려해줄 것이다. 하지만 그 일이 언제나 편안한 것만은 아니다. 때로는 무척 고통스러울 수도 있다.

통찰력이 빛나는 사람들은 자신의 본질적인 무력함을 얼핏 엿볼 수도 있다. 비록 겉으로 보기에는 그들이 아주 열심히 공공복지에 헌신하고 있는 성취가로 비치겠지만 말이다. (아빌라의 성녀 테레사가 그 대표적인 예다.) 그들은 종종 우리를 찾아와 영성지도를 부탁한다. 자신의 분주한 삶이 공허하다는 것을 깨닫고 당황한 상태에서, 그리고 자신의 본질적인 무능력을 깨닫고 깜짝 놀란 상태에서 우리를 찾아온다. 그들은 삶을 열심히 헤쳐 나가고 싶어 한다. 결국은 그로 인해 더 고통스러워지고 결실이 늦춰진다는 사실을 잘 알면서도 말이다. 산파처럼 우리는 그들에게 기다림의 수동성을 포용하라고, 얕게 호흡하고 수용적인 사람이 되라고 권한다.

물론 이것은 말처럼 쉽지 않다. 찰스와의 만남을 통해서 나는 그것을 절실히 깨닫고 있다. 찰스는 혼신을 다해 생활하는 성공적인 목사다. 영적, 재정적으로 활기가 넘치는 그의 교구는 동료들의 시기를 살 정도이며, 그의 교구민들은 거의 숭배에 가까운 존경심과 사랑으로 그를 대한다. 또한 그의 주교는 벌써부터 주교회의 차기 회장감으로 그를 점찍어놓고 있다. 하지만 찰스는 자기 삶이 우울하고 공허하다는 사실을 새삼스레 느낀다. 어째서 그렇게 열심히 일하고 있는지 자신도 모르겠다. 이제는 아무 것도 중요하게 생각되지 않기 때문이다. 우리는 지금 그가 기다림의 장소에 있다는 것, 그리고 기다림은 힘든 일이라는 것을 잘 안다. 찰스는 결코 밀어붙이기를 그만 두고 얕게 호흡할 만한 사람이 못 된다! 하지만 그의 신앙은 깊고, 그의 믿음은 충분하다. 그는 기꺼이 기다리고 있다. 이 시점에서 나의 유일한 임무는 그와 함께 기다리는 것뿐이다.

이렇게 영적으로 기다림의 장소에 있는 사람들뿐만 아니라 외적으로 기다림의 장소에 있는 사람들 역시 영성지도자를 찾는다. 늙고 허약한 사람들, 몸을 움직일 수 없는 사람들, 만성적인 질병을 앓고 있는 사람들이 그 대표적인 예다. 곁에 있어 주는 것, 그것은 우리가 죽어가는 사람들에게 줄 수 있는 가장 위대한 선물들 가운데 하나다. 그들을 사랑하는 사람들, 그들을 돌봐 주는 사람들은 종종 그들이 경험을 이야기하지 못하도록 말린다. 하지만 영성지도자는 기다려주고 들어줄 수 있다. 죽어가는 사람들과 함께, 죽음이라는 사실을 인정하면서 말이다. 우리는 또 뒤에 남겨진 유족들과 함께 기다린다. 슬픔이 금방 사라지지는 않겠지만 그래도 견뎌 내야 한다는 것을 잘 알기 때문이다. 우리는 폭력과 학대와 무시에서 살아남은 사람들을 포함하여, 온갖 희생자들과 함께 기다린다.

영성지도자들은 또 실업자들의 곁을 지키는 직무도 맡는다. 그들이 처한 곤경은 보통 경제적, 사회적 측면에서만 바라볼 뿐이지, 영적인 위기로는 거의 인정받지 못한다. 마찬가지로, 자발적으로 은퇴를 하였고 또 은퇴가 환영을 받았던 퇴직자라 할지라도, 자신이 수동적으로 "당한" 것 같은 느낌을 받는 경우가 많다. 심지어는 유쾌한 활동을 한창 하고 있는 동안에도 말이다. 영성지도자는 현실을 감출만한 활동을 좀 더 많이 제공하기 보다는, 기다림의 수용을 본보기로 보여 주고 기다림의 거룩한 공허감을 탐구해 보라고 권유할 수 있다. 보다 덜 인습적인 상황에서, 집이 없는 사람들과 수감된 사람들을 위한 우리의 직무는 곧 인내와 주의 깊은 기다림의 직무이기도 하다.

나는 이 문단이 — 육체적으로나 정신적으로나 — "넘겨진" 사람들, 자신이 타인의 행동에 의존하고 있음을 깨달은 사람들의 선의의 방관을 치료하기 위한 처방전처럼 들릴 수도 있다는 사실을 잘 안다. 그것은 결코 사실이 아니다. 영성지도자는 사회사업가가 아니다. 의사나 공동체 기획자도 아니다. 우리는 고통을 완화시키고 개인과 공동체의 전체성을 조장하기 위해 애쓰는 전문가나 프로그램, 에이전시의 역할을 대신할 수 없으며, 또 그러려고 해서도 안 된다. 그렇지만 우리는 그들에게 정말로 필요한 것을 제공해 줄 수 있다: 그들의 무력함을 마주

하고 함께 기다려줄 수 있다. "가만히 앉아서, 심지어는 이 곤경의 한가운데서 말이다."5

상호 동참

산모 곁에 있어줌으로써, 산파는 비록 권위주의자가 아니더라도 커다란 권위를 갖게 된다. 산파는 산모가 가지지 못한 기술과 지식과 견해를 갖고 있다. 산파는 애정 어린 초연함의 능력이 있다. 하지만 그와 동시에 산파는 출산을 하는 여인과 함께 고독을 느끼기도 한다. 영혼의 산파 역시 그런 고독을 경험할 필요가 있다. 케슬린 피셔는 여성과 영성지도에 관한 통찰력 있는 저서에서, 전문가에 관한 신화가 남성보다는 여성에게 더 해롭다고 주장한다. 여성들은 권위에 의존하도록 길들여져 왔기 때문이다. 따라서 그녀는 영성지도의 과정에서 신비성을 제거하기를 촉구하며, 특히 치유와 개인적 성장에 적합하지 않은 거리감과 객관성을 강조하는 학문적 모델의 관계 모방에 대해 경고한다.6 다시 말해서, 고도로 기술을 연마한 영적 산파라도, 아마추어의 감정적 연관과 개방성을 그대로 간직해야만 한다는 것이다. 영적 산파의 애정 어린 초연함은 결코 거리감과 같은 게 아니다. 출산하는 사람에게는 산파의 권위가 반가운 후원이 되기도 하겠지만, 그래도 산파는 초연함 속에서도 감정적으로 몰두하고 연루되어 있어야 한다. 다음은 아무리 강조해도 부족함이 없을 것이다: 산파는 결코 타인과의 접촉을 두려워하지 않는다.

영성지도자는, 과정의 바깥에 서 있는 산파의 좀 더 명확한 견지를 가지고, 산모에게 해석을 제공할 수 있다. 나는 "부과하기"보다는 "제공한다"고 말하련다. 영성지도자-산파는 결코 전체적인 그림을 볼 수 없기 때문이다. 어쩌면 피지도자는 이야기의 본질적인 부분을 폭로하지 않으려 하거나 또는 밝힐 수가 없을지도 모른다. 또 어쩌면 영성지도자의 통찰력이 너무 일찍 제공될 수도 있다. 이 시기는 영성지도자 쪽에서 겸손과 인내를 보여줘야 할 때다. 영성지도자는 일시적인 접근만으로는 힘이 부족하지 않을까 걱정될 수도 있다. 그럴 경우 두 사람 모두 기다림의 불확실성과 명료함에 대한 갈망으로 점점 더 불편해질 수 있다. 비록 그것이 조급하고 잘못된 것이라 할지라도 말이다. 대개의 경우, 미결 사항들은 우리 자신의 무력함을 상기시켜 준다. 명명하고, 등급을 매기고, 분류하는 것은 우리에게 통제의 환상을 안겨 준다. 비록 당도한 종착점이 잘못된 곳이라 할지라도 말이다.

어떤 경우라도 피지도자가 우리의 통찰을 자유롭게 수용하거나 거부하도록 놔두는 게 중요하다. 우리가 옳든지 그르든지, 아니면 시기상조이든지, 사람들은 들을 준비가 안 되어 있는 말에는 거의 귀를 기울이지 않는다. 그러므로 우리가 그리 심각한 해를 끼칠 수는 없다. 그 사실을 생각하면 어느 정도 위안이 된다. 그럼에도 불구하고 우리는 최소한 씨앗만은 심어줄 수 있다. 영성지도자-산파로서 우리는 씨앗에 싹이 트고 자라나기를 기꺼이 기다려야만 한다. 어쩌면 피지도자와의 관계가 끊어지고 나서 한참 뒤에 그렇게 될지도 모른다.

우리는 피지도자가 우리의 해석을 수용하거나 거절하도록 놔두는 한편, 몇 마디 말만으로도 도움을 줄 수 있다. 이름을 부를 때 악마가 파멸된다는 진부한 표현에는 어느 정도 진실이 담겨 있기 때문이다. 동시에 우리는 피지도자를 "의무"와 "당위"의 폭정으로부터 해방시켜 줄 수 있다. 영성지도자가 아주 현명해서 행동을 지시하는 걸 자제한다 할지라도, 피지도자 스스로 감금당할 수가 있다. 그들은 이렇게 말한다. "이런 식으로 느끼면 안 되겠지만......" 또는 "이렇게 말해서는 안 되겠지만......" 기다림의 장소는 반드시 비천한 속박의 장소일 필요도 없고, 억압적인 부정의 장소일 필요도 없다. 영성지도자는 부드럽게 또는 기운차게 분위기를 띠울 수 있다. 그래서 나는 이렇게 말한다. "하지만 **정말은** 그렇게 느끼고 있잖아요." 또는 "당신이 앞에 나가 그렇게 얘기한다고 해서 누가 화를 내겠어요? 하나님은 이미 그것을 알고 계시고, 나도 아마 깜짝 놀라지는 않을 거예요."

우리는 영성지도의 현장에서 함께 기다리는 동안, 정확히 **무엇을** 기다리고 있는지 모른다. 에카르트는 사랑이 가득한 하나님, 영혼의 공간을 환영하며 공허 속에서 반복적으로 탄생하시는 하나님 상을 우리에게 제시해준다. 영적 탐구에 관하여 수많은 책을 쓴 철학자 제이콥 니들먼은, 우리 시대의 슬픔과 체념으로 인해, 영혼이 하루에도 천 번씩이나 유산된다고 주장한다. 그런 면은 염세주의자 에카르트를 닮은 것 같다.[7] 그러나 우리가 풍부한 생식력에 관한 비전 때문에 에카르트와 함께 기뻐하든지, 아니면 실낙원과 낭비된 삶 때문에 니들먼과 함께 슬퍼하든지, 영성지도자들에게는 공허처럼 보이는 것조차도 그리 헛된 것은 아님이 확실하다. 기다림의 시기에는, 산모 곁에 앉아서 그저 붙잡을 수 있게 손을 내미는 것만으로도 충분하다.

산파가 내미는 위로의 손길은 환영을 받는다. 수고하고 있는 여인들의 가장 큰 두려움이 바로 홀로 남겨지는 것이기 때문이다. 좀 더 정확히 얘기하자면, 버려질지도 모른다는 두려움은 우리 모두가 지니고 있는 공포다. 비록 유아기를 거치면서 그것을 조절할 수 있게 되거나 최소한 감출 수라도 있게 되기는 하지만 말이다. 나는 피지도자들의 이야기를 들으면서, 우리 모두가 버림받았다고 느낀다는 것, 그리고 부모에게 버림받은 슬픔과 분노를 처리하기 위해 막대한 (그리고 종종 그릇된) 힘을 낭비한다는 것을 깨닫고 깜짝 놀라게 된다. 그 힘이 그릇된 이유는, 우리가 하나님께 버림받을지도 모른다는 두려움의 근원까지 충분히 파고들지 않기 때문이다.

조지는 사랑이 많으신 하나님이나 무관심한 하나님과의 관계를 탐구하기를 주저하고 있다. 하나님이 문제가 아니라, 냉정하고 포기 잘하는 아버지가 문제라고 주장하면서 말이다. 그의 아버지는 45년 **전에는** 확실히 차갑고 포기 잘하는 사람이었다. 하지만 지금은 나이가 들었고 손발을 거의 쓰지도 못한다. 조지에게는 흉터가 남았지만 — 안 그럴 사람이 어디 있을까? — 이제 서서히 상처를 치유해가고 있는 중이다. 그는 상당히 많은 재능을 지닌 사람이다. 그는 아버지와의 관계에 대한 통찰을 얻기 위해 심리치료를 받아보라는 나의 제안을 거부하였다. 조지의 아버지는 조지가 좀 더 심오한 공포를 직면하지 못하도록 막는 연막과 분산의 역할을 제대로 수행하고 있다. 그가 만들어서 선반에 올려놓은 하나님은 다소 무능하긴 하지만 인정이 많고, 자기 아빠만큼 그렇게 강력한 — 또는 열중케 하는 — 존재가 아니다. 어쩌면 언젠가는 그도 아버지를 용서하든가, 아니면 아버지를 제쳐놓을 정도로, 그래서 사랑의 하나님, 공포의 하나님과 자신의 관계를 분명히 바라볼 수 있을 정도로, 자신이 강하다고 느낄지도 모른다. 어쩌면 그런 후에 시편 기자처럼 이렇게 기도할 수도 있을 것이다: "주님, 언제까지 나를 잊으시렵니까? 언제까지 나를 외면하시렵니까? 언제까지 나의 영혼이 아픔을 견디어야 합니까? 언제까지 고통을 받으며 괴로워하여야 합니까?" 그렇게 되면 커다란 장벽이 무너지고, 조지의 얼어붙은 장소가 녹기 시작할 것이다. 하지만 그가 자기 속에 갖고 있는 상처들을 치유하기 위해서 기꺼이 전문적인 도움을 청하지 않을 경우에도 이런 일이 일어날지는 확실히 모르겠다. 현재로서는 자신의 상처를 포기할 준비가 전혀 안 되어 있다.

모든 피지도자들이 조지처럼 꾸밈없이 자신을 드러내는 것은 아니다. 하지만 많은 사람들이 조지처럼 하나님께 버림받았다는 느낌을 얘기하길 꺼린다. 다른 곳들과 마찬가지로 여기에서도 그들은 금방 자신을 비난하고 분노의 감정을 억누른다. 단절된 것 같은 느낌이 들 때에는 반드시 그럴만한 짓을 저질렀기 때문이라고 생각하는 것이다. 영성지도자는 여기에서 그런 경험이 그들 혼자만의 것이 아니라는 사실을 상기시켜 줌으로써 도움을 줄 수가 있다. 그들의 고통을 과소평가하려고 드는 게 아니라, 그들의 외로움을 덜어 주려고 노력하면서 말이다.

과도기

수고의 첫 번째 단계는 과도기로 끝나는데, 이것을 예기치 못했을 경우 놀랍고 공포스럽기까지 하다. 과도기는 잘 이해하고 있을 때라도 그 위력이 대단하다. 산모는 엄청난 힘에 사로

잡히게 되고, 자신이 웬일인지 통제력을 잃은 것 같다고 느낀다. 갑자기 모든 것이 너무나 크고 강해 보인다. 여러 주에 걸쳐서 주의 깊게 준비하고 배워 온 것들이 다 하찮고 부질없는 것처럼 느껴진다. 산모는 자신이 모든 준비를 마쳤으며 "무엇을 해야 할지 잘 안다"고 생각했었다 — 그런데 지금은 전혀 그렇지 않다! 심한 경우 산모는 배신감마저 느낄 수 있다. 아무도 자신에게 사실을 말해 주지 않은 것 같은, 지금까지 그 누구도 진실을 가르쳐 주지 않은 것 같은 느낌이 드는 것이다.

출산의 과정 중에서 어둡고 혼란스러워 보이는 이 과도기는 — 적어도 산모의 입장에서는 — 가장 불편한 시기, 산파의 후원적인 동참이 가장 필요한 시기다. 우리의 영성생활에서도, 과도기는 역시 가장 중요한 시기다. 예전의 방식은 이제 더 이상 통하지가 않는다. 예배와 개인 기도의 편안한 리듬도 이제는 공허하고 헛된 것처럼 여겨질 뿐이다. 사랑이 많으신 하나님, 우주와 그 모든 것에 내재하시는 하나님, 그리고 다음과 같이 물으시는 하나님 상도 이제는 모두 사라져 버렸다:

> 어머니가 어찌 제 젖먹이를 잊겠으며, 제 태에서 낳은 아들을 어찌 긍휼히 여기지 않겠느냐! 비록 어머니가 자식을 잊는다 하여도, 나는 절대로 너를 잊지 않겠다……내가 네 이름을 내 손바닥에 새겼고……(이사야 49장 15~16절).

이런 하나님 상은, 다음과 같이 무서운 진노의 하나님, 징벌의 하나님 상으로 대체된 것 같다:

> 주님께서 진노하실 때에 누가 감히 버틸 수 있으며, 주님께

서 분노를 터뜨리실 때에 누가 감히 견딜 수 있으랴? 주님의 진노가 불같이 쏟아지면, 바위가 주님 앞에서 산산조각난다(나훔 1장 6절).

아무 것도 하지 않고 수수방관하시는 하나님, 그런 하나님의 부재나 무관심에 대한 인식은 훨씬 더 그럴싸하다:

> 주님,
> 어찌하여 주님께서는
> 그리도 멀리 계십니까?
> 어찌하여 우리가 고난을 받을 때에
> 숨어 계십니까?
> (시편 10편 1절)

그 동안 열심히 배우고 실천해 온 것들이 이제는 아무런 도움도 못 된다. 따라가야 할 길도 전혀 없다. 적어도 우리가 기대하고 갈만한 길은 그 어디에도 없다. 이 외로운 과도기는 끔찍한 시간이 될 수도 있다. 영적인 집이 없이 떠돌이 생활을 하는 시기이기 때문이다. 시인 릴케는, 비록 산파도 영성지도자도 아니지만(어쩌면 두 가지 모두를 조금씩 갖추고 있는지도 모른다), 이 불편하면서도 유익한 과도기의 단계에 대하여 감동적인 설명을 제공해 준다.

> 뭔가 새로운 것이 우리에게 들어온 순간, 뭔가 미지의 것이 우리에게 들어온 순간, 우리의 느낌은 놀라고 당황하여 점점 더 잦아들게 된다. 우리 안의 모든 것들이 움츠러들고, 정적이

찾아들며, 아무도 모르는 새로운 것이 그 한가운데 서게 된다. 그리고 침묵한다…… 나는 우리 슬픔의 대부분이, 우리가 더 이상 자신의 놀란 감정이 살아있는 소리를 들을 수 없기 때문에 그것이 마비되었음을 깨닫게 되는 긴장의 순간이라고 확신한다. 우리가 자신의 자아 속으로 들어온 낯선 것과 홀로 마주하고 있기 때문에, 우리에게 친밀하고 익숙한 모든 것들이 일순간 사라져 버렸기 때문에, 우리가 더 이상 버티고 서 있을 수 없는 과도기의 한가운데 와 있기 때문에.[8]

그러니, 그 동안 미지근하게 형식적으로만 규정을 준수해 왔던 사람이라도, 과도기가 되면 영성지도자를 찾아가고 싶은 충동이 이는 게 당연하다. 반면에, 영성지도의 관계에서 그 동안 확고히 서 있던 사람은, 과도기가 되면 오히려 그 관계를 끊어 버리려 드는 경우가 많다. 그것이 아무런 "효과도 없는" 것처럼 여겨지기 때문이다. 아니면 자신이 뭔가 새로운 위기에 봉착해 있다고 느낄 수도 있다. 그래서 다음 단계로 나아가길 주저하고 있는 것이다. 아까 제2장에서 언급했었던 여인, 그러니까 대가가 너무 커서 영성지도를 떠나겠다고 했던 여인은, 유별나게 자의식이 강하고 솔직한 사람이었다. 보통 사람들의 경우에는, 변화에 대한 저항이 무의식적이고 불분명할 때가 더 많다. 둘 가운데 어떤 경우라도, 혼동과 갈등의 징후에도 불구하고 피지도자가 지금 어디쯤 서있는지를 분별해내는 것, 그리고 과도기가 주는 고통과 약속을 둘 다 인식하는 것이 바로 영성지도자의 임무다.

과도기는 길 수도 있고 짧을 수도 있다. 환영을 받을 수도 있고 못 받을 수도 있다. 때로는 예측할 수도 있지만, 대부분의 경우에는 불시에 찾아온다. 가장 확실한 과도기는 고통스러운 상실 — 사랑하는 사람의 죽음, 심각한 질병, 이혼이나 다른 관계의 단절, 실직 — 과 연관이 깊다. 은퇴 또는 생활 방식과 터전의 극심한 변화 역시 명백한 과도기에 속한다. 때로는 피지도자의 삶에 일어난 긍정적이고 반가운 변화 때문에 과도기가 찾아오기도 한다: 술을 끊기 시작했다거나, 기나긴 투쟁 끝에 누군가의 성적 취향을 인정하게 되었다거나, 결혼을 했다거나, 자녀가 태어났다거나, 소명의 문제를 해결했다거나. 이런 경우에도 피지도자는 예상했던 순항 대신에 영적 혼란을 경험할 수 있다. "모든 것을 이루게 된" 바로 그 순간에, 모든 것이 한꺼번에 무너져 내리는 것처럼 생각된다.

심지어는 딱히 눈에 보이는 계기가 전혀 없는 경우에도, 분명한 신앙 상실은 과도기에 접어들었음을 알려주는 신호가 될 수 있다. 이것은 신학생들이 일반적으로 경험하는 것이다. 그들은 자신의 신앙이 가장 확고하리라고 기대되는 바로 그 순간에, 오히려 신앙이 흔들리는 것을 깨닫게 된다. 성서와 역사를 비판적으로 바라보도록 강요당할 때, 학문적인 연구는 결코 그들의 고통을 덜어주지 못한다. 이와 마찬가지로, 여성들 역시 자신이 남성적인 예배 언어에 의해 단절되었음을 갑자기 (또는 서서히) 깨닫는 순간, 모든 질서와 의미가 사라져버린 곳에서 표류하고 있는 자신을 발견할 수 있다. 메리 E. 질스는 『밤길을 돌려 달라』라는 제목의 수필집에서, 이 고통스러운 정체성 상실기에 관해 다음과 같이 묘사한다.

> 오늘의 여성들은 온갖 상황 속에서 전통적인 가치관과 체계의 상실, 자신과 사랑하는 사람들의 고민거리와의 관계 상실,

자신의 경험에 영향을 받은 제도권 내 사람들의 불안감과의 관계 상실을 경험하고 있다. 그러한 상실이 너무 극심할 경우, 다시 말해서 원치도 않았는데 예기치 않게 그것이 우리의 전 존재에 영향을 미칠 경우, 자칫하면 우리를 감정적, 지적, 신체적 절망에 빠뜨릴 수도 있고, 우리의 전존재가 상실을 비난하는 가운데 음울한 과거와 어두운 미래 사이에서 멈춰 서게 만들 수도 있다. 그럴 때 우리는 어두운 밤을 경험하게 된다. '하나님, 나의 하나님'을 고통스럽게 부르짖을 때, 모든 의미가 공허하다고 느껴질 때, 이 하나님이 과연 누구신지, 우리가 누구에게 말도 못하고 매달리고 있는지를 전혀 모를 때, 그럴 때 우리는 어두운 밤을 겪게 된다. 여기에는 매혹적인 모험의 암시가 전혀 없다. 그저 손으로 더듬어 가면서 쫓기만 할 뿐이다.9

어떤 경우든지, 신앙인들은 옛 방식이 더 이상 통하지 않는 상황, 더 이상은 물러설 수 없는 상황에 처해 있는 자신을 발견하게 된다. 그들은 마치 아무 문제도 없는 것처럼 계속 나아가고 싶은 유혹을 느낄 수도 있다. 특히 순응을 조장하는 상황에서는 더더욱 그러하다. 예를 들면, 대부분의 신학생들은 자신의 성직 임명을 승인해줄 심사위원들 앞에서 지금의 고통스럽고 힘겨운 상황에 관해 논의하는 일이 없도록 현명하게 행동할 것이다. 그렇지만 영성지도 관계의 안전함 속에서는 이 단계를 정직하게 이겨나갈 수 있으며, 나아가 그것의 필요성도 깨닫게 될 수 있다.

영성지도자는 과도기가 무엇인지를 알려줌으로써 도움을 줄 수 있다: 과도기는 한 단계에서 다음 단계로 이동하는 시기,

변화와 변혁의 시기인 것이다. 릴케와 더불어, 우리는 이 시기가 "고요하고, 참을성 있고, 개방적이어야"10 한다고 조언해 줄 수 있다. 신학적 안목이 높은 피지도자라 할지라도, 우리의 하나님 상이 그저 그것 — 이미지 — 에 불과하다는 것, 우리가 그것의 한계를 직시할 때 그것으로부터 벗어날 수 있다는 사실을 상기시켜 주면 큰 도움이 될 수 있다. 그것이 단지 이미지에 불과하다는 사실을 잊어버린 채, 우리가 하나님으로부터 벗어났다고 생각할 경우에는 어려움이 따르게 된다. 영적으로 침체되어 있는 사람들은 부인하면서도 살아갈 수 있지만, 하나님을 찾는 구도자는 패닉 상태에 빠질 수밖에 없다. "어쩌면 너무 멀리 와버렸는지도 몰라! 내가 가진 하나님으로 만족했어야 하는 건데!" 아무리 좋다고 해도 이곳은 불편한 장소다. 우리가 딛고 있는 땅도 이제 더 이상 단단하게 여겨지지 않으며, 일전에 현실적인 내 피지도자가 말한 것처럼, "아무 것도 수습할 수가 없다."

영성지도자는 신실한 산파로서, 형체가 없는 것처럼 보이는 것들 속에서도 형태와 형식을 찾아낼 수 있다. 좀 더 중요한 것은, 과도기에도 시작과 끝이 있음을, 그리고 조만간 피지도자가 거기에서 나와 새로운 명료함의 단계로 전진할 것임을, 영성지도자는 잘 안다는 것이다. 이 시기는 피지도자에게 영성지도자의 통찰력을 나눠주는 시기다. 피지도자는 회의적인 태도를 취할 수도 있지만, 이것이 값싼 위로의 말은 아니라는 사실을 알 만큼 신뢰감이 있어야 한다. 출산을 경험해 보지 못한 피지도자들도, 과도기가 새로운 삶으로 이끌어 주는 힘겹고도 혼란스러운 단계임을 얼마든지 이해할 수가 있다. 그래도 여전히 힘든 것은 마찬가지지만, 이제는 명백한 무의미 속에서 어떤 의미를 감지할 수가 있다. 산파-영성지도자는 그들이 떠나가도록, 투쟁을 멈추도록, 그리고 다음 단계의 시작을 주의 깊게 살피도록 도와줄 수가 있다. 과도기는 놀람의 시기다. 영성지도자는 예기치 못한 장소에서 징후를 발견해 냄으로써 큰 도움을 줄 수가 있다.

과도기의 놀라운 일들 가운데 전혀 반갑지 않은 것 하나가 바로 상실감이다. 이것은 반드시 자기-초월과 새로운 성장을 수반한다. 따라서 이제 갓 부모가 된 사람들은 그토록 원했던 자녀의 탄생에서 상실감을 경험하고는 깜짝 놀라게 되는 경우가 많다: 자발성과 사생활과 자기-결정의 상실, 나아가 정체성의 상실. 그들은 이제 점점 더 많은 사람들에게, 그저 한 아이의 부모에 불과한 존재가 되고 만다. 자기 안의 성장과 변화를 인정하는 것 역시 일종의 출발점이다. 안전한 곳, 잘 알던 곳을 떠나는 것이다. 때때로 우리는 뒤늦게야 비로소 상실의 통렬함을 깨닫기도 한다. 하지만 그 때는 이미 돌아갈 집이 없다.

내 연구실의 보물들 가운데 하나는, 버지니아 먹구렁이가 성장 과정에서 탈피해놓은 껍질이다. 그 껍질은 전혀 변하지 않고 그대로 보존되어 있다. 성장하기 위해, 실은 살아남기 위해, 뱀은 자신의 일부를 버려야만 한다. 나는 그 탈피가 고통스러운 것인지 또는 시원스러운 것인지 전혀 모른다. 하지만 상상해 보건대, 반은 고통스럽고 반은 시원스러운 과정일 것 같다. 피지도자 역시, 과도기의 고통을 참아내고, 케케묵은 이미지와 습관의 안전성을 포기하고 새로운 것들을 포용할 경우, 옛 피부와 정체성에서 탈피할 수 있다. 이것은 아주 통렬한 경험이 되기도 한다. 예전의 정체감이나 껍질에 "잘못된 것이 전혀 없을" 때가 많기 때문이다. 그저 더 이상은 쓸모가 없어졌을 뿐이다.

두 번째 단계: 활동적인 작업

두 번째 단계는 과도기의 혼란 속에서, 진통이 올 때마다 열심히 밀어붙여야 할 필요성을 본능적으로 깨닫게 되면서부터 시작된다. 이것은 활동적인 작업의 시기다 — 기다림의 작업과는 아주 대조적이다. 산모의 관심이 온통 한 군데로 모아지고 집중된다. 그와 더불어 흥미와 안심과 큰 에너지도 따라온다. (그러나 고통과 피로의 징후만을 예상하고 있는 부주의한 관찰자에게는 이것이 뚜렷하게 안 보일 수도 있다.)

영적 산파에게는 이 두 번째 단계가 곧 추수의 시기다. 서로를 향한 애정과 신뢰로, 피지도자와의 관계가 단단해진다. 기나긴 기다림의 시간이 끝났고, 과도기의 적막함도 잘 이겨냈다.

영성지도자는 이제 자신의 존재가 덜 중요하다는 느낌을 받을 수도 있다. 그 어느 때보다도 확실하게 피지도자가 직접 길을 안내하고 있기 때문이다. 이것은 영성지도가 과연 무엇인가를 다시 한 번 돌아볼 수 있는 좋은 기회가 된다. 영성지도는 한 사람의 의지를 다른 사람에게 강요하는 것이 아니라, 다만 길을 분별할 수 있도록 정중하게 도와주는 것이다: 나는 지금 어디로 가고 있는가? 징후는 무엇인가? 어느 방향으로 틀어야 하는가? 어디가 내가 갈 길인가?

이 단계에서는 방향이 뚜렷하고, 에너지가 넘쳐흐르며, 다음 단계도 분명해 보인다 — 하지만 이것이 마지막은 아니라는 사실, 모든 과정이 다시금 반복될 것이라는 사실을 명심하는 게 좋다. 지금 피지도자는 자신에게 알맞은 규칙과 훈련법을 찾아냈다. 적어도 현재 순간에는, 자신이 누구인지를 알고, 그리스도 안에서 자기 정체성을 새롭게 인식한다. 힘들지만 집중적인 작업이 이루어지는 이 시기에, 피지도자는 그 정체감을 새롭게 받아들이고, 이전 단계에서 얻었던 통찰들을 벗어던지게 된다. 영성지도와 소명에 대한 관심이 서로 연결되어 있는 신학생들과 함께 작업할 때, 나는 늘 그것을 확실히 깨닫게 된다. 외적인 길과 내적인 길이 뒤죽박죽 엉켜 있기 때문이다. 확실하지는 않지만, 우리를 찾아오는 사람들 가운데 좀 더 보편적인 직업을 가진 사람도 모두들 소명 때문에 투쟁하고 있는 것 같다. 따라서 어떤 의미에서는, 영성지도가 곧 소명의 안내라고도 할 수 있을 것이다 — 나는 그 소명의 안내가, 우리들 대부분이 고등학교 때 겪었던 과정과는 전혀 안 닮은 것이길 바란다!

이 수고의 단계에는 그 자체의 고통이 없을 수 없다. 내적인 작업이 진행될 때, 피지도자는 자신과 모든 피조물에 대해 훨씬 더 큰 인식을 경험하게 된다. 자기 발견의 항해를 시작했던 것이, 나중에는 포괄적인 관계망으로의 여행이 되어버린다. 피지도자가 자기-도취를 초월하여 성장하게 되면 연민이 더 깊어진다. 이 연민은 값싼, 또는 관대한 선물이 결코 아니다. 보이는 것들을 안 볼 수 없고, 알려주는 것들을 모를 수도 없다. 출산에는 어두운 측면이 있을 수밖에 없다. 피지도자가 예상했던 것보다 많은 변화가 불가피하게 발생하기도 한다.

흔히 있는 일이지만, 여기에서 영성지도자가 맡아야 할 임무는, 문자 그대로, 전력을 다하도록 격려해 주는 것이다. 이 단계에서 나는 마치 코치가 된 것처럼 느낀다. "당신은 지금 옳은 길을 가고 있어요. 그러니 멈추지 말고 계속 가세요. 자신을 믿으세요! 잊지 말고 징후를 찾으세요! 놀라운 일이 벌어져도 절대 놀라지 마세요!" 이 시기에는 우정이 좀 더 강한 관계 요소가 될 수 있다. 물론 지금까지도 계속 존재해왔지만 말이다. 영성지도자가 처음부터 줄곧 알고 있었던 것을, 이제는 피지도자도 알게 된다: 두 사람 모두 같은 길을 걷고 있으며, 같은 작업을 하고 있다는 것을. 두 사람 사이의 장벽은 부서지기 쉬운 구조물로서, 순전히 편의를 위해 만들어졌거나, 어쩌면 한낱 환상에 불과한 것일 수도 있다.

쉽사리 이 지점에 도달할 수는 없지만, 그만한 가치가 있다는 사실을 나는 늘 깨닫게 된다. 처음에는 내 능력에 대해 과장된 환상을 품고 작업을 시작했을 수도 있는 피지도자가, 이제는 나도 흠이 있는 인간임을 기꺼이 인정하게 되었고, 그럼에도 불구하고 여전히 나를 사랑한다. 결국 피지도자는 모든 일을 제대로 해낸 것이다!

축하

자녀가 태어나는 순간 방안에 넘쳐흐르는 기쁨은 이루 다 말할 수 없다. 조산원으로 일하고 있는 내 친구에 따르면, 새 생명을 환영하는 즐거움은 결코 줄어들지 않는다고 한다. 나는 내 아이들을 — 아름답지만 너무나도 작은, 그리고 내 편파적인 눈으로 봐도 약간은 우습게 생긴 — 처음 본 순간 울고 또 웃었다. 오랜 기다림과 노력이 이 한 조각의 약속을 가져다주었다. 갓 태어난 생명 속에는 신비와 어리석음이 공존한다. 그리고 그 속에서 새로움과 미숙함을 보지 못한 사람들만이, 그것에 관한 감상적이고도 낭만적인 광시곡에 빠지게 된다. 무기력한 작은 생명체, 거무스름하고 보랏빛이 나는, 아니 괴상하게 생긴 이 생명체는, 기나긴 기다림과 고통과 공포와 힘든 작업의 열매다. 확실히 좀 더 잘 생기고 유용한 뭔가를 기대하긴 했지만 말이다!

우리는 너무나도 힘겨운 영성지도 작업 때문에, 축하하는 것을 깜빡 잊어버릴 때가 많다. 사람들은 자신에 대해 부정적인 말을 하기가 더 쉽다는 사실을 깨닫게 된다. 그래서 온갖 사소한 탄생들, 기쁨과 축하의 시간을 간과할 수도 있다. 때때로 나는 내 방 앞을 지나가던 사람이 문 앞에 "방해하지 마시오!"라고 써진 엄숙한 팻말을 보고 있는데 그 순간 방안에서 웃음소리가 들려오면 과연 무슨 생각을 할까 궁금해진다. 확실히 영성지도를 위한 만남은 엄숙하다. 잘못한 일들의 목록을 작성하고 결점을 털어놓는 애처로운 시간을 제외하면 말이다. 하지만 그것은 우리가 하나님, 즉 가장 지치고 상한 영혼 속에 새 생명을 주시는 분의 은혜로우신 사랑을 잊게 만드는 자기-도취다. 영성지도는 아무리 심각하다 할지라도, 축하의 기회를 제공해주어야 한다. 에카르트의 말이 옳다: "오로지 당신 안의 탄생에만 신경 써라. 그러면 모든 선함과, 모든 위로와, 모든 기쁨과, 모든 존재와, 모든 진리를 발견하게 될 것이다. 그것을 거절하면 선함과 축복도 거절하게 된다. 이 탄생 속에서 당신에게 오는 것은, 순수한 존재와 축복을 함께 가져온다."

우리와 함께 작업을 하러 오는 사람들이 전부 십자가의 요한이나 아빌라의 성녀 테레사는 아닐 것이다. 우리를 찾아오는 사람들은 대부분 보통 사람들이지, 성인의 후보자가 아닐 것이다. 어떤 사람들은 극심한 감정적 상처를 안고 올 것이고, 모두들 어느 정도는 흉터를 갖고 있을 것이다. 대개는 신학자가 아니라 평신도일 것이며, 자신감이 눈에 띄게 부족할 수도 있다. 하지만 우리와 함께 작업하면서 그들은 새 생명을 탄생시키게 될 것이다 — 작고 무기력하고 조금은 웃기지만, 그래도 신비롭고 거룩한 생명을 말이다. 그 순간은 기뻐하고 축하해 줄 때다. 이것은 그저 수많은 출산의 시작에 불과하다는 사실을 잘 알고 있을지라도, 산파는 기뻐하고 축하해 주어야 한다. 그리고 조만간 모든 과정이 처음부터 다시 시작되어야 한다.

주

1. The Celtic Vision, *Esther de Waal*, ed. (Petersham, MA: St. Bede's, 1988), 22~27쪽에서 인용.

2. Barbara Brennan and Joan Rattner Heilman, *The Complete Book of Midwifery* (New York: E. P. Dutton, 1977).

3. W. H. Vanstone, *The Stature of Waiting* (New York: Seabury, 1983), 27쪽.

4. 위의 책, 83쪽.

5. T. S. Eliot, "Ash Wednesday," in *Collected Poems* (New York: Paulist, 1988), 121쪽.

6. Kathleen Fisher, *Women at the Well: Feminist Perspectives in Spiritual Direction* (New York: Paulist,

1988), 19~20쪽.

7. Jacob Needleman, *Lost Christianity: A Journey of Rediscovery* (San Francisco: Harper & Row, 1980), 175쪽.

8. Rainer Maria Rilke, *Letters to a Young Poet*, trans. M.D. Herter Norton (New York: W.W.Nortons, 1954), 64쪽.

9. Mary E. Giles, ed., *The Feminist Mystic and Other Essays on Women and Spirituality* (New York: Crossroad, 1989), 61~62쪽.

10. Rainer Maria Rilke, *Letters to a Young Poet*, 65쪽.

4
여성과 영성지도

예수님이 마리아에게 말씀하셨다. 일단은 그녀를 "여인"이라고 부르셨다. 그것은 당시 그저 그녀의 성별을 가리키는 일반적인 호칭이었다. 뭔가를 인정하는 것이 아니었다. 그런 다음 예수님은 그녀의 이름을 직접 부르셨다. 꼭 이렇게 말씀하시는 것 같았다: "너를 인정하시는 그분을 인정하여라."

그레고리우스 교황

"이 물을 마시는 사람은 다시 목마를 것이다. 그러나 내가 주는 물을 마시는 사람은, 영원히 목마르지 아니할 것이다. 내가 주는 물은, 그 사람 속에서, 영생에 이르게 하는 샘물이 될 것이다." 그 여자가 말하였다. "선생님, 그 물을 나에게 주셔서, 내가 목마르지도 않고, 또 물을 길으러 여기까지 나오지도 않게 해주십시오."

요한복음 4장 13~15절

요즘은 여성의 영성이 특별하다는 인식이 점점 커지고 있지만, 최근까지만 해도 여성의 영성은 거의 탐구되지 않았다. 여성의 영성 탐구에 가장 큰 영향을 미친 작품은 아마도 신학자가 아니라 대학의 심리학자가 쓴, 평신도 독자층을 겨냥한 책일 것이다: 캐롤 길리건의 저서 『다른 목소리로』는 여성을 도덕적 의사결정자로 보는 신선한 시각을 제공해 주었다. 나와 내 친구들에게 이 책은 그야말로 "아하!"를 연발하게 해주는 책이었다. 우리는 그 책 속에서 우리 자신을 보았고, 그것은 보기에 좋았다. 메리 필드 벨렌키와 공저자들은 『여성들의 인식 방법』이라는 책에서 귀중한 연구 결과를 발표하였다. 이것은 길리건이 윤리학의 측면에서 연구한 것을, 인식론의 차원에서 연구한 것이었다. 그러니까, 여성은 남성과 다르게 판단할 뿐만 아니라, 다른 식으로 배운다는 것이었다. 지금은 여성의 영성에 관하여 여성이 쓴 책들이 아주 많아졌다. 하지만 아직도 갈 길은 멀다. 조안 왈스키 콘, 케슬린 피셔, 마돈나 콜벤쉴라그, 샌드라 슈나이더스 같은 작가들의 소중한 연구는 그저 시작에 불과하다.

여러 명의 남성 동료들과 함께 작업하고 그들의 저서를 읽어본 나는, 여성들이 영성지도자로서도 색다르게 기능한다는 확신을 갖게 되었다 — 더 낫거나 못하다는 것이 아니라, 그저 서로가 다르다는 것이다. 여성은 특별한 재능과 독특한 관점과 그들만의 취약점을 지니고 있다. 또 여성 피지도자들과 수천 시간이 넘게 함께 했던 나는, 그들 역시 영성지도의 실제에 대해 특별한 재능과 관점과 취약점을 지니고 있다는 것을 확신하게 되었다. 그러나 만일 여성의 영성이 독특한 특징들을 갖고 있다는 이 점진적인 인식이 일종의 완고한 분리주의로 흐른다면 크나큰 손실을 입게 될 것이다. 우리는 남성과 여성으로서 각각 완전하다. 다른 모든 분야에서처럼, 영성지도 관계에서도 이것은 옳은 말이다. 여성이 다른 여성과 함께 작업할 때 가장 정직하고 풍부한 결실을 맺는가 하면, 남성 지도자의 "다름"이 여성에게 더 유리할 때도 있는 법이다.

대부분의 여성들은 남성들의 이야기와 언어를 잘 안다. 내가 대학원생 시절에 내 것이 아닌 맥락과 용어로도 제대로 기능하도록 배웠던 것처럼, 대부분의 여성들은 일반적으로 인정받고 있는 종교 의식의 언어와 전통적 영성의 언어를 잘 알고 있다. 그러나 남성들도 똑같이 여성의 영성과 언어에 익숙해지기 전에는, 결코 남성에게서 개방성과 민감성을 기대할 수는 없을 것이다. 일부 남성 지도자들은 자신의 언어와 관점과 경험이 규범적이라고 하는, 무의식적이고도 교만한 가정을 고집할 수도 있다. 결국 영성지도를 받기 위해 그들을 찾아온 여성들은 즉각 그만둬 버릴 것이다. 그렇지만 다행히도 점점 더 많은 남성들이 차이를 인식하고 있다 — 언어의 차이, 생활 경험의 차이, 하나님 경험의 차이, 기도 방법의 차이, 죄를 범하는 방법의 차이. 기꺼이 알고 이해하려는 그들의 태도는 교회의 하나됨과 화해를 위한 커다란 도약이다.

지금부터 나는 영성지도자인 여성들을 먼저 살펴볼 것이다. 그들의 작업 방식이 남성 동료들의 작업 방식과 어떻게 다른지, 그들만의 특별한 재능이 무엇인지, 그리고 그들의 한계점은 무엇인지를 살펴보려고 한다. 그런 다음에는 여성 피지도자들과 직접 나눈 경험, 여성들이 이 관계에 가져온 특별한 욕구와 강점들을 살펴보도록 하겠다.

경청자로서의 여성

우리 신학교 입학사정위원회의 일원인 나는 수많은 예비생들을 인터뷰하고, 또 이제 막 성직에 대한 소명을 탐구하기 시작한 사람들을 많이 만난다. 그러면서 나는 일종의 경청 직무에 이끌려서 찾아오는 여성들 — 다양한 연령대, 다양한 교육수준, 다양한 직업 경험을 갖춘 여성들 — 의 숫자에 계속해서 놀란다. 그들은 병원과 호스피스와 학교와 교도소에서 목사직을 수행하는 자기 모습을 쉽사리 그려볼 수 있다. 물론 그들이 자신의 동기를 이해하기 위해서는 감독이 필요할지도 모른다. 하지만 신학교에 입학하고 나면, 바로 이 여성들이 훈련의 실제적, 목회적 부분에서 최고의 능력을 발휘한다. 비록 조직신학을 공부하는 데에는 인내심이 부족하고 성서 해석도 서투르지만, 경청자로서의 재능은 가히 최고라고 할 수 있다.

그런 재능은 지극히 선천적인 것이며, 잘못 사용될 가능성도 아주 다분하다. 전통적으로 여자 아이들은 "남을 위해 존재하도록" 사회화되어 왔으며, 신중함과 경청 역시 거기에 포함되어 있다. 물론 여성의 자의식 발달 과정 중 적어도 몇몇 단계에서는, 이 주의 깊은 경청이 자신에 관해 배울 수 있는 타당한 방법이다. 따라서 그 모티브는 겉으로 보이는 것보다 덜 이타적이다. 성숙한 영성지도자를 위한 미심쩍은 모티브, 곧 "관대함"과 "선함"을 만족시키는 것 외에도, 여성은 자기 자신의 발달에 중요한 뭔가를 성취하고 있다. 『여성들의 인식방법』저자들은 다음과 같이 말한다.

전형적으로 여성들은 타인을 돌보고 힘을 불어넣어 주는 것이 자기 삶의 중심적인 임무라는 사실을 이해하면서부터 성인기에 접어든다. 여성들은 경청과 반응을 통해, 자신이 도와주고 있는 사람들의 목소리와 마음을 이끌어낸다. 그리고 그 과정에서 여성들은 종종 자기 자신의 목소리와 마음에도 귀를 기울이게 되고, 그것을 소중히 여기게 되며, 또 강화시키게 된다.[1]

그런 역할은 여성들에게 매우 안전하다. 경청하고 있는 동안에는 자기 자신을 드러낼 필요가 거의 없기 때문이다. 여성은 상대방의 말을 받아들이고 흡수하는 데에 주로 관심을 쏟기 때문에, 판단의 자유를 지닌 것처럼 보일 것이다 — 그리고 정말로 그렇다. 따라서 상대방도 그녀에게 마음이 끌리게 되고 또 그녀를 믿게 된다.

나는 수많은 여성들이, 목회에서나 영성지도에서나, 이런 식으로 남들이 자기를 찾아오고 자기를 신뢰한다는 사실을 깨닫는 순간, 경청 직무에 대한 소명 의식을 갖게 된다고 확신한다. 때로는 자신의 무의식적인 욕구를 충족시키면서도, 그 직무로의 부르심이 타당한 것이라고 생각한다. 하지만 인기 있는 경청자라고 해서 반드시 영성지도자인 것인 아니다. 만일 자신이 영성지도자라고 생각한다면, 그 사람은 허세와 자기기만의 위험에 **빠져** 있는 셈이다. 그러나 자기 이해의 무의식적 수단인 경청 능력은 그 직무를 향한 유익한 첫걸음이 될 수도 있다. 그러려면 먼저 자기를 내려놓을 수 있을 만큼 충분히 안전한 자의식을 키워야 한다. 영성지도를 하는 동안 필연적으로 자의식이 점점 더 커지기는 하지만, 이제 더 이상 그녀는 남을 **이용하여** 자신에 관한 것을 들을 필요가 없다. 오히려 애정 어린 초연함의 정신으로, 고도로 발달된 자신의 경청 기술을 적용시킬 수가 있다. 그녀는 **어머니답게** 경청할 수 있는 것이다.

나는 경청이라는 개념에서, 그리고 좀 더 폭넓게는 어머니다운 대화라는 개념에서, 『여성들의 인식방법』 저자들에게 빚을 지고 있다. 그들의 연구는, 여성들이 개인적인 문제에 대해서는 어머니와 얘기를 나누고 그렇지 않은 문제에 대해서는 아버지와 이야기하는 경향이 있다는 사실을 증명해준다. 간혹 어쩌다 여성들이 개인적인 주제를 가지고 아버지와 얘기를 나누게 될 경우, 남성인 이 아버지들은 딸이 해야 할 의무만 잔뜩 늘어놓는다고 한다.

> 어머니와 아버지 간의 그런 차이점이 매우 일반적이라는 사실은, 대부분의 남성들이 전문가가 되는 데 익숙한 반면 대부분의 여성들은 남에게 조언을 해주는 일에 익숙하다는 점, 그리고 많은 남성들이 경험을 일반화, 보편화하는 방법에 관심을 쏟는 반면 많은 여성들은 특별한 경험으로부터 배울 수 있는 것들에 관심이 많다는 점을 통해서도 얼마든지 설명이 가능하다.[2]

그렇다고 해서 어머니 쪽이 관심이 더 많거나 아버지 쪽이 더 냉담하다는 증거는 아니라고 저자들은 강조한다. 그게 아니라, 어머니는 딸의 입장에서 도움을 주려고 하는 반면, 아버지는 자신의 관점에서 도우려고 하기 때문이라는 것이다.

어머니다운 대화는 영성지도에 적합한 방식이다. 영성지도자는 기꺼이 귀를 기울이고 피지도자가 있는 곳에 함께 있어야 한다. 관계의 본질 그 자체 때문에 영성지도자는 질문을 할 수 있도록 암묵적으로 허락을 받은 셈이다. (이것은 진짜로 문제가 될 만한 것은 전혀 질문을 허용하지 않는 공식적 대화와 정반대되는 것이다.) 그러나 질문은 어디까지나 올바른 것이어야 하고, 주의 깊은 사랑에 입각하여 물어보아야 한다. 시몬 베유는 "하나님의 맹목적 사랑의 형태"라는 글에서, 선한 사마리아인의 이야기에 표명된 이 인자하고 인정 많은 신중함을 강력하게 언급한다.

> 그리스도께서는 우리 이웃을 향한 초자연적 사랑이란, 인격을 존중받고 있는 한 사람과 인격을 박탈당한 한 사람의 일별에서 발생하는 연민과 감사의 교환임을 우리에게 가르쳐 주셨다. 한 사람은 그저 하찮은 존재에 불과하다. 벌거벗었고, 움직일 수가 없으며, 도랑 옆에서 피를 흘리고 누워있다. 그는 이름도 없다. 아무도 그에 관해 더 알지 못한다. 그 옆을 지나가는 사람들은 그를 거의 알아채지도 못한다……딱 한 사람만이 멈춰 서서 그에게 관심을 쏟는다. 그의 다음 행동은 이 관심의 순간이 빚은 당연한 결과일 뿐이다. 관심은 창조적이다.3

물론 영성지도를 위해 우리를 찾아오는 사람들은, 그 비유 속의 상처 입은 남자처럼 끔찍한 곤경에 처한 경우가 극히 드물다. 하지만 주의 깊은 사랑으로 우리는 그들이 전체성을 되찾도록 도울 수 있다. 『여성들의 인식방법』 저자들이 주장하는 것처럼, "그것은 주의 깊은 사랑, '무슨 일 있니?' 하고 물어 볼 수 있는 능력, 그리고 자녀의 실재가 창조되고 존중 받도록 대답을 들어줄 수 있는 능력을 통해서 가능해진다."4 질문은 자료를 모으기 위한 수단이 아니다. 오히려 질문은 제약이 없고 인정이 넘치는, 신뢰로의 초대다. 영성지도자는 기꺼이 대답을 들어주어야 하며, 성의 없는 충고를 늘어놓고 싶은 유혹과 싸워 이겨야 한다.

아무리 경험이 많은 영성지도자라 할지라도, 경청자로서의 자기 능력 때문에 생길 수 있는 위험을 잊어서는 안 된다. 남에게 신뢰를 받는다는 것은 무척 만족스러운 일이며, 남에게 의지의 대상이 된다는 것은 아주 흥분되는 일이다. 인간의 생명과 삶은 너무나도 매혹적이다. 만일 영성지도자가 인간관계가 만족스러운 상황에서 작업할 수 없다면, 영적인 관음증 환자가 될 위험성, 남을 이용하는 식객이 되어버릴 가능성이 다분하다. 나도 호기심이 커지거나, 한쪽을 편들거나, 감정적으로 지나치게 투자를 많이 하는 내 모습을 발견할 때마다, 내 안에서 경종이 울리는 소리를 듣게 된다. 내가 보이지 않는 선 위를 걷고 있다는 것, 정교한 균형이 무너질 수도 있다는 것을 나는 잘 안다. 비록 내 말과 행동은 여전히 옳다 할지라도, 나 자신의 만족을 위해 피지도자를 이용할 수도 있는 위험이 늘 도사리고 있는 것이다.

외부인으로서의 여성

지난 수백 년 동안 여성들은 신실하게 교회 출석을 지속해 왔지만, 늘 교회의 변두리에서 은밀한 삶을 살아야 했다. 최후의 만찬에 관한 나의 경건치 못한 환상들 가운데 하나는, 부엌에 있던 여인들에 관한 것이다. 그들은 오븐의 열기로 인해 발

그레해진 얼굴을 하고서, 음식을 내주는 창을 통해 엿보고 있다. 어쩌면 훌륭하게 잘 구워진 양고기에 대해 한 마디 칭찬이나 약간의 박수갈채를 받고 싶은 건지도 모른다. 그들도 여기에 포함되어 있다. 하지만 늘 "예, 그렇긴 하지만……"이라는 말이 따라온다. 이제는 여성의 불결함에 관한 옛 신화가 많이 희미해졌지만, 그래도 여전히 여성의 다름 속에 스며들어 있다. 교회는 그것을 ― 지금까지도 ― 구체화하지 못하고 있다.

여성도 영성지도자가 될 수 있다는 생각이 서서히 인정받고 있는 것도 이제는 전혀 놀라운 일이 아니다. 바로 그 다름이 종종 여성을 영성지도자로서 능력 있고 개방적인 존재, 특히 변두리와 틈새의 직무에 유능한 존재로 만들어 준다. 여성들은 자신의 경험 덕분에 불만을 품고 있는 사람들, 제도적 교회에 이끌리면서도 그것을 신뢰하지 않는 사람들과 더불어 작업을 할 수가 있다. 무엇보다도 특별한 것은, 그들이 다른 여성들에게, 즉 서서히 단념하고 있는 여성들과 폭력의 희생자인 여성들에게 쉽게 접근할 수 있다는 점이다. 수치심으로 인해 마음이 무거운 피지도자는 다른 여성들, 특히 평신도 여성들과 함께 있을 때 가장 안전하다고 느끼게 된다. 영성지도자는 계속해서 이런 말을 듣게 될 것이다. "신부님께는 이런 것에 관해 말할 수가 없었어요. 너무 당황스러워요. 그리 영적이지 못하다는 점은 나도 잘 알지만……"

샌드라 슈나이더스는 여성들이 지난 수세기 동안 실세 집단에서 배제되어 온 결과 여성의 직무가 띠게 된 특성에 관하여 통찰력 있게 기록하였다. 한번도 "의식화된" 적이 없는 여성의 직무는, 종종 인정도 못 받고 널리 알려지지도 못했지만, 그럼에도 불구하고 매우 강력하다. 개인화되었기 때문이다. 슈나이더스는 이렇게 주장한다. "의식주의자의 개성을 거의 통합하는 것은 의식의 본질 그 자체에 속한다. 여성의 직무는 어디까지나 한 사람이 다른 사람을 위해 그리스도의 이름 안에서 개인적으로 봉사하는 것이었다."5 그리스도의 직무는 "다른" 영성지도자, 그리고 변두리와 틈새가 익숙한 영성지도자를 위한 모델을 제공해 준다. 슈나이더스는 다음과 같이 지적한다.

> 의식화되지 않은 여성의 직무는, 그리스도인들에게 만연해 있는 하나님 상, 즉 엄격한 정의와 보복에 열중해 있는, 준엄하고 심지어는 폭력적이기까지 한 아버지 상에 거의 아무런 기여도 하지 않았다. 사실, 경험이 많은 영성지도자들은, 한 사람의 폭력적인 하나님 상이 치유되기 시작할 때, 그 치유는 종종 자기 삶 속의 여인들 — 어머니, 누이, 아내, 애인 — 을 통해 경험한 특징들을 하나님 인식과 연결시킨 결과라는 사실을 잘 안다.6

여성 영성지도자의 변두리 거주와 무력함은 오히려 커다란 자유를 안겨 준다. 그녀는 온갖 조건을 지닌 모든 남성과 여성들에게 개방적일 수 있다. 어떤 공식적인 표준에 맞지 않는다고 해서 비난하거나 배제하려 들지 않기 때문이다. 따라서 그녀는 사회가 변두리로 몰아낸 사람들이나 눈에 띠지 않게 치워버린 사람들 — 연약한 노인들, 학대당한 사람들, 동성애자들 — 의 이야기와 경험에 민감하게 반응한다.

여성의 목소리가 좀 더 커지면, 여성이 변두리에서 중심부로 이동하면, 여성이 제도 안에서 동등한 파트너가 되면 무슨 일이 벌어질까? 여성을 포함시킨 덕분에 교회가 하나됨 쪽으로 변하고 성장할까? 아니면 여성이 자신의 변두리 거주지를 상실한 탓에 영적 자유까지 잃어버리게 될까? 한동안은 진지하게 받아들여질 수 있도록 끊임없이 노력해야 할 것이다 — 특히 영성지도와 관련된 재능을 인정받지 못하거나 과소평가 당하는 평신도 여성들의 경우에는 더욱 그래야만 한다. 성직안수를 받은 영성지도자들이나 종교공동체의 구성원인 영성지도자들의 경우는 좀 더 편한 편이다. 성직자 제복이나 종교적 관습이 권위를 부여해 주기 때문이다. 물론 천부적인 재능이 없다면, 학문적인 과정이나 인상적인 자격증도 영성지도자가 되게 해줄 수 없다. 하지만 신학교 공부나 자격증 프로그램이나 목회임상 교육은 여성 영성지도자가 자신의 권위를 인정하고 주장하도록 자유를 안겨줄 수 있다. 그렇다고 해서 공식적인 연구나 감독 작업의 중요성을 과소평가하려는 것은 아니다. 훈련의 중요한 가치는 경력에 사로잡혀 있는 이 직무를 합법화하는 것이다.

양육자로서의 여성

교사로서의 영성지도자를 위한 기본적인 모델은 바로 예수님이다. 하지만 예수님 외에도 많은 모델들이 있다. 그런데 우리는 예수님의 첫 번째 선생님을 그냥 지나쳐 버리기가 쉽다. 바로 예수님의 어머니다. 모든 아기들이 그러하듯이, 예수님 역시 어머니의 얼굴을 들여다보고, 어머니의 목소리를 듣고, 어머니가 만지는 것을 느끼면서, 인간이 무엇인가에 대해 배웠다. 어머니는 예수님께 확고한 사랑을 가르쳐 준 최초의 인물이었다. 예수님은 어머니로부터 먹이고, 씻기고, 치유하는 것을 배우셨다 — 이것은 확실히 여성의 일이지만, 예수님의 직무의 본질적인 부분이기도 했다. 성전의 학자들은 열두 살짜리 아이에게 추상적이고 알 수 없는 하나님을 가르친 반면, 어머니는 육체적, 인간적 경험을 통해서 기초를 세워 주었다.

이러한 깨달음은 나의 영성지도에 많은 도움이 되고 있다. 내 앞에는 언제나 수많은 어머니들의 무조건적이고도 끈끈한 사랑이 계속되고 있기 때문이다. 심지어는 내 앞에 있었던 마리아와 사막의 교모들, 노위치의 줄리안의 본보기를 통해서도, 약간은 불안한 마음으로, 어머니다운 영성지도자의 개념에 다가서게 된다. 물론 영성지도자는 자신을 찾아온 사람들을 어린 아이 취급하거나 사랑으로 숨 막히게 만들어서는 안 된다. 그런 행동은 선한 어머니의 역할이 아니다. 선한 어머니는 자녀가 자신의 능력을 발달시키고 성장할 수 있도록, 어머니에 대한 의존으로부터 벗어날 수 있도록 도와주어야 한다. 버지니아의 내 이웃인 흑곰들은 아주 유능한 어머니다. 필요한 만큼 새끼를 양육하고 나면 기운차게 떠나보낸다. 엄마곰은 부드러움이 조금 부족할지는 몰라도, 자신의 역할을 제대로 이해하고 있는 것이다!

나는 아직 이 초연함의 상태에 도달하지 못했지만, 그것에 민감한 어머니의 일상생활을 아주 오랫동안 지속해 왔다. 만일 내가 어머니다운 사람처럼 보인다면, 이왕이면 사막의 교모로 보였으면 좋겠다. 가장 중요한 것은, 좋든 나쁘든, 나 자신의 어머니 경험이 나의 영성지도 방법을 특징짓는다는 사실을 내가 잘 알고 있다는 것이다. 또한 인구의 나머지 절반을 배제시키는 것처럼 보이지 않기 위해서, 마이스터 에카르트는 우리 모두가 어머니가 될 수 있다는 점을 상기시켜준다. 자녀를 낳고 양육하는 것은 독특한 경험이지만, 어머니다운 존재 방식은 남성과 여성, 우리 모두에게 유용한 것이다.

 어머니가 되려면 엄청난 인내심이 필요하다. 전체의 과정은 기나긴 기다림으로 시작된다. 그런 다음, 아기가 태어난 후에도 천천히 발달한다. 그저 아기의 머리를 붙들고 있는 것만도 중대한 성과다. 이 작은 생명체가 언젠가는 움직일 수 있고, 언어를 습득할 수 있고, 컴퓨터를 이해할 수 있다고 생각하는 건 어머니에게 무척 어려운 일이다. 성숙과 자기만족을 향한 각각의 작은 단계는 기쁨의 원인이 된다. 현명한 어머니는 발달 단계들을 잘 알고, 결코 불가능한 일들을 기대하지 않는다. 따라서 자신의 욕심을 내려놓고, 있는 그대로의 아기를 만날 수 있다. 생물학적인 어머니의 측면에서 보자면, 이것은 결코 말처럼 쉬운 일이 아니다. 우리는 대개가 하루에도 몇 번씩 비참하게 실패하고 만다. 어머니다운 영성지도자는 자기 업무의 특성을 제대로 파악하고 있을 때, 그리고 일시적인 휴식을 종종 취할 수 있을 때, 비로소 조화와 성공의 기회를 더 많이 갖게 될 것이다.

 내가 어머니 역할을 하면서 배운 것들은 영성지도의 직무로 자연스럽게 흘러들어갔다. 나는 거의 자동적으로,『여성들의 인식방법』저자들이 어머니다운 대화라고 부르는 것을 나 자신이 실천하고 있다는 사실을 깨달았다. 때로는 올바른 질문을 하기가 힘들기도 하지만, 그릇된 질문은 사랑과 자발성을 짓밟아 버릴 수도 있다는 사실을 나는 배웠다. 또 나는 연약한 사람들은 아무리 소중하게 대해 줘도 버림받은 것 같은 느낌을 받기 쉽다는 사실, 그들은 쉽사리 자신이 사랑받을 만한 가치가 없다고 결론지어 버린다는 사실을 배웠다. 요즘은 대결이 더 유행이지만, 그래도 가혹함보다는 부드러움이 더 많은 걸 성취할 수 있다는 사실도 배웠다.

어머니는 자기의 확신이 부당한 경우에도 안전과 확답을 제공한다. 영국의 평신도 신학자, 마가렛 헤블스웨이트는, 첫째 아이가 태어난 지 몇 초 후 본능적으로 이런 인사말을 건넸다고 한다. "도미닉 폴, 괜찮아, 괜찮아." 곰곰이 생각해보니, 이렇게 어머니가 아기에게 보내는 위로의 메시지는 극히 추상적인 말이었다.7 "괜찮아" — 헤롯의 군사들이 남자 아기들을 죽이려고 베들레헴 가정들을 뒤지고 다닐 때, 어머니들은 아기에게 이 말을 들려주었을 것이다. 나치 독일의 집단 처형장으로 끌려가는 기차 안에서, 어머니들은 아이에게 이렇게 말했을 것이다. 어머니들은 언제 어디서나, 작은 상처들에 입을 맞추고 얼른 낫기를 바라면서 이렇게 말해 주었을 것이다. 그러니, 줄리안의 『계시』의 주요 본문을 번역한 것 가운데 적어도 한 군데서 바로 그 추상적인 말이 등장하는 것도 그리 놀라울 게 못된다.

어떤 때는 선하신 주님이 이렇게 말씀하셨다. "모든 게 다 괜찮아질 것이다." 또 어떤 때는 이렇게 말씀하시기도 했다. "모든 것이 다 괜찮아질 것을 너 스스로 알게 될 것이다." 이 두 가지 말씀에서 영혼은 여러 가지 의미를 분별해 낸다.

하나는 그분께서 위대하고 고귀한 것들뿐만 아니라 작고 연약한 것들, 낮고 하찮은 것들까지도 똑같이 돌보시는 분이라는 사실을 우리가 알기 원하신다는 점이다. 그분이 말하고자 하시는 것은 바로 이것이다: "'모든 것이' 다 괜찮아질 것이다." 우리는 가장 작은 것들조차도 절대로 잊혀지지 않을 것이라는 점을 알아야 한다.[8]

어머니는 본능적인 위로의 속삭임을 통해서, 삶의 고통과 불확실성과 공포를 결코 부인하지 않는다. 어머니는 그저 자녀에게 ― 그리고 스스로에게 ― 가장 심오한 단계에서는 모두 괜찮다는 점을 상기시켜 주려는 것이다. 우리도 영성지도자로서 이런 말을 할 수 있다. 거짓된 응원이나 부인이 아니라, 우리 자신의 확고한 신념을 가지고 말이다. 만일 **우리가** 줄리안처럼 모든 일에도 불구하고 괜찮아질 것이라는 점을 믿는다면, 굳이 이 말을 할 필요도 없을 것이다. 그저 이 말을 구현하면 되는 것이다.

영성지도에서의 여성

영성지도자로 추천받기 원하는 사람들의 태반이 여성이라는 사실은 이미 앞에서도 이야기했다. 아마도 남성 성직자와 신학생들을 제외하면, 그 비율이 훨씬 더 커질 것이다. 이 여성들은 이제 더 이상 옛 방식이 통하지 않는 사람들이다. 한 세대 전에는 그들도 교구에서 전통적인 "여성의 일"에 몰두했을 것이다. 그들은 교구에서 자신의 경험이 설교에 언급될 것이라는 기대를 전혀 못했을 테고, 예식에 참석할 수 있을 거라는 기대도 전혀 하지 못했을 것이다. 하지만 이제 그들은 더 많은 것들을 추구하고 있으며, 생전 처음으로 더 심오한 소명과 씨름하고 있다 — 이것은 성직안수에 대한 소명으로 오인될 수도 있다. 제도적 교회는 이런 여성들에게 아무런 도움도 주지 못했다. 평신도 사역의 중요성을 입에 발린 말처럼 떠벌리긴 했지만, 거기에는 사실 무언의 강력한 메시지가 들어 있는 셈이다. **진짜** 목사는 주일 아침에 제단 앞에 서는 사람이라고 말이다. 소명의 힘과 긴급성은 아주 명백하다. 여성은 자신이 그것에 대해 뭔가 행동을 취해야만 한다는 것을 잘 안다. 배제된 여성은 성직안수 말고도 몇 가지 다른 길을 찾을 수 있다. 영성지도자는 여성의 분별 작업을 도와줄 수도 있다. 그리고 가장 중요한 것은 그 직무에 대한 좀 더 폭넓은 비전을 여성에게 안겨줄 수 있다는 것이다.

틀에 박힌 "중년의 위기"는 묵살되기가 쉽다. 이 위험한 시기의 특별한 약속은 잊어버린 채 말이다. 이 여성들의 말은 그들 소명의 본질과는 상관없이 진지하게 듣고 받아들여야 한다. 그들은 지금 소명의 문제와 씨름하고 있기 때문이다. 하나님은 그들을 뭔가가 되라고 부르고 계신다. 그것이 무엇일까? 주일 아침마다 신실하게 교회에 출석하는 것 이상의 무엇, 헌신적인 위원회 일 이상의 무엇이다. 하지만 과연 그것이 무엇일까? 그들은 전통적인 교구민 역할이나 밋밋한 무관심의 안전함에서 벗어나, 하나님과의 친밀함을 추구하는 일에 착수하는 위험을 감수해야 한다는 압박감을 느끼고 있다. 그렇게 해도 어쩌면 현재의 고독만 더 커질지도 모르는데 말이다.

나는 이 여성들의 고립에 감명을 받게 된다. 그들이 선택한 것은 결코 아니지만, 대개의 경우 그들은 삶의 동반자가 없다. 어느 정도까지는 아주 인간적인 외로움 속에서 하나님께로 향하지만, 이것을 향한 그들의 열망을 과소평가하는 것은 잔인한 환원주의자나 할 짓이다. 또한 나는 모든 걸 — 안정된 결혼생활, 풍요로운 물질적 소유, 공동체에서의 지위 — 다 갖고 있는 것처럼 보이는 수많은 기혼 여성들의 영적 고립에도 깊이 감명을 받게 된다. 그들은 이미 상당한 재산 목록에 하나님을 보태고 싶은 탐욕 때문에 영성지도를 추구하는 것이 결코 아니다. 공허감 때문에 영성지도를 원하는 것이다. 하지만 그들은 가진 게 너무 많아서 진지하게 받아들여지지 않는다.

분명히 절실하긴 하지만 의견 표현이 분명하지 않은 여성들을 묵살하는 것은 아주 쉬운 일이다. 어떤 영성지도자들은 하나님을 향한 그들의 열망을 병으로 간주하여 그들을 급히 심리치료사나 결혼상담자에게 넘겨주고 싶어 한다. 하지만 우리가 관심을 쏟을 만한 한 여성의 영적 연구에는 아주 독특한 특징이 하나 있다. 마돈나 콜벤쉴라그는 여성이 남성보다 훨씬 더 자주 조언과 상담을 구하며, 하나의 치료법으로서 자신의 영성 탐구 — 사실은 일반적인 종교 — 에 의지하고, 때로는 이른바 "수동적–수용적 모드"에 빠져든다고 주장한다.9 그녀의 주장에는 상당한 지혜가 들어 있지만, 나는 여성들이 베푸는 사람이 될 수 있으려면 우선 치유를 받아야만 한다고 말하고 싶다. 승인에 대한 욕구가 처음에는 너무 지나쳐 보일지도 모르겠지만, 다음 단계로 나가기 전에 먼저 자신이 소중하고, 알려져 있고, 인정받고 있다는 확신을 키울 수 있으며, 또 반드시 그래야만 한다. 중요한 것은, 여성이든 남성이든, 평신도든 성직자든, 영성지도자는 의존에 빠질지도 모르는 위험을 경계해야 한다는 것이다.

여성들이 영성지도를 위해 나를 찾아올 때, 나는 그들에게서 대단한 열망을 감지한다. 그들의 상대적인 상처나 건강, 열정이나 소극성은 상관없다. 그들은 알려지길 갈망하고, 예레미야 처럼 "주님, 그래도 주님은 우리들 한가운데에 계시고, 우리는 주님의 이름으로 불리는 백성이 아닙니까?"(예레미야 14장 9절)라고 말할 수 있기를 갈망한다. 그들은 자기 목소리가 경청될 것이라고 확신하고 싶지만, 수세기동안 그들이 교회에서 경험한 것들은 고통스러운 방해물만 만들어 냈다. 영성지도자로서 여성들이 지니고 있는 특별한 특징들에 대한 논의에서 이미 지적한 바와 같이, 권위의 목소리는 전통적으로 남성의 것이었다: 설교자, 목사, 신학자, 고해신부, 영성지도자. 마틴 스미스는 『화해』에서 다음과 같이 평한다.

    남성들이 교회에서 공식적인 교사 역할을 차지해 왔던 역사적인 독점권, 이제는 다행히도 점점 사라져가고 있는 이 독점권은, 그 무엇보다도, 여성들이 자기 삶의 특별한 원동력과 전혀 안 어울리는 언어로, 하나님과 자신의 관계, 자신의 윤리적, 영적 반응을 이해하도록 늘 요구받아 왔다는 것을 의미했다.10

여성의 배제는 때로는 선의의 방관이 가져온 결과이기도 했다. 하지만 대개의 경우, 그것은 경멸과 공포와 잔인함, 그리고 복음의 메시지를 완전히 무시했음을 의미한다. 지금까지도, 신앙 발달과 윤리적 의사 결정에 관하여 가장 보편적으로 인용되는 연구들(에릭슨, 파울러, 콜버그)이 모든 것을 대변해 주는 것으로 알려져 있다. 그러나 그것은 남성의 경험을 연구한 것에 기초한 것이다. 일반적인 척도에서 보자면, 대부분의 여성들은 아직도 "미숙한" 상태의 신앙 발달 단계에 머물고 있다.

또한 전통적인 문화변용 역시, 대체로 진정한 성숙을 향한 성장을 억제하며, 여성들은 완전한 자기 자신이 되지 못하도록 방해 받고 있다. 어린이-여성의 미화는 우리 문화에 만연해 있다. 성숙한 여성은 화장품과 헬스산업의 도움으로, 처녀 같은 젊음을 유지하려고 열심히 노력해야 하며, 얼굴이나 몸매에 삶의 흔적이 드러나지 않도록 주의해야 한다. 하지만 성숙을 가로막는 훨씬 더 교활한 장벽은 남을 위해 산다는 생각이다. 조안 왈스키 콘은 다음과 같이 주장한다.

> 그리스도교의 교육과 실제는 여성의 성숙을 촉진시키는 대신, 여성의 구속에도 상당히 기여해 왔다. 여성들은 계속해서 한 가지 유형만의 종교적 발달 — 자기를 부인하고 남을 위하여 자기 욕구를 희생하는 것 — 을 소중히 여기도록 교육받아 왔다. 남성들은 부당한 권위에 저항할 수 있는 예언자적 용기와 자기-부인을 결부시키도록 교육받아 온 반면, 여성들은 모든 남성의 권위를 하나님이 주신 것으로 여기도록, 자신의 욕구를 내세우는 것은 이기심과 교만의 증거라고 판단하도록 교육받아 왔다.[11]

나는 희생의 목적이나 대상 같은 것은 전혀 따지지 않고, 철저한 자기-희생의 삶을 무조건 받아들이는 여성들을 많이 알고 있다. 물론 자기-희생을 권할 만한 성서적 근거도 있기는 하지만, 우선은 희생할 만한 **성숙한 자아**가 있어야 한다. 그리고 영성지도자는 그 자아의 발달을 도와줄 수 있다.

여성 영성지도의 언어적인 문제

또한 전통적으로 여성들은 자기 자신이나, 자신의 통찰력이나, 자신의 의견이나, 자신의 질문을 가치 있게 여기도록 사회화되지 못한다. 역사학자인 거다 러너는 전형적인 학문적 무대에서 여성들의 무기력한 태도에 관해 논하면서, 여성들이 침묵 가운데 사실은 이렇게 말하고 있다고 지적한다: "나는 시간과 공간을 차지할 만한 가치가 없는 사람이야."12

여성은 이런 태도를 교실뿐만 아니라 영성지도 현장에서도 그대로 유지한다. 종종 그들은 자신이 뭔가 가치가 없다는 느낌, 자격이 없다는 느낌에 도달한다 — 그게 정확히 무엇인지는 모르겠지만 말이다. 여성들은 자신이 하나님으로부터 심판을 받았다고 느낄 수도 있으며, 따라서 삶의 경험과 심오한 관심사의 측면에서 자신의 진짜 존재와 위치, 그리고 자신이 그래야만 한다고 생각하는 존재와 위치 사이에 균열이 생긴다. 이러한 균열은 특히 사랑과 자선의 문제에서 신랄하게 나타난다. 그 문제에 있어서, 피지도자는 자신이 "옳다"고 생각하는 것보다 좀 더 유연한 노선을 취하고 있음을 발견하게 된다. 예를 들면, 마릴린은 자신의 양심과 싸우면서 나를 찾아왔다: 그녀가 받은 엄격한 종교교육은 동성애자들에게 당연히 유죄판결을 내려야 한다고 가르쳤지만, 그녀는 동성애자를 가혹하게 심판할 수가 없어서 죄책감을 느끼고 있었던 것이다. 그래도 둘이서 함께 하는 시간의 안전함 속에서 자신의 딜레마를 솔직히 밝힘으로써, 그녀는 결국 영적인 자립을 할 수 있게 되었다.

영성지도를 원하는 여성들은 거의 알아맞히기 놀이 수준까지 자신을 불확실하고 간접적인 방식으로 소개하기도 한다. 그럴 때 영성지도자는 그녀를 "진지하지 못한" 사람 또는 미숙한 사람으로 판단해 버리고픈 유혹을 느낄 수 있다. 특히 여성의 언어적 특성을 잘 모르는 사람이라면 더더욱 그럴 것이다.13 따라서 진지하게 받아들여지길 원하는 여성들은 두 가지 언어를 구사할 줄 알아야 한다. 적어도 "중요한" 대화를 나눌 때에는, 지배 집단의 언어를 유창하게 구사하고 자신의 천부적인 언어는 억제해야 한다. 보통 무의식적인 상태에서 좀 더 널리 퍼져 있는 것은 언어적 망설임이다. "다소"나 "아마도"나 "조금" 같은 수식어를 자주 사용함으로써, 자기가 말하는 내용에 대해 기꺼이 책임지지 않으려 하는 것이다. 확신의 주장도 "난 알아요" 대신에 "난 믿어요"나 "난 생각해요"라고 말하면 그 힘이 사라져 버린다. 여성들은 듣는 사람을 자기 주장에 연루시키고 또 그 사람의 동의를 받아내기 위하여 문장을 의문형으로 끝마치는 경우가 많다. "안 그래요?"라는 말을 실제로 덧붙이거나 또는 억양을 높여서 말을 마무리하는 것이다.14

제인은 강한 주장도 펼칠 수 있고, 강력한 질문도 던질 수 있으며, 어떤 반응이 나오기 전에 그것을 뒤집을 수도 있는 피지도자였다. 하지만 "여성의 언어"라는 함정에 빠진 그녀는 얄팍하고 우유부단한 아마추어 예술가로 보일 수밖에 없었다. 나는 그 상황을 다 이해하고 그녀를 무척이나 좋아했지만, 말할 때마다 너무 자주 머뭇거렸기 때문에 짜증나는 걸 참느라 힘들었다. 내가 관찰한 사실을 지적해 주고, 그녀가 낯익은 양상으로 빠져들 때마다 주의를 줄 수 있도록 허락해 달라고 부탁하고 나서야 비로소 우리 둘의 작업이 진전을 보였다. 그 동안 그녀는 자신의 언어가 자기 파괴적인 성향이 있다는 것을 전혀 모르고 있었고, 따라서 내 계획에 적극 찬성하였다.

영성지도자는 여성이 자신의 주장에 책임을 지도록 도와줄 수 있고, 또 그래야만 한다. 이것은 무엇보다도, 책임을 지는 것이 안전하다는 사실을 확신시켜주는 것을 의미한다. 나는 여성들의 불확실한 말투가 대부분, 여성이 자신을 강한 사람으로 드러낼 경우 다소 끔찍한 보복 — 신의 보복 같은 것 — 이 따를 것이라고 하는, 자신의 분노에 대한 공포에서 생겨난다고 확신한다. 수잰은 망설이는 듯한 간접적 말투의 대가다. 나는 종종 수잰에게, 하나님도 이미 그녀의 위험한 생각을 다 알고 계시지만 지금까지 그녀를 치지 않고 참아오셨다고, 그러니 나를 두려워할 필요가 전혀 없다고 말해 준다. 부디 수잰이 하나님이나 나에게 화를 내는 것이 안전하다고 느낄 만큼, 우리가 사랑과 신뢰 속에서 충분히 성장할 수 있었으면 좋겠다. 꼭 그런 날이 올 것이다. 하지만 아직은 갈 길이 멀다.

우리는 또한 질문에 귀를 기울여야 한다. 특히 소리 내어 묻지 않는 질문에 말이다. 그 동안 여성은 질문을 제기하거나 신학적인 문제를 거론하는 것과 거의 무관한 존재였다. 만일 브리스길라나 테클라가 바울 대신 서신을 썼다면, 성육신에 관한 내용이 훨씬 더 많았을 것이고, 할례에 관해서는 비교적 덜 이야기했을 게 틀림없다! 결국 그 동안 한 번도 물어보지 않은 질문들, 대답이 전혀 없는 질문들에 대한 해답은 바로 전통적인 신학에 들어있는 것 같다.[15]

소중한 경험

지배집단은 보통 자신이 피지배집단의 경험을 잘 이해하고 있다고 생각한다. 따라서 백인들은 자신이 흑인의 삶을 제대로 이해하지 못한다는 사실을 깨닫는 순간 깜짝 놀라게 된다. 만일 그들이 진실을 이야기해 줄 신실한 흑인 친구들에게 개방적인 태도를 취한다면, 상상력을 통해 이해에 접근할 수가 있을 것이다. 이와 마찬가지로, 남성 성직자와 설교자, 영성지도자, 고해신부들 역시 자신이 여성의 경험을 제대로 이해할 수 있다고 생각하는 경향이 있다 — 결국은 그리 다를 게 없다는 것이다. 그 동안 여성들은 자신의 경험을 소중히 여기지 않고 또 그것에 관해 침묵함으로써 이런 그릇된 믿음을 더욱더 부추기기만 했다.

여성의 육체적 존재가 여성의 영성과 얼마나 불가분의 관계에 있는가를 생각할 때, 여성의 육체적 경험이 공개적인 논의에서 얼마나 금기시되고 있는지, 정말로 놀라운 일이다. 생리는 여전히 비밀스러운 화제다. 대부분의 공적인 화제에서는 부정적인 용어에 속한다. 그런데도 여성의 냉소적 특징이 자신을 불안정하고 믿을 수 없는 존재로 만든다고 할 수 있겠는가? 폐경기는 우습기도 하고 측은하기도 한 것처럼 비쳐진다. 월경이 폐지된 여성들의 에너지와 열정에 대해 기쁨의 감사 기도를 드린 마가렛 미드의 경우만 제외하고 말이다. 보통 임신과 출산은 여성잡지에서 추방당하고 있는 실정이다. 누가가 그 주제에 관해 신학적으로 잘 처리했는데도 불구하고 그렇다. 또한 여성들의 자기 몸에 대한 심각한 혐오증과 몇 가지 특징들에 대한 불만, 그리고 살을 빼야 한다는 — 문자 그대로 자신을 축소시켜야 한다는 — 만연된 생각은 영적인 차원에서 거의 언급되지 않고 있다. 마지막으로, 너무나도 많은 여성들에게, 최초의 성 경험은 곧 폭력과 학대의 경험이다. 여성들의 성격 형성에 가장 큰 영향을 미치는 강력한 경험은 종종 비밀스러운, 감추어진 경험일 때가 많다. 그렇기 때문에 전체적인 구조에서 보자면 별로 안 중요한 것처럼 여겨질 수 있으며, 신학적 성찰을 하기에는 너무 하찮은 것이라고 여겨질 수 있다.

여성은 다른 여성 — 아마도 평신도 여성일 가능성이 크다 — 과 함께 좀 더 유익한 작업을 할 때가 많다. 무엇보다도 여성들끼리는 남성과 다른 식으로 이야기하며, 공통의 경험을 지닌 여성들 사이에는 특별히 공유된 이해가 존재한다. 그렇다고 해서 피지도자가 자신의 경상과 일치해야 한다는 말은 아니다. 하지만 여성에게는 자신의 경험을 전면적으로 받아들여주고 이해해 줄 수 있는 누군가가 필요하다. 물론 이런 욕구를 충족시켜주는, 민감하고도 상상력이 풍부한 남성들도 많다는 사실은 꼭 강조하고 싶다. 바로 그 다름이, 명확한 관점을 얻기 위해 애쓰고 있는 여성들에게, 그 남성들을 소중한 존재로 만들어준다. 생각 없는 분리는 영성지도에서 결코 설 자리가 없다. 분명 밀려나고 말 것이다. 남성들도 여성을 위한 영성지도자가 **될 수 있다!**

피지도자는 하찮은 것처럼 보일까봐 두려워서, 그리고 자신의 경험을 과소평가해서, 심오한 관심사에 대한 이야기를 피할 수가 있다. 길고도 "단조로운" 결혼생활의 영적 의미는 아예 탐구하지도 않거나 낮게 평가될 때가 많다. 신실함의 대가와 열매가 항상 뚜렷하게 나타나는 것은 아니지만, 그것은 여성의 영적 정체감에 큰 영향을 미친다. 가사의 영성 역시 무시당하고 있는 영역이다. 내 남자친구들과 동료들은 대부분, 절대로 끝나지 않고 반복되는 잡일, 무시하고 내버려 둘 때에야 비로소 눈에 띄는 집안일의 부담에 대해서 잘 모른다. 더욱이 어린 자녀들과 함께 보내는 시간은 영혼을 풍요롭게 해줄 수도 있지만, 동시에 정신을 둔화시킬 수도 있다. 그 시간에는 신앙을 초월한 인내심을 짜내야만 한다. 이 모든 것이 영성지도의 소재다. 이 모든 것이 하나님-요소를 지니고 있다. 비록 피지도자는 자기 삶 속의 사소한 일들에서 하나님 경험을 자각하지 못한다 할지라도 말이다.

영성지도자의 임무는 여성이 자신의 이야기를 털어놓을 수 있도록, 자기 음성을 발견하고 신뢰할 수 있도록 도와주는 것이다. 그러려면 먼저 여성이 존재하고, 진정한 자아를 발견하고, 드러낼 수 있도록 자유를 주어야 한다. 언제나처럼 여기에서도 영성지도는 연민을 가지고 곁에 있어 주는 직무다. 피지도자가 스스로를 진지하게 받아들이지 못하는 것 같을 때에도, 영성지도자는 진지하게 받아들여야 한다. 남성이든 여성이든, 영성지도자는 자기 자신의 편견부터 깨닫는 것이 중요하다. 그래야만 선입견 없이 비판적으로 귀를 기울일 수 있다. 예를 들면, 어떤 남성들은 몸단장을 잘하고, 잘 차려입은 중산층 중년 여성하고만 작업을 하려고 애쓰는데, 결코 그래서는 안 된다. 그들은 이런 외적인 조건들 너머의 것을 보지 못하기 때문에, 너무도 성급하게 이 여성들을 피상적이고 유물론적인 존재로 치부해 버린다. 이와 마찬가지로, 극단적인 여권주의자들 역시 헌신적인 전업주부 엄마들을 결코 이해하지 못한다. 마치 최근에 이혼을 한 여성이, 힘겨운 결혼생활에 헌신하고 있는 자기 피지도자를 병적인 사람이라고 여기는 것처럼 말이다.

모든 것을 진지하게 받아들이는 영성지도자는, 피지도자가 아무리 신학적으로 세련되지 않은 말들을 머뭇거리면서 꺼내더라도, 결코 그것을 무시하지 않는다. 영성지도자 (그리고 피지도자)에게 중요한 것은, 신학적 어휘 없이도 얼마든지 "영적인" 문제들을 이야기할 수 있다는 점을 이해하는 것이다. 소재는 무궁무진하다: 필요한 것은 오직 피지도자가 자기 자신의 목소리를 신뢰하는 것뿐이다. 이 때 영성지도자가 올바른 질문을 던지면, 여성의 문제를 명확히 하고 망설임을 제거해줄 수 있으며, 그 여성이 다른 사람의 권위에 지나치게 의존하는 데서 벗어나 자기 자신의 내적인 권위, 자유로운 미지의 자아를 주장하도록 도와줄 수 있다. 파르치팔은 지극히 단순한 질문 — "삼촌, 어디가 아프세요?" — 하나만으로 왕을 고통에서 해방시켜 주고 성배지기 공동체 전체를 조화와 하나됨으로 이끌었다. 이 간단한 질문을, 영성지도자는 깜빡 잊어버리고 묻지 않을 수 있다. 특히 맞은편에 앉아 있는 여성(또는 남성)이 강인하고 긍정적인 사람처럼 보일 때 말이다. 대부분의 여성들은 전통적으로 돌봐 주는 입장에 속하기 때문에, 이런 질문을 들을 준비가 안 되어 있다. 설령 듣는다 해도, 그것은 의사의 입에서나 나올법한 질문이다. 자기 자신의 소망을 내려놓도록(아니면 적어도 숨겨놓도록) 사회화된 나머지, 여성들은 그런 질문이 이기적이고 방만한 존재가 되는 길이라고 여긴다. 하지만 이것은 오히려 자아로의 초대다. 단순히 상처의 원인을 밝히는 것이지만, 그 상처를 공개적으로 드러내는 것만으로도 얼마든지 치유를 일으킬 수 있는 것이다.

이것은 여성의 삶의 모든 측면에서 중요하지만, 특히 영성의 영역에서 더 결정적이다. 여성은 솔직하게 질문하기 시작하면서부터, 그 동안 여러 해에 걸쳐 축적된 부정과 억압된 고통을 — 자신도 깜짝 놀랄 정도로 — 드러낼 수 있게 된다. 신실함의 대가는 매우 컸다. 이제 여성은 종교적 언어와 심상으로,

그 동안 배제되어 온 것에 대한 자신의 슬픔을 드러낼 수 있게 된다.

후원적인 영성지도자는 여성이 공동의 그리스도교 이야기에서 자기 자리를 찾도록 도와줄 수 있다. 엘리자베스 몰트만-벤델, 필리스 트리블, 엘리자베스 쉬슬러 피오렌자의 저서도 물론 귀중한 자료들이지만, "그저" 여성의 눈으로 복음을 읽고, 이제껏 설교와 교육에서 거의 언급된 적이 없는 것들에 주의를 기울이는 것이 훨씬 더 효과적이다. 나는 "예수님 주변의 여성들"에 관한 피정을 여러 번 이끌었다.16 첫 번째 모임 때 나는 피정에 참가한 사람들(보통은 여성들)에게 예수님께 향유를 부은 여인의 이야기를 기억나는 대로 한 번 이야기해 보라고 부탁한다. 그러면 틀림없이 다들 누가의 버전을 기억해 내느라 애쓴다: "그런데 그 동네에 죄인인 한 여자가 있었는데......예수의 등 뒤에 발 곁에 서더니, 울면서, 눈물로 그 발을 적시고, 자기 머리털로 닦고, 그 발에 입을 맞추고, 향유를 발랐다"(누가복음 7장 37~38절). 나는 그들에게 마가의 이야기를 상기시켜 준다: "한 여자가 매우 값진 순수한 나드 향유 한 옥합을 가지고 와서, 그 옥합을 깨뜨리고, 향유를 예수의 머리에 부었다"(마가복음 14장 3절). 우리는 이 두 여인, 우리의 자매들과 함께 잠시 앉아 있는다: (아마도 성범죄를 지었을) 죄인이었던 여인은 마룻바닥에 엎드려 울었고, 무명의 여인은 마치 왕에게 기름을 붓는 선지자처럼 똑바로 서 있었다. 그런 다음 우리는 예수님의 역설에 울고 또 웃는다: "온 세상 어디든지, 복음이 전파되는 곳마다, 이 여자가 한 일도 전해져서, 사람들이 이 여자를 기억하게 될 것이다."

나아가 영성지도자는 여성과 남성 모두가 기도 속의 여성적인 하나님 상을 편안하게 여기도록 격려해 줄 수 있다. 이것은 그저 "허용"의 문제일 수도 있고, 어쩌면 영성지도자 자신의 경험을 짧게 들려줄 수도 있다. 걱정스럽거나 불확실한 점들을 재확인하기 위하여, 영성지도자는 그 동안 빈번히 간과되어 온 성서 속의 여성적 심상들을 지적해줄 수 있다. 나는 혼자만의 기도를 통한 실험과 자유를 자주 권하는 편이다. 그것은 종종 전통적인 대중예배와 편하게 결합될 수도 있다.

여성이 경계선을 허물고 자신의 진정한 자아와 목소리를 찾을 수 있으려면, 그리하여 자신의 성숙한 영성으로 성장할 수 있으려면, 기꺼이 위험을 감수해야만 한다. 성화상이 우상화되어 버렸으므로 그만 내버려야 한다는 사실을 모르는 게 차라리 더 편하다. 하나님 상이 제한되고 왜곡되어 버렸다는 사실을 인정하지 않는 게 훨씬 더 편하다. 마돈나 콜벤쉴라그는 "무신론의 시기"에 관하여 말한다. 그것은 여성이 이제는 작아진 신앙을 벗어버리는 시기, "권위"에 의존하는 걸 그만 두고 자신을 신뢰하게 되는 시기다.[17] 좀 더 쉽게 비유하자면, 훈련용 보조바퀴를 떼어내 버린 여성이, 놀랍게도 자전거가 계속 똑바로 나아가는 것을 깨닫게 되는 시기다.

여덟 번째 죄악

우리는 신입생 영어 시간에 『실낙원』과 씨름하면서, 거드름 피우는 교만이야말로 가장 큰 죄라는 사실을 "알게" 된다. (나 같으면 탐욕스러운 현대사회의 끝없는 욕망을 꼽겠지만, 밀턴은 전통을 대변한다.) 그러나 나는 여성들의 이야기를 경청하면서 보낸 시간들을 통하여, 특별히 여성적인 형태의 죄악이 존재한다는 사실, 그리고 많은 여성들이 금세 자신을 비난해 버리지만 사실 교만은 그들이 빠지기 쉬운 죄악이 아니라는 사실을 확신하게 되었다. 너무 선해서 목숨을 부지할 수 없었던 여성의 모델, 19세기 소설 속의 불운한 여주인공은 비극적인 결과를 내면화하고 있었다. 여성의 죄 형태는 남성의 것과 다르다. 희생자의 역할을 포용하는 것이 여성이 "결백한" 상태에 머물 수 있는 방법이다. 이 여주인공처럼 스스로가 상처를 입도록, 아니 심지어는 파멸되도록 기꺼이 내버려 두는 것은 본질적으로 죄악된 존재 방식의 충격적인 본보기다.

여성의 특별한 죄악은, 교만과는 거리가 먼 자기-비하다. 이 자기-혐오는 몸으로 상징화되고 몸에 집중된다. 여성들이 자신의 육체적 자아에 불만을 품고 있다는 사실을 나는 이미 지적했다. 이것이 특별히 여성적인 편견이며 문화적 메시지가 그것을 강화한다는 사실은 연구를 통해 밝혀졌다. 거식증이나 폭식증 같은 장애는 극단적인 자기-혐오의 결과다. 이보다 더 중요한 것은, 여성의 자기-비하가 성장하려는 의지, 성장에 필요한 위험을 감수하려는 의지가 전혀 없음을 보여주는 증거라는 것이다. 여성들은 자신이 성숙을 수용하지 못하고 주저하는 것이 곧 성인으로서의 책임을 암묵적으로 거절하는 것임을 깨닫지 못할 때가 많다. 그들은 이렇게 묻는다. "어떻게 이런 일이 있겠습니까?" 그들은 아내, 어머니, 고용인, 전문가로서의 책임 때문에 부담감을 느끼고 있다. 아니, 사실은 그 책임에 압도되어 버렸다. 하지만 다른 사람들, 특히 남편과 자녀들에 대한 의무에만 지나치게 몰두하고 그 결과 자기는 무시해 버림으로써, 여성들은 내적인 성장을 회피하고 있다. 이렇게 경솔하게 영적인 무책임에 빠져 버리면 좋을 게 하나 없다. 오히려 끔찍하고 폐쇄적인 결과만 생길 뿐이다.

사소한 일에 지나치게 몰두하는 것과 마찬가지로, 여성들의 망설임 역시 자기-비하의 또 다른 증거다. 둘 다 일종의 소란스러운 침묵이며, 명확성을 제치고 — 아마도 무의식적으로 — 채택된 연막이다. 여성들은 분명한 태도를 취하거나 결정적인 언어로 자기를 표현하는 걸 주저함으로써, 자기 이야기는 들을 만한 가치가 없다는 메시지를 강하게 전달한다. 또한 여성들은 자신이 사소한 일들에 몰두하도록 내버려둠으로써, 자신은 바라볼 가치도 없다는, 적어도 모든 것에 정통한 어른으로서의 가치는 없다는 메시지를 전달한다. 더욱이, 사소한 일에 신경을 쓰면 고통이 완화된다. 거기에 너무 몰두한 나머지, 자기 자신과, 인간관계와 — 그리고 물론 — 하나님을 제대로 직면할 수가 없기 때문이다.

여성의 망설임(이를 악문, 상냥한 분노의 일종)은 또한 분노의 잘못된 이해에서 기인한 것일 수도 있다. 여성들은 분노 자체가 피할 수 있는 것, 그릇된 것이라고 믿게끔 사회화되었기 때문이다. 분노를 표출하는 것은 죄라고 사회화되었기 때문이다. (이 "죄"라는 단어는 우리의 세속적 어휘에서 드물게 나타나지만, 그 현상은 널리 알려져 있고, 두려움의 대상이 되어 있으며, 처벌이 가능하다.) 그 결과 상당한 영적 에너지가 "그릇된" 죄와 씨름하는 데에 허비되고, 잠재적으로 건설적인 분노의 사용이 무시당하고 있다. 그런 결과는 여성과 그 주변 사람들에게 해롭고 파괴적인 영향을 미친다. 양로원 원목으로 있을 때 알고 지냈던 한 여인이 지금도 내 마음에 아로새겨져 있다: 엠마는 생의 마지막 몇 개월을 분노와 암에 압도되어 보냈다. 그녀의 완고한 신앙은 하나님의 목적을 묻지 못하도록 막았고, 홀로 분노를 삭이게 만들었다. 겉으로는 방문객들에게 늘 상냥하고 정중하게 행동했지만, 박한 보수를 받고 그녀를 돌봐주던 무지한 여성들 때문에 그녀의 삶은 지옥과도 같았다. 그녀는 결국 자기 안에 깊은 분노의 샘이 있음을 직시하지 못하고 죽었다.

여성 자신의 권위 부정은 어쩔 수 없이 수동성으로 표출된다. 성령님을 받아들일 수 있도록 건강한 자아를 개방하고 비우는 수동성이 아니라, 무거운 침체다. 생화학적, 유전학적, 신경학적 원인을 제하면, 적어도 어느 정도는 영적인 원인에서 우울증이 비롯되는 게 틀림없어 보인다. 마찬가지로 자기-비하의 수동성은 중독증으로 표출될 수도 있다. 음식과 약물과 알코올 같은 명백한 중독뿐만 아니라, 잠이나 과잉행동이나 소비같이 덜 뚜렷한 중독도 있다. 그 중에서도 특히 소비 중독은 방심할 수가 없다. 문화적으로 강화되고 자극을 받기 때문이다.

자기-혐오와 자기-비하의 죄를 과소평가하지 않는 것이 중요하다. 그것은 분명히 죄악이다. 그 중심에는 하나님의 사랑에 대한 부정, 하나님의 창조세계의 선함에 대한 부정이 자리 잡고 있기 때문이다. 그러니 결국 교만도 한몫을 한다. 여성은 자신을 창조세계의 일부가 아닌 것으로 여기고, 신적인 사랑의 법칙이 자신에게는 적용되지 않는다고 생각하기 때문이다. 그 사랑이 자기만 제외하고 다른 모든 사람들을 위해 존재한다고 여기는 것이다.

다른 모든 죄처럼, 이것도 죄인 혼자서만 해를 입도록 개인화될 수는 없다. 그 결과는 여성과 직접적으로 관련이 있는 집단과 그 너머로까지 미친다. 여성의 재능이 사용되지 않은 채, 심지어는 인정받지도 못한 채 낭비되고 있다. 더욱이 다른 사람들의 재능을 받아들이지도 못한다. 자기-비하는 거짓 겸손, 시기, 조작, 그리고 게으름 같은 다른 죄악들이 성장하도록 기초적인 조건을 제공해 주는 매정한 들판이다. 게으름은 특히나 비열한 죄악이다. 분주함으로 변장할 수가 있기 때문이다. 다시 한 번 말하지만, 사소한 일들에 몰두하는 것은 일종의 증상이다.

영성지도자의 임무는 여성들의 말을 경청하고 자기-기만의 형태를 찾아내는 것이다. 여성이 죄를 짓는 방식은 혼란에 의존하기 때문이다. 내가 가장 좋아하는 두 가지 질문 — "무엇을 원하세요?"와 "어디가 아프세요?" — 는 여성의 죄악된 존재 방식을 발견해 내는 동시에 그 여성이 부인하는 내적인 아름다움과 선함을 드러낼 수 있는 훌륭한 진단 도구다. 그렇지만 영성지도자는 그 여성이 사소한 일들에 집착하지 못하도록 이끌어야 한다. 죄의식은 진지하게 받아들여야 한다. 피지도자에게는 그것이 무거운 짐이기 때문이다. "아, 그런 건 별로 중요한 게 아니에요"라는 말은 아무런 위로도 될 수 없다. 거만한 미소로 묵살해 버리는 것은 더욱 안 좋다. 엉뚱하고 잘못된 죄의식이라도, 뭔가 잘못되었다는 증거임에는 틀림없다. 대부분의 여성들은 자신에 관해 최악의 말을 들을 준비를 갖춘 채, 또는 그러길 갈망하면서 영성지도자를 찾아온다. 그 동안 참아온 상처 때문에 생긴 그들의 수치심은, 그들 자신의 개인적인 죄책감과 쉽사리 혼동되고 만다.

어떤 여성들은 단지 자신이 존재하는 것만으로도 엄청난 죄책감과 죄의식에 시달린다. 이것은 거의 의식하거나 말로 표현할 수 없지만, 분명히 심한 손상을 입힌다. 내 경험상 가장 놀라운 예는 그레이스와의 대화였다. 그레이스는 매우 정직하고 지적인 여인인데, 시기심 많은 상사가, 부서를 운영하면서 회계 상의 범죄를 저질렀다고 그녀를 고소한 상태였다. 거의 절망에 빠진 그녀가 항의하였다. "난 그런 짓 안 했어요. 부정부패 같은 건 정말이지 생각도 안 해봤다고요. 그녀는 완전히 미쳤어요. 그런데 왜 이렇게 죄책감이 들지요?" 마찬가지로, 앨리 역시 학교의 관리인 중 한 명이 자기를 상대로 사소하지만 잔인하고 노련한 농담을 퍼뜨린 사실을 알게 되었다. 그녀가 보인 반응은, 분노를 개방적으로 표출하는 것이 아니라, 자신의 죄책감을 받아들이는 것이었다. "내가 무슨 짓을 한 게 틀림없어요. 분명히 무슨 일로 그에게 상처를 주었을 거예요." 훨씬 더 비극적인 것은, 강간과 성폭행의 피해자들마저도 자기 자신을 비난하는 현상이 자주 나타난다는 것이다.

영성지도자는 너무 가혹하게 대하거나 상냥하게 대하는 것을 둘 다 피함으로써, 여성이 자기 죄의 요소들을 분리하도록 도와줄 수가 있다. 『무지의 구름』의 저자는 죄가 "한 덩어리"라고 적절히 평한다. 우리는 이 덩어리를 분리하고 그것의 화학적 구성을 알아내야 한다. 거기에는 상당히 많은 불활성 물질과 어쩌면 아주 소중한 것들까지도 들어 있을 수 있기 때문이다. 영성지도자는 좋은 것들을 나쁜 것들과 분리하고, 중요한 것들을 무의미한 것들에서 분리하도록 돕는다. 그것은 섬세하고 온화한 작업이다. 죄는 늘 상처와 연결되어 있기 때문이다: 타인의 상처, 하나님의 상처, 그리고 자기 자신의 상처와.

학대의 생존자

성과 성적 경험의 영역은 전체적으로 섬세한 영역이다. 피지도자들은 이 문제 — 성적 취향이나 강간, 근친상간, 불법적인 출산이나 임신중절 등의 문제 — 를 영성지도에 끌어들이길 주저하는 경우가 많고, 따라서 진짜 문제를 표면화하기까지는 상당히 오랜 시간이 걸릴 수도 있다. 영성지도자와 피지도자 둘 다에게 일종의 시험 기간이 필요한 셈이다. 나는 피지도자가 많은 부분을 이야기하지 않았다거나 그림의 상당 부분을 생략해 버렸다고 느껴질 때마다, 조금 더 탐침하게 된다: "가족에 관해서 말해 보세요." 또는 "혼자 사세요?" 그럴 때 나는 실망할 각오를 하고 있어야 한다. 그런 질문은 적어도 처음에는 아무런 진전도 가져올 수 없기 때문이다. 피지도자는 부인이나 회피를 수반하는 불편함을 드러내지 않는 경우가 많다. 그저 아무런 정보도 제공하지 않을 뿐이다.

피지도자는 당연히 궁금해 한다. "내가 인정을 받을까, 아니면 수치를 당할까?" 때때로 그들은 이런 질문을 직접 하기도 한다. 베스는 첫 만남에서 내게 이런 질문을 던졌다. "난 레즈비언이에요. 혹시 이것 때문에 불편하세요?" 나는 결코 그렇지 않다는 점을 확신시켜 주었을 뿐만 아니라, 혹시 **내가** 어떤 식으로든 **그녀를** 불편하게 만든다면 즉시 알려달라고 부탁까지 했다. 물론 "하나님이 나를 인정해 주실까요?"라고 하는, 좀 더 심오한 질문은 여전히 입 밖으로 못 나오고 있다. 지금은 예절을 따질 때가 아니다. 만일 영성지도자가 연민을 품을 수 없다면, 그래서 피지도자를 심판하거나 경멸할 수도 있는 위험이 도사리고 있다면, 그 피지도자를 받지 않는 편이 더 낫다.

지난 십여 년에 걸쳐, 성폭력에 관한 사회적 연구와 직접적인 기사가 매우 급증하였다. 이제는 네 명의 여성들 가운데 한 명이 폭력을 당한 적이 있는 것으로 널리 인정되고 있다. 이것은 강간부터 시작하여, 부적절한 접촉이나 지나치게 귀여워하는 것 같은 산발적인 경우까지 모두 포함한 것이다. (언어폭력은 여기에 포함되지 않는다. 일부 남성들은 아직도 이것이 그저 여성에게 아첨하는 것뿐이라고 잘못 믿고 있다.) 열 명의 여성들 가운데 한 명은 지속적인 성폭력의 희생자인데, 그나마 이것도 낮춰 잡은 것이다. 물론 남성 피해자도 있기는 하지만, 성폭력은 전형적으로 여자 어린이를 대상으로 벌어지는 범죄요 죄악이다. 낯선 사람에 관한 신화는 그저 신화일 뿐이다: 성폭력을 당한 여성들은 대개가 잘 아는 사람, 믿었던 사람 — (가장 흔하게는) 자기 아버지, 삼촌, 할아버지, 엄마의 "애인", 또는 오빠 — 의 희생물이 되었다. 남매간의 근친상간일 경우에는, 상호 합의 아래 관계가 이루어질 가능성이 '약간' 있다. 하지만 보통은 강제적이다. 간혹 육체적 억압이 따르지 않는다 할지라도, 그것은 어디까지나 영적, 감정적 폭력이다.

나는 지난 5년 동안 근친상간에서 살아남은 희생자들을 점점 더 많이 접하게 되었다. 그들은 특별한 영성을 지닌 특별한 피지도자 그룹이다. 이 생존자들은 교회에 마음이 끌리는 것 같다. 때때로 그들은 말하기를, 악몽 같았던 유아기 때 오직 교회만이 유일하게 안전한 장소였다고 한다. 때때로 그들은 이 모든 것에도 불구하고 하나님의 사랑을 느낌으로써 진정한 은총을 경험한다. 나는 교회에 대한 그들의 헌신을 일종의 부인이나 보상작용이라고 말하고 싶지 않다. 비록 종교가 현실도피에 이용될 수 있다는 사실을 부인할 수는 없지만 말이다.

일부 근친상간 생존자들은 영성지도를 받으러 올 때 자신의 고통스러운 역사를 전혀 인식하지 못할 때도 있다. 그들의 기억은 너무나도 압도적이기 때문에, 기억상실증은 곧 생존전략이다. 중년이 되어 그들이 과거의 기억을 떠올리기 시작할 때까지, 수년간에 걸친 근친상간과 강간은 그들의 의식에 속하지 못한다. 기억은 점차적으로, 또는 갑작스럽게 돌아온다. 이 시점에서는 영성지도만으로 절대 충분치 않다. 그것은 전체성을 향한 여성의 작업들 중 하나의 요소에 지나지 않는다. 그녀는 특별 훈련을 받은 사람, 또는 성폭력 문제에 매우 민감한 사람으로부터 심리치료의 도움을 긴급히 받아야 한다. 후원 집단과 12단계 프로그램도 있다. 이것은 집중적인 개인 심리치료의 시기가 지난 다음에, 또는 그것과 병행하여 도움을 줄 수 있다. 나는 심리치료사와 힘을 합하여, 그리고 중개인 역할을 하는 피지도자와 힘을 합하여 작업하는 게 마음 편하다. 하지만 피지도자 쪽에서 먼저 나서지 않을 경우에는, 나도 심리치료사와 전혀 실제적인 접촉을 하지 않는다. (예를 들면, 나는 린다의 치료사와 한 번도 만난 적이 없다. 하지만 그 치료사에 대해 상당한 애정과 존경심을 품고 있다. 린다는 정규적으로 우리의 인사를 서로에게 전달하고 있다.)

고통스러운 기억을 되살리기 전에도 성폭력 생존자는 어쩌면 적절하게 기능을 수행하는 것처럼 보일 수 있다. 하지만 그녀는 몹시 수다스럽고 심지어는 천박해 보일지도 모른다. 그녀가 사소한 일들에 몰두하는 것은 고통스러운 상처를 덮고 있는 반창고와도 같다.[18] 어쩌면 그녀는 본능적으로 타인의 고통에 이끌릴 수도 있다. 그래서 "선행"과 "남을 돕는 일"에 굉장히 관심이 많을 수도 있다. 이 때 영성지도자는 신뢰가 형성될 때까지 시간을 두고 인내해야 한다. 아무리 후원과 이해를 위해 다가서는 사람이라 할지라도, 이 여성들이 **누군가를** 신뢰할 수 있는 근거가 전혀 없기 때문이다. 대부분의 생존자들은 표면상으로 잘 대처하는 기술을 익히고 있다. 하지만 과거의 친절하고 진부한 말들에서 벗어나기까지는 많은 시간이 걸린다.

영성지도자가 어디를 들여다봐야 할지 모를 경우, 고통과 내적 혼란의 뚜렷한 단서가 보이지 않을 때가 많다. 나는 지금 성폭력을 당한 사람들의 특별한 상처를 감지할 수 있는 6번째 감각 ― 지금으로서는 막연하다 ― 을 익히고 있는 중이다. 하지만 기억상실증 상태에 있는 사람이라면 조심스럽게 신중을 기해야 한다; 어쩌면 나는 본능적으로 나에게 필요한 것 또는 피지도자에게 분명히 밝혀야 할 것보다 더 많은 것들을 알고 있는지도 모른다. 그래도 기껏해야 더 깊이 들어가 보자는 부드러운 초대에 응답할 뿐이다: "당신이 그 동안 너무나도 많이 아파했다는 게 느껴져요."

피지도자가 예전의 경험을 기억해 내기 시작하면 지속적인 인내가 요구된다. 좀 더 많은 소재들이 표면화될수록 영성지도 관계도 신뢰 가운데 발달하게 되고, 그래야 피지도자도 일종의 치유를 향해 나아갈 수 있다. 때로는 은폐된 사실을 한 겹 한 겹 벗겨 내고 있는 것처럼 느껴지기도 한다. 또 때로는 나선형 계단을 따라 점점 더 밑으로 내려가는 것처럼 여겨지기도 한다. 모든 영성지도 관계와 마찬가지로 여기에서도 ― 그러나 여기에서는 특히나 더 ― 비밀은 확실히 지켜져야 한다. 희생자는 수치심으로 가득 차 있으며, 거의 언제나 죄책감과 수치심의 전형적인 혼동에 시달리고 있기 때문이다. 그녀는 자신에게 일어난 일 때문에 어쨌든 자신이 비난을 받는다고 생각한다. 그녀는 더 깊은 치유와 그 치유가 수반하는 인식을 향해 나아가는 과정에서, 자신의 극심한 분노와, 그 분노를 표출할 경우 벌어질 일들에 대한 자신의 공포심을 발견하고 깜짝 놀라게 된다.

성폭력 생존자들과 함께 작업할 때에는 지름길이라는 게 전혀 없다. 영성지도자는 "의무"와 "당위"를 철저히 피해야 한다. 이 때 딱 한 가지 중요한 예외가 있다. 린다에게 다음과 같이 말했던 게 생각난다. "대부분의 경우에는 당신에게 해야 할 일을 지시하지 않도록 조심할 거예요. 하지만 당신이 **꼭 해야 할** 일이 딱 한 가지 있어요. 그것에 관해서만큼은 귀찮을 정도로 잔소리를 할 거예요: 당신 자신을 소중히 여기세요!" 생존자는 자신이 더럽혀졌으며, 가치가 없는 사람이라고 여긴다. 그녀는 사랑 받고 존경 받을 가치가 있다는 말을 거의 들을 수가 없다. (나의 제안으로, 린다는 "나는 깨끗하다!"를 자신의 모토로 삼았다. 그녀는 그 말을 기도에도 집어넣었고, 거울에도 붙였으며, 수치심이 그녀를 집어삼킬 듯이 밀려들 때마다 그 모토에 매달렸다.)

나는 종종 심리치료사들로부터 위탁을 받기도 한다. 치료사는 종교적 전통이 일치할 경우, 생존자가 화해예식을 하는 것이 도움이 된다고 여길 수 있다. 이것은 매우 신랄한 고백이므로 서둘러서는 안 된다. 그 여성은 자신이 배신당하고 폭행당했다는 사실을 머리로는 잘 알더라도, 마음속으로는 자신을 비난하고 싶을지도 모른다. 더욱이 그녀는 자기 안에서 끓어오르는 분노가 자신의 죄성을 증명해 주는 것이라고 믿는다. 우리는 그녀의 분노에 관해 이야기를 나누고, 그것이 어떻게 죄의 원천이 될 수 있거나 또는 대단히 건설적인 에너지가 될 수 있는지에 관해 이야기한다. 심리치료사로부터 이미 분명하게 들었지만, 종교적 배경에서 새롭게 다시 들을 경우 이것은 기쁜 소식이 된다. 원칙적으로는, 이런 경우 화해선언은 생략해야 한다. 범죄자가 아니라 희생자의 이야기를 들었기 때문이다. 하지만 지금은 화해예식의 법적인 차원을 따질 때가 아니다. 그 여인의 위안은, 내가 그녀의 머리에 손을 얹고 다음과 같이 말할 때 극대화되기 때문이다: "주께서 당신의 모든 죄를 사하셨으니, 평안히 가세요." 어쩌면 나는 그녀를 다시는 못 볼지도 모른다.

영성지도자가 줄 수 있는 가장 큰 선물은 애정을 품고 함께 있어주는 것이다. 초연함을 유지하는 것도 중요하지만, 심오한 감정적 연루 역시 불가피하고 또 바람직하다. 앞에서 나는 내 눈물에 대한 린다의 반응을 이야기했었다. 나는 그녀가 보기 전에 얼른 눈물을 닦아내고 싶었다. 영성지도자는 피지도자의 기억이 되살아날 때, 신앙을 초월한 공포와 비참함을 들을 수 있다. 그리고 그럴 때 나는 정규적인 만남 이외의 대화를 금한다는 나의 규칙을 깨버린다. 나는 한 여인에게, 특별히 고통스러운 이 시기를 견뎌낼 때까지, 밤이든 낮이든 언제든지 전화하라고 권했다. 그녀는 나의 권유를 받아들였지만, 나의 환대를 결코 남용하지는 않았다.

여성이든 남성이든, 영성지도자는 고통스러운 소재에 대한 본인의 반응을 처리할 수 있는 나름대로의 방법을 찾아야 한다. 자기가 만일 폭행을 당한 적이 있다면, 피지도자와 아주 가깝게 동일시하고픈 유혹이 생길 수도 있다. 심지어는 타인의 고통을 전유하는 사태까지 빚어질지도 모른다. 한편 자신이 가족과 따뜻하고 건전한 관계를 누렸다면, 가족 중 한 사람이 가장 힘없는 구성원에게 의도적으로 잔인한 학대를 가할 수 있다는 사실을 믿기가 힘들 것이다. 어떤 경우든지, 자신의 감정을 처리하는 것은 여성 영성지도자에게 아주 중요한 과정이다. 피지도자의 비밀이 보호되어야 하기 때문이다. 이런 경우 영성지도자가 자신의 영성지도자와 대화를 나누면 관심을 회복하는 데 도움이 될 수 있다. 생존자의 이야기를 소재로 하는 것이 아니라, 영성지도자 자신의 반응에 집중하려고 애쓰면서 말이다. 일기를 쓰는 것은 ― 자기를 믿는 사람과 자기 자신에게 ― 기도만큼이나 중요하다. 나는 린다를 위해 기도할 때, 그녀가 나에게 폭행에 시달리는 모든 여성과 어린이의 상징이 되었음을 깨닫곤 한다.

다시 한 번 말하지만, 지름길 같은 건 결코 없다. 이것은 부담스럽고 외로운 작업이 될 수 있다. 수많은 폭행 생존자들과 영성지도 작업을 한 다음에는, 차라리 모르는 게 더 나았을 법한 사실들을 알게 된다. 그리고 차라리 그 존재 자체를 부인하고 싶은 심연을 들여다보게 된다. 그래도 영성지도자는 늘 모든 말을 곧이곧대로 받아들여야 한다. 우리는 세기가 바뀔 즈음 오스트리아 빈의 중상류층 소녀들이 겪었던 실제 경험을 믿지 못한 프로이드 때문에 아직까지도 고통을 받고 있다. 피지도자가 그런 일이 있었다고 얘기했다면, 정말로 그런 일이 있었던 것이다. 그리고 지금도 그런 일이 벌어지고 있다. 수십 년 동안 기억상실증을 앓은 후에야 비로소 기억이 되살아나기 시작하면, 거의 참을 수 없을 정도로 긴박한 상태가 된다.

남성들도 일부는 이런 고통스러운 이야기에 상처받기 쉽고 연민이 가득한 마음으로 경청할 수가 있다. 하지만 여성의 학대 경험에 관하여 알려고 하지 않는 남성들도 꽤 많다. 따라서 적어도 인식 발달의 초기 단계에서는, 남성이 폭력 피해 여성과 함께 작업하는 것은 불가능할지도 모른다. 한 피지도자가 내게 말하기를, 자기는 성만찬예식 때 평화의 인사를 교환하기가 힘들다고 했다. 그녀의 외모나 행동에는 고통스러운 이야기의 단서가 전혀 없었다. 오랫동안 그녀는 남성과 접촉할 필요가 없는 위치에만 머물려고 애써왔다. 그러니, 그녀나 다른 생존자들이 남성 영성지도자와 함께 작업을 하는 게 불편한 것도 당연한 일이다. 물론 동성애자들은 그들 자신이 사회적으로 학대를 당해왔기 때문에 근친상간의 생존자들과도 놀라울 정도로 신뢰관계를 잘 형성할 때가 있다. 하지만 연민을 품은 남성들이 이런 식의 거절을 개인적으로 받아들이지 않기란 힘든 일임에 틀림없다. 후기 단계에 가면 후원적인 남성으로서 함께 있어주는 것이 치유 과정을 상당히 진전시킬 수도 있겠지만, 그때까지는 기꺼이 기다려야 한다.

성폭력 생존자들은 통합이라고 하는 힘든 임무를 수행한다. 당연히 그들은 다른 사람들보다 훨씬 더, 자기 삶에서 실제로 벌어진 일들로부터 "영적인" 것들을 분리하려는 일반적인 성향의 포로가 되기 쉽다. 하나님-이야기는 아주 드물게 나타나거나, 또는 유창하게 이야기하더라도 실재와는 전혀 관련이 없는 것일 수 있다. 어떤 경우든, 나는 가끔씩 이런 질문을 던진다: "당신에게 이런 일이 벌어지고 있을 때, 하나님은 어디에 계셨나요?" "지금 이 순간 하나님은 어디에 계신가요?" "하나님께 화가 났나요?" 그들은 분노의 가능성을 표출하는 것을 두려워할 때가 많다. 그들이 호된 시련을 겪는 동안 하나님의 관심에서 벗어나 있었다는 것으로, 하나님을 용서하고 싶은 성향이 있기 때문이다. 이렇게 하나님의 임재나 부재를 정면으로 직시하지 않으려 드는 것과 더불어, 대부분의 성폭력 생존자들은 자기 어머니가 연루되었을 가능성도 있다는 사실을 직시하길 주저한다. 적어도 작업의 초기 단계에서는, 아버지 (또는 오빠, 삼촌, 할아버지) 혼자 저지른 일로 생각하는 게 더 견딜 만하기 때문이다. 하지만 결국 그들은 다음과 같은 믿음을 힘겹게 갖게 된 엘리 위젤의 통찰을 공유하게 된다: 하나님은 거기에 계셨고, 고통스러워하셨다. 이 여성들은 아주 용감하다. 나는 그들로부터 기도에 관해 상당히 많은 것들을 배웠다. 시편은 그들에게 힘의 원천이 된다. 그중에서도 특히 시편 22편("나의 하나님, 나의 하나님, 어찌하여 나를 버리십니까? 어찌하여 그리 멀리 계셔서, 살려 달라고 울부짖는 나의 간구를 듣지 아니하십니까?")과 시편 88편("주님, 나를 구원하신 하나님, 낮이나 밤이나, 내가 주님 앞에 부르짖습니다.")이 그렇다. 저주를 퍼붓는 시편의 내용들은 그 동안 선함만 훈련받아 온 여성들을 놀라게 하는 경우가 많다. 나는 그들에게 분노 부분을 읽으면서 즐기라고 권한다. 예를 들면, 시편 69편의 다음 본문은 억제할 수 없는 분노를 잘 드러내고 있다.

> 그들 앞에 차려 놓은 잔칫상이 도리어
> 그들이 걸려서 넘어질 덫이 되게 해주십시오.
> 그들이 누리는 평화가 도리어
> 그들이 빠져드는 함정이 되게 해주십시오.
> 그들의 눈이 어두워져서 못 보게 해주시며,
> 그들의 등이 영원히 굽게 해주십시오.
> 주님의 분노를 그들에게 쏟으시고,
> 주님의 불붙는 진노를 그들에게 쏟아 부어 주십시오.

그들의 거처를 폐허가 되게 하시며,
그들의 천막에는 아무도 살지 못하게 해주십시오
(22~25절).

이렇듯 시편 기자가 자신의 적들에게 무시무시한 보복을 해주시라고 하나님께 간구할 수 있었다면, 성폭행의 생존자 역시 스스로에게 약간의 분노는 허용할 수 있을 것이다. 그 분노는 글로 써도 되고, 말로 해도 된다. 큰소리로 외쳐도 된다.

나는 이해와 힘과 건강 회복을 위해 간절히 기도하라고 권유한다. 하지만 용서의 기도는 아직 시기상조일 위험성이 크므로, 무척 주의를 기울인다. 생존자는 거듭해서 이렇게 말한다. "아버지를 용서해야 한다는 건 알지만……" 또는 훨씬 더 고통스럽게 말하기도 한다. "어머니와 가족 모두가 나더러 기꺼이 용서하고 잊어버리라고 말해요." 성폭력의 상처는 심각하게 감염된 다른 모든 상처와 똑같다. 겉 부분만 너무 성급하게 치료해버릴 경우, 독이 내부 깊숙이 병을 퍼뜨리고 말 것이다. 따라서 나는 피지도자에게 — 언젠가는 — 용서할 수 있기를 바라는 날이 오도록 기도하라고 조언한다.

화해예식에 깃든 치유의 능력에 관해서는 이미 앞에서 언급한 바 있다. 참회자가 죄책감보다는 수치심 때문에 더 괴로워할 경우에도 역시 마찬가지다. 영성지도자가 차이점을 지적해주면 큰 도움이 될 수 있다. 수치심이라는 엄청난 짐을 과소평가해서는 결코 안 된다. 비밀이 유지되는 화해예식이야말로, 피지도자가 그것을 밝히는 걸 안전하게 여기고, 직접 그것을 밝힘으로써 그 영향력을 떨쳐버릴 수 있는 유일한 장소일지도 모른다. 그럴 때에는, 다음과 같은 나의 질문이 관점을 회복하는

데 도움이 된다: "여기에서 당신의 죄는 어디 있나요?" 또는 "죄의 가능성이 어디 있어요?" 둘 다 어느 정도 있기는 하겠지만, 성폭행 피해자가 생각하고 있는 식으로는 결코 존재하지 않는다.

두말할 필요도 없이, 나는 기도할 때 아버지 상, 예를 들면, 우리 아버지라는 호칭을 사용하는 것에 주의를 기울인다. 나도 모르는 사이에 피지도자에게 더 큰 상처를 안겨줄 수도 있기 때문에, 나는 기꺼이 그녀가 하는 대로 따라 한다. 그녀는 어쩌면 하나님에게서 이 세상에선 알지 못했던 사랑 많으신 아버지를 발견할 수도 있고, 아니면 모든 아버지 상으로부터 가능한 한 멀리 떨어져 있고 싶을지도 모른다.

마지막으로, 성폭력에서 살아남은 여성들은 종종 강력한 중재자로 성장하기도 한다. 하지만 그런 일이 쉽사리, 금방 일어나지는 않는다. 일단은 자기 자신의 경험을 철저히 다뤄야 하고, 그 다음에는 비슷한 고통을 겪은 여성과 아이들의 경험을 다뤄야 하기 때문이다. 그래도 끝까지 참고 견디면, 자기 안에서 모든 희생자들을 위한 연민의 샘이 솟아나는 것을 깨닫게 될 것이다.

주

1. Mary Field Belenky et. al., *Women's Ways of Knowing* (New York: Basic Books, 1986), 48쪽.

2. 위의 책, 184쪽.

3. Simone Weil, *Waiting for God* (New York: Harper &

Colophon, 1973), 146~147쪽.

4. Mary Field Belenky et. al., *Women's Ways of Knowing*, 189쪽.

5. Sandra M. Schneiders, "Effects of Women's Experience on Spirituality," in Mary E. Giles, ed., *The Feminist Mystic and Other Essays on Women and Spirituality*, 34쪽.

6. 위의 책, 34~35쪽.

7. Margaret Hebblethwaite, *Motherhood and God* (London: Geoffrey Chapman, 1984), 31~33쪽.

8. Julian of Norwich, *Showings*, 109쪽.

9. Madonna Kolbenschlag, *Kiss Sleeping Beauty Goodbye* (San Francisco: Harper & Row, 1988), 181쪽 이하.

10. Martin Smith, *Reconciliation* (Cambridge, MA: Cowley, 1985), 77쪽. 그리고 J. Neville Ward, *The Following Plough* (Cambridge, MA: Cowley, 1985), 94쪽도 참조.

11. Joann Wolski Conn, ed., *Women's Spirituality: Resources for Christian Development* (New York: Paulist, 1986), 4쪽.

12. Gerda Lerner, *The Majority Finds Its past* (New York: Oxford University Press, 1979), 243~244쪽. 이와 마찬가지로, 길리건 역시 여성들은 자기에게 그럴만한 자격이 없다고 생각하기 때문에 도덕적인 판단을 하려고 하지 않는다는 점을 지적한다. 그럼으로써 여성들은 의사-결정으로부터 스스로를 배제하는 것이

다(*In A Different Voice*, 16쪽 이하).

13. 나 자신의 관찰 외에도, 로빈 레이코프의 얇지만 매우 독창적인 저서, *Language and Woman's Place* (New York: Harper Torchbooks, 1975)에 큰 빚을 지고 있다.

14. 레이코프는 이런 억양 형태가 오직 여성들의 영어 문장에서만 발견된다고 주장한다(*Language and Woman's Place*, 17쪽).

15. 『여성들의 인식방법』 저자들은 이와 비슷한 현상이 세속적인 고등교육에서도 일어나고 있는 것에 주목한다. "그 강좌는 문화가 제기한 문제들, '주류'가 생각해낸 문제들에 관한 것이다. 여학생의 경우, 그녀가 제기하는 질문들은 그 문화의 질문들과 차이가 있을 것이다. 문화의 지류에서 노를 저어 가고 있는 여성들은, 문제를 제기하는 것이나 의제를 상정하는 일과 거의 관련이 없기 때문이다."(198쪽)

16. 제목이 같은 엘리자베스 몰트만-웬델의 저서도 하나의 자극이 되었다.

17. Madonna Kolbenschlag, *Kiss Sleeping Beauty Goodbye*, 185~187쪽.

18. 다른 경우라면, 호의적인 작가들도 그것이 대처방법의 하나라는 사실, 심지어는 생존방식의 하나라는 사실을 간과함으로써, 여성들이 사소한 일에 몰두하는 것을 호되게 비판한다. 예를 들면, J. Neville Ward, *The Following Plough*, 100쪽과 Martin Smith, *Reconciliation*, 78쪽 참조.

나가는 말

　영성지도에 관한 책을 쓰는 것은 어찌 보면 주제넘은 짓이다. 스스로 권위자라고 자처하고 나서는 것이기 때문이다. 어쩌면 진지하게 받아들여진다 하더라도, 각주의 소재 정도에 그칠지도 모른다! 하지만 나는 여전히 영성지도의 정의를 명확히 하고, 이미지와 모델들을 다루기 위해 애쓰고 있으며, 영성지도자가 뭐든 간에, 아직도 거기에 도달하지 못했다는 사실을 점점 더 확실히 깨닫게 된다. 나는 아마추어의 입장에 서있음을 점점 더 기쁘게 생각하며, 지금도 놓쳐버리지 않고 꽉 붙들고 있는 내 하나님께 기도를 드린다.
　아마추어는 사랑을 베푸는 사람이다. 사랑이 그녀의 작업을 추진시켜 주고, 사랑이 그녀의 중심에 놓여 있다. 영성지도는 사랑의 작업인 동시에 자유의 작업이기도 하다. 영성지도자는 기꺼이 함께 있어 주고, 두 팔을 벌려서 사랑해준다. 여기에서 사랑은 관상적인 사랑이다. 상대방을 삼켜버리거나, 소유하거나, 조종하고 싶은 유혹으로부터 안전한 사랑이다. 영성지도자는 늘 타인을 하나님의 자녀로 여기므로, 성스러운 공간에서 — 내 사무실의 닳아빠진 러그 위나 또는 공원 벤치의 건너편에 — 마주 앉아 있는 사람을 대할 때 존경심, 심지어는 경외

심까지 품게 된다.

영성지도자는 기꺼이 떠나가게 하고 또 기꺼이 곁에 있어주지만, 결코 쉽사리 절망하지는 않는다. 영성지도자는 성장과 변화의 과정을 믿으며 — 하나님의 은총이 지닌 능력은 더더욱 굳게 믿는다. 이것은 생기를 불어넣어주는 소망과 새로움의 직무이며, 나아가 아마추어의 지위를 정의내릴 수 있도록 도와주는 것이기도 하다. 전문가들은 표준 절차에 입각하여 작업한다. 정기검진을 받기 위해 안과나 치과를 방문할 경우, 틀에 박힌 과정이 반복된다. 하지만 내가 한 시간 동안 영성지도를 할 때에는, 그 동안 무슨 일이 벌어질지 전혀 예측할 수 없다. 심지어는 오랫동안 지속되어 오면서 리듬과 의식이 잘 확립된 관계의 안전함과 편안함 속에서도, 매번 새로운 만남이 이루어진다. 그러므로 아마추어-영성지도자는 예기치 못한 일들에 준비하고 있어야 한다. 우리는 익숙해지려고 온갖 노력을 기울이지만, 하나님은 늘 우리를 깜짝 놀라게 만드신다 — 이것은 우리들 대부분이 별로 안 좋아하는 일이다.

아브라함 시대 이후로 하나님의 사자들은 뜻밖의 시간에 뜻밖의 장소에서 모습을 나타내곤 했다. 수태고지에 관한 누가의 기사를 읽고, 내 상상력을 어지럽히는 예쁜 그림들을 제쳐놓고 나면, 나는 예기치 못했던 사람들의 갑작스러운 출현에 관한, 너무도 공포스러운 이야기에 깜짝 놀라게 된다. 누가는 마리아가 천사의 인사를 받고 "몹시 놀랐다"고 기록한다 — 지극히 당연한 일이다! 이것도 사실은 아주 약하게 표현한 것이다! 마리아는 일상적인 나날을 더 좋아했을지도 모른다. 약혼 기간을 차분하게 보낸 후 요셉과 결혼하여 친절하고 일반적인 가족과 함께 살고 싶었을지도 모른다. 그런데 그처럼 획기적인 인사를 받게 된 것이다.

수태고지는 궁극적인 놀람에 관한 이야기다. 하나님의 사자가 일상적이고 예측이 가능한 사람들의 삶 속으로 뛰어들어 우리 가운데, 그리고 우리 안에 하나님이 임재하심을 알려준다. 때때로 나는 나 자신과 피지도자들에게 묻는다. 자가용 뒷좌석에, 또는 사무실에, 또는 자기 집 부엌에 천사가 기다리고 있다면 어떻게 할 것인가? 지금 당장 회의에 참석해야 한다거나, 배우자가 뭔가를 요구하고 있다거나, 자녀가 아프다거나, 또는 조만간 상사가 불쑥 나타나면 그와 대면해야 하는데 말이다. 어쩌면 기력을 다 쏟아버린 뒤 완전히 지쳐서 두세 시간만 아무 생각도 없이 즐겁게 텔레비전을 보고 싶을 수도 있다. 그런데 느닷없이 이런 소리가 들리는 것이다. "기뻐하여라, 은혜를 입은 자야, 주님께서 그대와 함께 하신다. 내가 널 위해 뭔가를 가져왔다!"

영성지도는 이렇게 느닷없이 나타나는, 그것도 전혀 안 편한 시간에 전혀 안 편한 장소에서 불쑥 나타나는 골치 아픈, 예기치 못한 천사들을 접대하는 것과 관련이 있다. 좀 더 중요한 것은, 영성지도가 그 천사들을 인정하는 것, 그리고 늘 좋은 소식일 수는 없을 것 같은 사소한 고지들에 대해 우리가 기쁜 마음으로 주의를 기울일 것이라 믿고 있는 우리 형제자매들을 돕는 일과 관련이 있다는 것이다. 사실 그런 사소한 고지들은, 단정하게 잘 정돈된 우리의 삶에 타격이나 좌절만 안겨주는 방해물, 훼방꾼으로 여겨질 수가 있다. 종종 기쁘고 명확한 소식도 있지만, 고지는 완전히 나쁜 소식의 형태를 취할 수도 있다: 질병, 거부, 사별, 표면상의 상실과 낭비.

우리를 깜짝 놀라게 하시는 하나님은 낯설고 예기치 못한,

심지어는 수상하기까지 한 재료 — 영성지도의 직무를 수행하는 우리도 포함해서 — 를 사용하신다. 우리를 놀래키시는 하나님은 아무 것도, 우리의 "실수"까지도, 절대 낭비하지 않으신다. 그 동안 나의 서투름 때문에 발생한 사고들이 은혜롭게 무마되고 변화되었던 순간들을 돌이켜 보면, 마치 심연의 끝에서 무의식적으로 춤을 추었던 사람처럼 감사와 경탄을 느끼게 된다. 나는 우리의 상호 신뢰와 하나님의 섭리에 의해 풍성해진 이 직무의 힘에 자꾸만 감동하게 된다. 내가 보기에는 진부하고 부적절한 것 같은 말들이 피지도자에게는 커다란 의미를 부여해 주었고, 나의 무능력으로 인한 침묵이 오히려 풍성하고 심오하게 받아들여졌다. 병원 원목으로 있을 때 만났던, 무시무시한 G여사가 다시금 생각난다. 그녀는 변화를 일으키는 사람의 자리에서 나를 해고시킨 뒤, 다음과 같은 말로 아마추어의 지위로 끌어내렸다: "그러면 선생님은 그저 돌아다니면서 사람들 얘기를 들어줄 뿐이라는 말인가요?" 나는 영성지도자로서, 집주인이나 교사나 산파보다는 차라리 거룩한 경청자에 더 가깝다.

　경청은 너무도 사소하고 일상적인 단어여서 쉽사리 간과되고 만다. 하지만 우리 모두는 자기 말에 귀를 기울여 주지 않는 고통, 자기 말을 들어 주지 않는 고통을 잘 안다. 다른 일에 정신이 팔린 부모가 자기 말에 귀 기울여 주길 바라면서 절망스러운 슬픔에 숨죽여 우는 아이를 볼 때마다, 나는 절박한 심정이 된다. 그런 식으로 남을 대신해서 느끼는 고통은 다소 과장된 것처럼 생각되기도 하지만, 얼마 안 가서 나는 자기 음성에 귀 기울여주지 않을 때의 끔찍한 공허감을 두려워하고 있는 그 아이가 사실은 바로 나라는 것을 깨닫게 된다. 뭉크와 시키에로스도 이 끔찍한 고립을 화폭에 담았으며, 우리의 기억을 더듬어 보면, 누구나 다 그런 경험을 갖고 있다.

귀를 기울여 주지 않는다는 것은, 어떤 의미에서는, 존재하지 않는 것과도 같다. 이것은 아주 어린 애들이나 아주 늙은 노인들, 많이 아픈 환자들, "혼란스러운" 사람들, 그리고 가장 흔하게는, 죽어가는 사람들의 처지일 수 있다 — 문자 그대로, 어느 누구도 그들의 말에 귀를 기울여줄 시간이나 인내심을 지닌 사람이 없는 것이다. 아니면 우리가 그들의 말을 들을 용기가 없는 것인지도 모른다. 우리는 시간에 사로잡힌 존재로서, 귀 기울일만한 "가치"가 없는 사람들은 무시해 버리고 만다. 하지만 이와 정반대로, 거룩한 경청자는 다른 사람의 말을 결코 묵살하지 않는다. 거룩한 경청자는, 놀라운 일에도 얼마든지 개방적인 아마추어로서, 관심이라는 자발적인 선물을 선사한다. 아직까지는 이 선물이 극히 드물다. 영성지도자가 너무도 부족한 실정이기 때문이다. 그리하여 많은 사람들이 심리치료에서 대용품을 찾아냈다. 하지만 얄궂게도, 우리가 찾아낸 대용품은, 다른 사람들로 하여금 우리의 말에 귀 기울이게 만드는 문화다. 이제는 아무래도 아마추어가 자신의 소명을 주장할 때가 온 것 같다.

우리는 친밀한 경청이 어떤 것인지, 친밀한 경청의 상호성이 얼마나 생생하고 유연한 것인지를 잊어버렸다. 꼼짝 안하고 있어도, 경청자가 아무 말 안 해도, 상호작용은 일어난다. 침묵을 공유하는 동안에, 취약성도 공유하게 되는 것이다.

거룩한 경청은 상호 순종의 작업이다. 여기에서 중요한 것은, 매우 유해하고도 오해받기 쉬운 순종의 미덕과 경청의 관계를 명심하는 것이다. 순종한다는 것은 곧 귀를 기울이는 것,

경청하는 것이다. 그것은 파블로프의 조건반사나 비굴한 맹종과는 전혀 무관하다. 영성지도자와 피지도자는 둘 다 경청하고 들으며, 둘 다 주의를 집중하고 서로를 존중한다. 영성지도자는 어린 사무엘과 제사장 엘리의 이야기(사무엘상 3장 1~18절)에서 그 모델을 찾을 수 있다. 현명하고, 경험이 풍부하고, 조심성이 큰 엘리도 두 번이나 요점을 놓쳤고, 그럼에도 불구하고 주께서 계속 부르셨다는 것을 생각하면 많은 위안이 된다. 엘리와 사무엘, 영성지도자와 피지도자는 둘 다 — 가장 진실한 자아와, 상대방과, 궁극적으로는 하나님께 — 귀를 기울여야 한다.

우리도 피지도자에게 엘리 같은 존재가 되어줄 수 있다. 우리는 엘리처럼 그들의 말을 경청하고, 그들이 성서와, 꿈과, 친구나 적의 말에서 하나님의 음성을 듣도록, "그들이 줄곧 알고 있었던 것"을 듣도록 도와줄 수 있다. 또 우리는 엘리처럼, 그들이 믿음을 갖고 어두운 곳으로 들어가 기다리도록 격려해 줄 수도 있다: "가서 누워 있거라. 누가 너를 부르거든, '주님, 말씀하십시오. 주님의 종이 듣고 있습니다' 하고 대답하여라." 우리는 엘리처럼, 그들과 함께 어둠과 고통과 고독 속에서 귀를 기울일 수 있으며, 그들이 들은 말을 이해하도록 도와줄 수 있다. 엘리는 막대한 손해를 보면서도 사무엘을 지도해 주었다. 영성지도라는 직무가 실천가들에게 그렇게 극적인 손해를 요구할 것 같지는 않지만, 그래도 우리는 자신을 기꺼이 내려놓았던 엘리를 본받아야 한다.

영성지도자와 피지도자가 서로 순종하고 거룩한 경청에 참여할 때, 이야기는 술술 나온다. 우리는 자신의 이야기와 그리스도교의 이야기로부터 너무 자주 고립되고, 또 자신의 고통이나 관계나 일에만 너무 몰두하게 된다. 자기의 진실된 상황과는 분리된 채로, 우리는 현재의 상황에 압도당하고 만다 — 심지어는 기본적으로 "선할" 때에도, 그리고 하나님께서 그러라고 부르셨음을 자각하는 순간에도. 나는 신학생들이 많은 임무와 마감시간에 쫓기고 있다는 것을 잘 안다. 겉으로 보기에는 아주 잘해나가고 있는 것처럼 보이지만, 사실 그들은 자신과의 접촉, 자기를 부르신 음성과의 접촉을 상실해버린 상태다.

우리의 이야기로부터 분리된 우리는 결국 정체성을 잃어버리고 만다. 처음 양로원의 원목이 되었을 때, 나는 환자들을 서로 구별하는 걸 포기했다. 늙고 허약해서 휠체어에 기대앉거나 안전벨트를 맨 노인들이 기다란 복도에 줄을 서있었다. 그들은 마치 수감자나 피난민들 같았고, 하나같이 비슷비슷해 보였다. 기꺼이 거룩한 경청자가 되어, 때로는 앞뒤가 안 맞고 때로는 일관성이 없는 그들의 이야기에 동참하게 되었을 때에야 비로소 나는 그들을 각각의 개인으로, 하나님의 자녀로 바라볼 수 있게 되었다.

나는 거룩한 경청자로서 — 경청이 거룩한 것이지, 내가 거룩한 것은 아니다. 나는 그냥 나일 뿐이다 — 나를 내려놓을 줄 알아야 하고, 하나님의 창조질서에서 내가 차지하는 위치를 제대로 알고 겸손해져야 한다. 나는 사심이 없어야 하고, 주관적 판단을 일삼지 않는 대신 비판적이어야 한다. 그리고 무엇보다도 나는 경건해야만 한다. 소중하고 예민한 것을 위임받았기 때문이다. 이야기를 들을 때, 영성지도자와 피지도자의 취약성은 마치 가면이 벗겨지는 것처럼 명백해진다. 영성지도자는 고통과 굶주림과 용기와 소망과 기쁨과 거룩함을 함께 공유하도록 초대받은 사람이다.

거룩한 경청자는 또한 여러 가지 유혹을 받기 쉽다. 나는 늘 현명한 대답을 해야만 할 것처럼 생각된다. **모든** 것을 이해하고, 평가하고, 해석할 수 있어야만 할 것 같다. 영성지도를 위한 만남이 성스러운 칵테일파티라도 되는 양, 생생한 대화를 지속할 수 있어야만 할 것 같다. 그리고 — 무엇보다도 유혹적인 것은 — 늘 재미있어야만 할 것 같다. 한번은 나의 "신성한 집중력"에 감사한다는 어느 피지도자의 쪽지를 받고 굉장히 큰 감명을 받은 동시에 아주 재미있다는 생각을 했다. 나는 그 동안 자기-위주의 성과에만 신경 쓴 나머지, 상대방이 나를 속수무책으로 지루한 사람이라고 생각하면 어쩌나 두려워하고 있었던 것이다!

무엇보다도, 거룩한 경청자는 피지도자가 털어놓을 수 있는 그 모든 것에 마음을 열어야만 한다. 거룩한 경청자는 하나님이 안 계신 것만 같은 순간, 하나님께 무시당한 것만 같은 순간에 피지도자가 경험하는 어둠과 고독감에 관하여 기꺼이 귀를 기울여야만 한다. 거룩한 경청자는 다른 사람의 분노나 의심이나 두려움을 무서워하지 않으며, 눈물도 편안하게 받아들인다. 이렇게 곁에 있어주는 직무는 중보기도를 실천하는 것과도 같다. 거룩한 경청자는 지켜보면서 기다린다. 때로는 마구간의 온기 속에서 경청이 일어나고, 또 때로는 높고 먼 순백의 산꼭대기에서 경청이 일어난다. 때로는 십자가 바로 아래의 고독감에서 경청이 생겨나며, 또 때로는 부활하신 그리스도와의 조우에서, 두려움과 큰 기쁨과 더불어 경청이 생겨난다.